国家级一流本科专业建设·经济新闻学教学用书

传播与沟通

乔 睿 张梅芳 李昭熠◎主编　　林 凌◎学术顾问

Introduction to Communication Studies

上海财经大学出版社

上海学术·经济学出版中心

图书在版编目(CIP)数据

传播与沟通 / 乔睿,张梅芳,李昭熠主编. —上海：上海财经大学出版社，2024.1
国家级一流本科专业建设·经济新闻学教学用书
ISBN 978 - 7 - 5642 - 4276 - 3/F.4276

Ⅰ.①传⋯ Ⅱ.①乔⋯ ②张⋯ ③李⋯ Ⅲ.①大众传播-传播学-高等学校-教材 Ⅳ.①G206.3

中国国家版本馆 CIP 数据核字(2023)第 210726 号

□ 责任编辑　邱　仿
□ 封面设计　张克瑶

传播与沟通

乔　睿　张梅芳　李昭熠　主编

上海财经大学出版社出版发行
(上海市中山北一路 369 号　邮编 200083)
网　　址:http://www.sufep.com
电子邮箱:webmaster @ sufep.com
全国新华书店经销
上海市崇明县裕安印刷厂印刷装订
2024 年 1 月第 1 版　2024 年 1 月第 1 次印刷

787mm×1092mm　1/16　15.5 印张(插页:2)　397 千字
定价:46.00 元

前 言

传播学是西方"舶来品",20世纪70年代被引入国内,经过四十多年的发展,逐渐成为社会科学的"显学"。传播学不仅是一门研究人类社会传播行为规律的理论学说,还是一种扎根于中国社会发展过程和现实命题的阐释性工具。传播学本土化以中国社会经济快速发展和互联网等新媒介技术变革为时代背景,关注中国问题、坚持以人为本是传播学理论得以发挥现实价值的要义,唯有以理论关照中国社会现实问题、发掘中国特色的研究命题,才能反哺理论发展,构建具有中国特色的传播学话语体系。

党的二十大提出增强中华文明传播力影响力的时代任务,强调要加快构建中国话语和中国叙事体系,讲好中国故事、传播好中国声音,加强我国国际传播能力建设。2021年5月31日,习近平总书记在十九届中共中央政治局第三十次集体学习时强调,讲好中国故事,传播好中国声音,展示真实、立体、全面的中国,是加强我国国际传播能力建设的重要任务。要深刻认识新形势下加强和改进国际传播工作的重要性和必要性,下大气力加强国际传播能力建设,形成同我国综合国力和国际地位相匹配的国际话语权,为我国改革发展稳定营造有利外部舆论环境,为推动构建人类命运共同体作出积极贡献。加强对外传播工作,讲好新中国故事,就要主动讲好中国共产党治国理政的故事,讲好中国人民奋斗圆梦的故事,讲好中国坚持和平发展合作共赢、构建人类命运共同体的故事,让世界更好地了解中国,不断提高国家文化软实力和中华文化影响力。

随着人工智能技术的快速发展,信息传播已经进入到智能信息系统发展关键阶段,世界正逐步迈入智能传播时代。对我国来说,智能传播对于实现整个社会的全面智能化将发挥引领产业聚集的重要"风向标"作用,助推中国式现代化的智能化发展。针对智能时代国家治理能力建设,2016年10月9日,习近平总书记在十八届中共中央政治局第三十六次集体学习时强调,要强化互联网思维,利用互联网扁平化、交互式、快捷性优势,推进政府决策科学化、社会治理精准化、公共服务高效化,用信息化手段更好感知社会态势、畅通沟通渠道、辅助决策施政。深入研究智能传播特点和规律,使其能够进一步更新社会感知手段,革新"政府-民众"沟通方式,提升决策效率水平和科学性,最终推动国家治理体系和治理能力由现代化逐步迈向智能化。

  本书基于国内外传播学研究成果，结合新媒介技术发展，系统性地介绍了传播学的历史、主要学术流派、基本理论等内容，帮助读者运用传播学基本原理去理解和阐释中国式现代化建设过程中的各种传播现象，全面提升全媒体时代跨学科复合型人才的综合素质。

本书编委
2024.1.2

目 录
CONTENTS

绪 论
- 2　第一节　传播学兴起和繁荣
  - 2　一、交流与沟通是人类基本素质
  - 4　二、信息传播环境变化
- 6　第二节　国内对传播学的译介和探索
  - 6　一、20世纪50年代初和60年代的译介
  - 7　二、20世纪70年代末和90年代初的译介
  - 9　三、20世纪90年代后期的发展以及本土化探索
- 11　第三节　传播学与相关学科的关系
  - 11　一、传播学与新闻学
  - 13　二、传播学与政治学
  - 15　三、传播学与社会学
  - 15　四、芝加哥学派的传播理论
- 18　第四节　传播学历史简介
  - 18　一、传播学研究四大先驱
  - 24　二、传播学集大成者威尔伯·施拉姆
  - 26　三、传播学两大学派

第一章　传播的历史
- 29　第一节　何谓传播
  - 29　一、传播的定义
  - 30　二、传播话语
  - 31　三、传播规则
- 32　第二节　动物传播
  - 32　一、动物传播现象
  - 33　二、动物传播的局限性

34	第三节 人类传播
34	一、人类传播
35	二、人类传播特征
36	第四节 传播符号
36	一、符号的定义
38	二、语言符号与非语言符号
39	三、符号的基本功能

第二章 传播与科技

42	第一节 传播模式与功能
42	一、传播模式
47	二、传播功能
51	第二节 人类传播发展历程
51	一、口语传播时代
52	二、文字传播时代
53	三、印刷传播时代
54	四、电子传播时代
56	五、网络传播时代
57	第三节 智能传播与人文精神
57	一、智能数据是新的生产要素
59	二、坚守人文精神

第三章 人际交流

64	第一节 人际传播
64	一、人际传播的定义
66	二、人际传播的特点和社会功能
68	三、人际传播与自我表达
71	第二节 群体传播
71	一、群体和群体传播
72	二、群体传播内部机制
77	三、集合行为的传播机制
78	第三节 组织传播
78	一、组织与组织传播
80	二、组织传播网络
82	三、组织传播与文化

第四章　沟通对象分析

- 86　第一节　认知一致性与认知失调论
  - 86　一、海德的平衡理论
  - 88　二、奥斯古德调和理论
  - 90　三、奥斯廷格认知失调模式
- 93　第二节　受众的选择性心理
  - 94　一、选择性注意
  - 95　二、选择性理解
  - 96　三、选择性记忆
- 97　第三节　受众研究的理论
  - 98　一、个人差异论
  - 98　二、社会类型论
  - 99　三、社会关系论
  - 99　四、社会参与论

第五章　沟通技巧

- 102　第一节　信源与沟通方式
  - 102　一、可信度
  - 106　二、知名度
- 108　第二节　沟通方式
  - 109　一、一面之词与两面之词
  - 111　二、传播者给出结论还是受众得出结论
  - 113　三、诉诸情感还是诉诸理性
- 115　第三节　对象差异与沟通方式
  - 115　一、听从性
  - 117　二、恐惧诉求
  - 119　三、接种免疫

第六章　人际影响效应

- 123　第一节　两级传播理论
  - 123　一、《人民的选择》
  - 127　二、意见领袖
  - 129　三、两级传播
- 131　第二节　创新扩散理论
  - 131　一、创新的扩散

135		二、创新的传播渠道
137		三、创新采用者的类型
138		四、创新的结果

第七章　大众传播

142	第一节	认识大众传播
142		一、大众传播的定义
143		二、大众传播特点
146	第二节	大众传播的产生与发展
146		一、印刷媒介与大众传播
150		二、电子媒介与大众传播
153		三、互联网与大众传播
157	第三节	大众传播的影响
157		一、大众媒介与个人生活
160		二、大众媒介的正面影响
161		三、大众媒介的负面影响

第八章　控制分析

166	第一节	把关与把关人理论
166		一、把关人理论的提出
168		二、把关人理论的发展
172	第二节	深层控制
172		一、新闻编辑部里的社会控制
174		二、社交媒体时代的深层控制
177	第三节	传播制度与媒介规范理论
177		一、报刊的四种理论
178		二、四种理论的修改与延伸
181		三、对四种理论的反思与批判

第九章　媒介分析

183	第一节	作为技术的媒介
183		一、媒介环境学派
185		二、媒介环境学派的技术思想
186	第二节	麦克卢汉的媒介理论
186		一、媒介是人的延伸

187 　　二、媒介即讯息
188 　　三、冷热媒介说

第十章　受众分析

191 　第一节　大众传播的受众
191 　　一、受众的概念
192 　　二、几种主要的受众观
194 　　三、受众研究的类型
196 　第二节　乌合之众与群体智慧
196 　　一、乌合之众
200 　　二、群体智慧
203 　第三节　使用与满足理论
203 　　一、产生与发展
206 　　二、使用与满足过程的基本模式
207 　　三、对使用与满足理论的评价

第十一章　效果分析

209 　第一节　培养理论
209 　　一、培养理论起源
210 　　二、培养理论的发展
214 　　三、培养理论的跨文化研究
216 　第二节　知沟理论
216 　　一、知沟理论产生的背景
217 　　二、知沟理论的提出与发展
220 　　三、知沟理论应用研究及其意义
221 　第三节　议程设置理论
221 　　一、议程设置理论的提出
223 　　二、议程设置理论的发展
225 　　三、网络议程设置
226 　第四节　沉默的螺旋理论
226 　　一、沉默的螺旋理论提出与含义
229 　　二、理论特点
230 　　三、争议与发展
233 　第五节　第三人效果
233 　　一、第三人效果的提出

234	二、第三人效果的理论特点
234	三、第三人效果的应用及意义
237	**后记**

绪 论

第一节　传播学兴起和繁荣

本节首先简单介绍不同学者对于交流和沟通的看法,指出交流与沟通是人类基本素质,然后梳理信息传播环境的阶段性变化。可以说,了解传播学研究的本质,是本节的核心要义。

一、交流与沟通是人类基本素质

"交流"是一个历史悠久、内涵丰富的词汇,communicare 的拉丁语意义是告知、分享、使之共同。这个词在 14—15 世纪被英语吸收,英语里的 communication 起初有很多含义,有讯息或通告、连接或联系等,如参与(接受信息,而不是发送信息)、学术交流等。随着词意的发展,communication 的意义转变为迁移或传输(transfer or transmission)、交换(exchange)①等。有学者将 communication 的诸多含义概括为两种不同思维:一种是名词思维,偏向于关注传播的理念;另一种是动词思维,偏向于综合性认知传播的根本行为。我们通常采用动词思维进行定义,指人的日常交往行为,涵盖人的共享行为、信息的传输或传递行为、多样连接的互动行为。②

"亚里士多德早就说过:人是'会说话的动物',然而,直到 19 世纪后期,我们才开始用彼此交流(communication)的能力来给自己下定义。"③在交流一词从物质到精神含义转变过程中,英国哲学家洛克发挥了决定性作用。洛克不但是个人主义文化和政治的主要塑造者,而且是英语世界文化和政治的主要塑造者。共同(或公共)和私人的分野,既是洛克财产思想的基础,也是他交流思想的基础。他的财产论所要解决的问题是如何从伊甸园自然状况过渡到市民社会的财产私有状况。他把财产共有当作令人昏昏欲睡的原始静态,与此相反,当人用自己的天赋来改造世界时,私有制就开始兴起了。共有制度是既定状态,被视为理所当然;而私有制是成就的东西,需要保护起来。洛克对交流的理解,就是把他对财产的描述颠倒过来:世界经验的私有者团结起来,求得对世界的共同理解。交流就是把个人的东西变成共有法人的东西。可以说,洛克对财产和交流的描述是一对孪生子。关于财产,必须说明如何从共有过渡到私有(物质上的私有);关于交流,必须解释如何从私有回到共有(脑子里的共有)。④ 简言之,财产是描述如何从共有变为私有,而交流需要考虑的是如何从私有到共有,这也从侧面说明交流与沟通无法依靠单独个体完成(即使是自我交流,也是如米德所论述的"主我与客我"或库利"镜中我"的沟通),需要人与人之间的互动才能完成。因此,交流

---

① [美]彼得斯:《交流的无奈:传播思想史》,何道宽译,华夏出版社 2003 年版,第 5—8 页。
② 《西方传播学理论评析》编写组编著:《西方传播学理论评析》,高等教育出版社 2021 年版,第 2 页。
③ [美]彼得斯:《交流的无奈:传播思想史》,何道宽译,华夏出版社 2003 年版,第 1 页。
④ [美]彼得斯:《交流的无奈:传播思想史》,何道宽译,华夏出版社 2003 年版,第 72—79 页。

和沟通是人类的基本素质。

关于交流和沟通是什么,学者们持有不同看法。

黑格尔认为,交流的目的是所有人都互相承认。黑格尔把爱欲(eros)作为黏合世界的原理,认为爱欲使世界成为一个无所不包的整体。主客调和的追求,是黑格尔成熟体系的首要动机——尤其是他的自然哲学和精神哲学的首要动机。黑格尔的思想是对柏拉图《斐多篇》和《会饮篇》爱欲原理的传承,希望通过交流建立一个自由人的世界。在黑格尔晚年著作《精神现象学》中,提到交流是共享的意识。没有什么内容是脱离形式的;交流既是主体问题也是客观问题;交流的任务不是要使一个主体和另一个主体融合,而是要建立一套历史联系,使主体之间客观上可能具有的联系。① 换言之,交流与其说是个体之间的简单接触,不如说是建立一套富有活力的社会关系,以便建立共同的世界。在这个共同世界中,人与人之间需要构建共同的文化世界,"我"必须依赖别人才能认识自我。同理,他者也需要借助"我"才能认识自己,这种主体和客体的纠缠,自我和他者的纠缠不是发生在私人领域里而是在公共领域里展开的,也只有在此种情况下,人们才能够"交流与沟通"。

马克思没有以持久的方式探讨过"交流",尽管他在说到交往(verikehr)和交流(mitteilung)时做过一些相关的暗示,然而他推出了一个公正与不公正的模式。② 公正的交流是亲切的,实实在在是相互的;非公正的交流容易受到外在因素的损害,受到所用尺度的扭曲。对马克思而言,交往(verikehr)——交流或交换——是他最接近交流(mitteilung)的用语,交流的世界就是交往的世界。马克思认为,交流能否成功的关键在于符号和物质资源是否用在了正确的地方,而不是语意是否匹配的问题。马克思相信交流的终极目标在于透明性,而那些远距离、有中介的、分层的交流和沟通的方式,是没有价值的。③

克尔凯郭尔是把"交流"这个词变成哲学问题的第一人④,其交流观念突出的特点,不是心灵的结合,而是言语不可能传达意思,是对公共舆论的抗拒,是反讽的特技,是更高层次的内心世界法则。克尔凯郭尔所谓的"交流"更像是困惑或失败——对那些习惯技术性或治疗性理解的人来说的困惑或失败。他认为交流的样式和"信息"不可分割,交流活动的方式重新塑造了交流活动所承载的东西。⑤

与此同时,人们又试图寻找完美的对话,"'交流'(communication)是现代人诸多渴望的记录簿。它召唤的是一个理想的乌托邦。在乌托邦里,没有被误解,人人敞开心扉,说话无拘无束。"⑥我们生活的世界中,究竟是否存在这种乌托邦式的交流?答案是否定的!

交流是没有保证的冒险。凭借符号去建立联系的任何尝试,都是一场赌博,无论其发生

---

① [美]彼得斯:《交流的无奈:传播思想史》,何道宽译,华夏出版社2003年版,第104—111页。
② See Marx and Engels on the Means of Communication, ed. Yves de la Haye(New York: International General, 1979). The bulk of this work concerns what we would today call transportation. 转引[美]彼得斯:《交流的无奈:传播思想史》,何道宽译,华夏出版社2003年版,第116页。
③ [美]彼得斯:《交流的无奈:传播思想史》,何道宽译,华夏出版社2003年版,第111—118页。
④ In a broad sense, communication is the theme of all his works.
⑤ [美]彼得斯:《交流的无奈:传播思想史》,何道宽译,华夏出版社2003年版,第118—124页。
⑥ [美]彼得斯:《交流的无奈:传播思想史》,何道宽译,华夏出版社2003年版,第2页。

的规模是大还是小。我们怎么判断我们已经做到了真正的交流呢?这个问题没有终极的答案,只有一个讲究实际的答案:如果后续的行动比较协调,那就是实现了真正的交流……我们的问题不应该是:我们能够交流吗?而是应该问:我们能够相互爱护,能够公正而宽厚的彼此对待吗?

如果我们希望在交流中谋求某种精神上的圆满或满足,那就是白花精力……既然我们是凡人,交流永远是一个权势、伦理和艺术的问题。除了天使和海豚得到拯救的情况之外,我们无法摆脱交往目的的束缚。这没有什么值得惋惜之处;这是智慧的开端。"己之所欲,请施于人"意思是说,你的表现,不是让自我原原本本地再现,而是让他人受到关爱。这样一种人与人的联系,胜过了天使能够提供的东西。快乐的地方,不在于超越彼此的接触,而在于接触的圆满。[①]

也就是说,不可能做到完美且理想的天使般的思想交流或精神交流,因为天使的交流旨在精神交流,它不会像人类一般被囚禁在肉体的皮囊中,也不会受制于任性的意志,它们之间无声无息,不需要语言或借助其他物质手段。所以,天使并不会遇到交流失败的问题,能够呈现完美的乌托邦式交流。人与人的交流无法达到天使间交流的完美,每个人都是实实在在的个体,一方面需要肉体支撑,另一方面必须具有独立意志。因此,我们不应追求乌托邦式的完美交流,而应追求交流双方的关爱,即彼此间心灵与心灵的有效对接。

二、信息传播环境变化

信息传播环境变化通常受语言环境、感知环境、媒介环境和社会环境的综合影响。信息传播需要借助一定的载体,因此,媒介环境变化在信息传播环境变化中起到了至关重要的作用。

"麦克卢汉曾试图一劳永逸地建立有关媒介演化规律的理论,他提出媒介演化的四种功能:提升、过时、再现和逆转。他认为每一种媒介都具有这四种功能,都在不断转化之中。"[②]进一步说,新媒介并不是凭空产生的,而是基于此前技术的优点,规避其缺点而迭代出现的,迭代规律贯穿媒介发展史,从早期竹简木简、印刷术,到广播电视、互联网,再到人工智能,无论技术如何升级,媒介的本质都是通过其不断修复、不断创新,达到传播效果的最大化,为人们提供最优质的信息服务。

传统媒体时代,作为信息生产和传播工具的媒介,是以具体物质材料呈现的信息传输媒介系统、信息接收和储存媒介系统、信息处理媒介系统中的信息生产工具,也就是信息生产的特定工具、信息传输网络和信息接收终端。[③] 前网络时代,传统媒体一直是信息生产、传播、接收以及反馈的工具,是政府与公众之间有效沟通的重要桥梁。政府通过传统媒体向公众告知国家相关政策性信息、社会重大事件与热点问题,公众通过主流媒体向政府反馈观

---

① [美]彼得斯:《交流的无奈:传播思想史》,何道宽译,华夏出版社2003年版,第259—260页。
② [美]尼尔·波斯曼:《技术垄断 文化向技术投降》,何道宽译,北京大学出版社2007年版,译者前言第3页。
③ 邓瑜:《媒介融合与表达自由》,中国传媒大学出版社2011年版,第115页。

点、意见或建议。传统媒体凭借现代传播手段和独特的影响力,能够第一时间获得最新信息源,帮助公众了解他们无法获知的新闻信息,代表公众发表观点或意见,在信息传播格局中占有举足轻重的地位。

1994年我国接入国际互联网,于1995年向社会提供网络服务。经过20多年技术的迭代升级,人们的生产和生活已与网络技术紧密融合,媒体发展思维也在不断变革。2014年,习近平总书记在主持召开中央全面深化改革领导小组第四次会议时强调,推动传统媒体和新兴媒体融合发展,要遵循新闻传播规律和新兴媒体发展规律,强化互联网思维……所谓互联网思维,是基于互联网传播规律来分析问题的全新视角,在媒体发展实践中,这种思维是基于网络媒介技术,重新审视整个媒介生态的思维方式。体现在传播内容上要以丰裕代替稀缺,传播方式上要以互动多向替代线性单向,传播渠道上要以聚合平台替代单一渠道,最终整合各类资源为用户服务。[①] 互联网思维与传统媒体传播思维的最大差异在于:强调以网民为核心,重视网民运用新技术后产生的信息传播效果。互联网在信息传播方面所具有的即时性、互动性、去中心化是传统媒体所不具备的,这使得互联网比传统媒体具有更强大的信息储备和信息传播功能,大大提升了人们自由表达的能力。

"万物皆媒、人机合一、自我进化",这是我们迈入智媒时代的显著特征。随着5G技术、物联网、人工智能等一系列技术的发展,各种智能物体及新技术交互融合,人类社会正进入新的媒介传播时代,以人为主导的媒介形态开始被打破,信息传播环境随之发生重要变化。它主要体现为以下三个特征[②]:

1. 智能化+人性化

智媒时代的核心,就是借助技术与算法的力量,去贴合人性需求、协助人类工作、助益人类社会发展。近年来,基于语音识别、语义理解、智能算法发展的智能机器人日趋成熟,应用越来越广泛,受到了学界和业界的高度重视。

在内容生产方面,早在2010年美国华尔街就用"机器人"采写经济新闻。2014年美联社开始使用Automated Insights公司开发的新闻机器人"Wordsmith"编写财经和体育方面资讯。

随后,各个媒体平台都在积极研发智能写作机器,根据程序算法分秒之间即可生产出新闻稿件。2014年我国微软互联网工程院正式推出微软小冰,微软小冰融合了自然语言处理、计算机语音等技术,主动模仿人类的情感而非仅仅是完成特定的任务。2015年9月腾讯研发的机器人"Dreamwriter"在国内引起广泛关注,这款写作机器人主要从事财经、体育、科技等新闻写作。2015年11月新华社技术局推出新闻写作机器人"快笔小新",主要用于体育赛事、经济行情、证券信息等快讯、简讯类稿件的写作,是国内较早探索机器人新闻写作的主

[①] 强月新、陈星:《线性思维、互联网思维与生态思维——新时期我国媒体发展思维的嬗变路径》,《新闻大学》2019年第2期。
[②] 《当"智媒"的时代来临,传播环境将迎来怎么样的变化?》,https://kuaibao.qq.com/s/20181206G18OMX00?refer=cp_1026.

流媒体。2016年6月今日头条发布新闻写作机器人"张小明"(Xiaomingbot),可生成简讯和资讯两种文本形式。

目前,新闻写作机器人越来越普遍地应用于报社、智能传播平台等,协助新闻工作人员完成信息采写工作。

2. 系统化＋生态化

智媒时代,传媒业生态的四个关键维度:用户平台、生产系统、分发平台和信息终端。现今,"生产系统"大多由传统媒体掌握,而"用户平台、分发平台、信息终端"多数掌握在互联网企业手中,加速融合构建多维度的媒体生态系统,已经是大势所趋。

新华社2017年12月发布媒体人工智能平台"媒体大脑",功能覆盖从线索、策划、采访、生产、分发、反馈等全新链路,让云计算、物联网、大数据、人工智能等多项技术为媒体赋能。

技术加持和赋能使得媒体从业人员无须重复冗杂工作,将大部分简单工作交给智能机器完成。机器不仅辅助媒体从业人员在信息和新闻源阶段采集、筛选、分析、提取数据,还在内容生产环节帮助新闻工作者完成撰写简单的事实消息和新闻稿。在内容分发环节,利用算法为每位用户提供个性化的信息服务需求。

3. 法治化＋标准化

伴随人工智能井喷式发展,世界各国努力将人工智能上升为国家发展战略,加强制度设计,抢占发展战略的制高点。但"信息茧房"、"过滤气泡"、新闻真实性偏差、算法黑箱和算法偏见等算法新闻伦理问题日益显现。与此同时,大部分智能传播平台需要授权获取用户信息才能使用,这意味着智能传播平台存储了大量用户数据,一旦发生隐私泄露将对公民相关权益,如隐私权或财产权造成巨大损害。

需要提高警惕防患于未然,确保媒介安全和人身安全。隐私边界是否需要再定义、怎样填平信息鸿沟、如何防范"虚拟沉迷"等,都是新传播环境下关乎媒介、网络安全的焦点问题。我国已陆续出台多部法律,如《网络安全法》《个人信息保护法》《数据安全法》等。智能传播平台也通过不断优化和完善隐私保护政策,最大程度地保护用户的隐私安全。

第二节 国内对传播学的译介和探索[①]

传播学理论相对较为晦涩,若要深入学习和研究传播学这一从国外引入中国的学科,要先从国内学术界译介国外传播学理论过程入手。

一、20世纪50年代初和60年代的译介

19世纪末,传播学研究得到关注。20世纪三四十年代作为跨学科研究的产物,传播学

---

① 第二节资料来源:《西方传播学理论评析》编写组:《西方传播学理论评析》,高等教育出版社2021年版,第266—274页;李彬:《中国传播学,掠影三十年》,《新闻春秋》2013年第1期;刘海龙:《中国传播学70年:知识、技术与学术网络》,《广州大学学报》(社科版)2019年第5期。

作为独立的学科在美国诞生,出现了一批对传播或信息沟通现象有深入研究的学者,如美国政论作家沃尔特·李普曼,他撰写的《公众舆论》对新闻学和传播学发展起到了重要作用;又如美国政治学家哈罗德·D.拉斯韦尔研究第一次世界大战期间宣传技巧的著作,成为传播学的奠基性研究。随着威尔伯·施拉姆1949年出版《传播学概论》,传播学研究框架基本形成,传播学已具备构成独立学科的必要条件:自觉性、一般性、系统性与科学性。

有学者考证,曾留学美国、毕生从事社会学教学与研究的中国社会学者孙本文早在美国传播学萌芽时期,就已经采用传播学研究方法与视角在美国开展大众传播研究,并在纽约大学撰写毕业论文《美国媒体中的对华舆论基础和发展基础》(1925)。后来,著名报人赵超构,在中国推进新闻职业理念时,既高度重视读者意见,又重视通过研究读者的反应来推进报业发展。新中国成立后的20世纪50年代末60年代初,中国人民大学、复旦大学曾将美国传播学作为"资产阶级新闻学的组成部分"进行研究。1956年复旦大学新闻系编辑的内部刊物《新闻学译丛》和1960年中国人民大学编印的《批判资产阶级新闻学资料》,发表了传播学的相关内容。曾经任教于燕京大学新闻系的张隆栋先生(1917—2009年)在20世纪50年代创办中国人民大学新闻系系刊《国际新闻界》时,就开始追踪传播学研究。20世纪60年代,中国人民大学新闻系翻译施拉姆等《报刊的四种理论》,在内部发行,由此,拉开了国内对传播学研究的序幕。

二、20世纪70年代末和90年代初的译介

1978年到20世纪90年代初,中国初步引进和学习美国传播学理论。1979年起,《国际新闻界》刊载一系列国外传播学著述的译介:1979年《国际新闻界》在第一期发表林珊摘译的美国传播政治经济学奠基人赫伯特·席勒的《大众传播与美利坚帝国》,开启中国内地早期对传播学批判学派研究的历史。此后6年,《国际新闻界》前后刊载了15篇译作,介绍政治经济学派学者的文章。1979年,《国际新闻界》连续三期刊载中国人民大学张隆栋翻译的美国学者雷·E.希伯特的《公众通讯的过程、制度和效果》(今译《大众传播的过程、制度和效果》),较为系统地介绍了西方传播学知识。《国际新闻界》1982年第2期开始连载张隆栋的长文《美国大众传播学简述》。这组文章内容广博,材料翔实,脉络清晰,令人耳目一新,可谓新一代研究者给人印象最深的力作。与此同时,郑北渭先生(1921—2012年)也在复旦大学新闻系的内刊《外国新闻事业资料》上接连撰文,评述传播学,与张隆栋先生俨然形成南北呼应之势。除此之外,原北京广播学院新闻研究所所长苑子熙教授、新华社新闻研究所副所长李启教授、中国社会科学院新闻研究所世界研究室主任张黎研究员等,均为中国第一代传播学者,为传播学研究的起步做出了重要贡献。例如:

1980年,新华出版社出版由中国人民大学新闻系翻译的《报刊的四种理论》,对中国大众传播研究而言,该书的翻译出版为批评和认识西方大众传播媒介理论提供了基本文献。

张黎研究员参与翻译的埃默里父子的著作《美国新闻史》(新华出版社1982年版)突破对"新闻史"既有观念,为媒介与社会研究打开了新思路。

中国社会科学院新闻研究所世界新闻研究室编写的《传播学（简介）》（人民日报出版社1983年版）作为第一部传播学著述，收录10篇文章和3篇附录，旨在让国人更好地了解传播学这门学科。

李启参与翻译施拉姆的著作《传播学概论》（新华出版社1984年版），此书之前的余也鲁译本《媒介、信息与人》，由香港海天书楼出版后就在内地流传，内地展望出版社1985年影印此书，以《传学概论：传媒、信息与人》为题正式出版。作为中国出版的第一部传播学译著，在很长一段时间里被认为是传播学的标准论述。

复旦大学陈韵昭[①]翻译的《传播学的起源、研究与应用》[②]（福建人民出版社1985年版）作为美国通用教科书，内容通俗，讲解清楚。出版后颇受读者青睐，对普及传播学知识，推动传播学研究作用显著。

祝建华和武伟翻译丹尼斯·麦奎尔与斯文·温德尔合著的《大众传播模式论》（1987）出版。

中国人民大学林珊翻译的沃尔特·李普曼的著作《舆论学》（1984）作为内部交流资料，1989年由华夏出版社正式出版。

这期间对传播学的译介和研究过程中，1982年在北京召开的第一次全国传播学研讨会具有里程碑意义。此次会议由中国社会科学院新闻研究所发起组织，由此形成以后历次全国传播学研讨会由该所主办的传统。这次会议有来自复旦大学、中国人民大学、厦门大学、暨南大学、北京广播学院、新华社和《新闻战线》等教学、研究和实践部门，中宣部新闻局也派代表参加。会议的主要结果是明确对待传播学的基本态度，即后来广为流传的十六字方针——"系统了解，分析研究，批判吸收，自主创造"。另外，会议还提出建议，"翻译介绍几本有权威性、代表性和比较科学的传播学著作，以便对西方传播学的全貌能有比较全面的准确的了解；可在我国有关报刊上发表一些有分析性的文章。有关院校在有充分准备的条件下，可开设传播学的选修课"。可以说，这次全国传播学研讨会的召开标志着传播学正式引入中国。1986年召开第二次全国传播学研讨会，会议人数众多，代表广泛，而且议题丰富，讨论十分热烈。与会专家针对吴文虎提出的一个传播学框架体系展开热议，显示出对系统理论的共同旨趣。此次会议开始关注欧洲批判学派的研究。会议结束后，又一批传播学译著问世。例如：

复旦大学新闻学院祝建华等翻译《大众传播模式论》（上海译文出版社1987年版）；

中国人民大学新闻学院颜建军翻译《大众传播通论》（华夏出版社1989年版）；

复旦大学新闻学院张国良翻译《大众传播社会学》（复旦大学出版社1989年版）；

中国人民大学新闻学院黄煜等翻译批判学派力作《权力的媒介》（华夏出版社1989年版）。

---

① 陈韵昭最先开设传播学选修课程，从1981年《新闻大学》创刊号上开始，她的讲稿在"传学讲座"专栏七次连载。
② 21世纪，郭镇之翻译此书第4版与第5版，至今依然畅销不衰。

三、20世纪90年代后期的发展以及本土化探索

20世纪90年代,西方传播学经典著作被不断译介进来。新华出版社、清华大学出版社、北京大学出版社、中国人民大学出版社、复旦大学出版社、华夏出版社、中国传媒大学出版社等,都推出各自"译丛"以及"原版"系列。潘忠党、赵月枝、祝建华等学者,以横跨中外、熔铸东西的社会经历和学术背景,为中国传播学走自己的学术道路提供路线图与推动力,他们纷纷参与国内学科建设、学术研究和人才培养等。例如:罗伯特·哈克特、赵月枝的《维系民主?——西方政治与新闻客观性》(清华大学出版社2005年版)、《传播与社会:政治经济与文化分析》(中国传媒大学出版社2011年版)以及英文版 Communication in China、Global Communications 等著述,提供了国际标准的学术思想、理论视野以及研究方法。

虽然在20世纪80年代末90年代初期,中国学者在学习吸收美国传播学的基础上,开始结合中国人的学术理解,撰写或编著了一批普及性教材。如中国社会科学院新闻研究所的《传播学(简介)》(1983),居延安的《信息·沟通·传播》(1986),戴元光、邵培仁和龚炜的《传播学原理与应用》(1988),段连城的《对外传播学初探》(1988),吴予敏的《无形的网络:从传播学的角度看中国传统文化》(1988),陈崇山等的《中国传播效果透视》(1989),沙莲香主编的《传播学:以人为主体的图像世界之谜》(1990)等。对于中国新闻学界来说,尽管传播学的引入是一次思想解放,然而由于与欧美学术长期隔绝,因缺乏相应的知识结构,加上对传播理论产生的历史语境缺乏深入认识,导致这一时期对西方传播学的理解趋于雾里看花,比较粗糙,呈现出两种类型的误读:一是一厢情愿地将西方传播理论当成放之四海而皆准的普遍真理,忽略其特定的社会政治与文化历史语境;二是以"我注六经"的方式任意解读西方传播理论,忽略理论背后的学术规范与方法。

从20世纪90年代后期开始,中国传播学者一方面将传播理论放回西方社会科学的语境中进行细读,另一方面开始意识到学术规范的重要性,系统学习传播学研究方法。

这一时期引进的西方传播学著作摆脱单一的普及性教材,开始增加研究性的经典名著;译介不局限于美国经验学派专著,也兼顾到欧洲批判理论、诠释理论。在黄旦、潘忠党等学者的推动下,华夏出版社的"传播·文化·社会译丛"问世,与此同时,其他出版社也相继推出大规模译丛,如中国社会科学出版社的"传播与文化译丛"、商务印书馆的"文化与传播译丛"、南京大学出版社的"当代学术棱镜译丛"、新华出版社的"西方新闻传播学经典文库"、中国人民大学出版社的"新闻与传播学译丛·国外经典教材系列""新闻与传播学译丛·大师经典系列",以及清华大学出版社、中国传媒大学出版社、复旦大学出版社、北京大学出版社的"传播学系列译丛"。何道宽则以一人之力翻译了马歇尔·麦克卢汉、尼尔·波兹曼、保罗·莱文森等媒介环境学派的几十本著作。这些大规模的译介使中国传播学界得以一窥西方传播研究的全貌,深入理解其语境。

此时,中国学界对西方传播学的认知也日益深化、细化,具备将其放在更大社会科学语境下把握的能力,其中有代表性和影响力的专著包括:尹韵公的《中国明代新闻传播史》

(1990),张隆栋等的《大众传播学总论》(1993),陈力丹的《精神交往论:马克思恩格斯的传播观》(1993),李彬的《传播学引论》(1993),龚文庠的《说服学——攻心的学问》(1994),张国良的《传播学原理》(1995),关世杰的《跨文化交流学》(1995),胡正荣的《传播学总论》(1996),段京肃的《基础传播学》(1996),孙旭培主编的《华夏传播论——中国传统文化中的传播》(1997),郭庆光的《传播学教程》(1999),吴文虎的《传播学概论》(2000),刘建明的《舆论传播》(2001),崔保国的《信息社会的理论与模式》(2001),张咏华的《媒介分析:传播技术神话的解读》(2002),卜卫的《大众媒介对儿童的影响》(2002),王怡红的《人与人的相遇:人际传播论》(2003),李彬的《符号透视:传播内容的本体诠释》(2003),陈卫星的《传播的观念》(2004),黄旦的《传者图像:新闻专业主义的建构与消解》(2005)等。此外,陆晔和潘忠党对新闻专业主义、陈卫星对欧洲传播研究的推介也颇受关注。

值得一提的是,我国传播学的地位在20世纪90年代确立。1990年,教育部邀请中国人民大学张隆栋、复旦大学张国良、兰州大学戴元光、暨南大学吴文虎、武汉大学石义彬等人讨论传播学教学大纲,在全国范围将传播学列入教学计划。1992年11月公布的《中华人民共和国国家标准学科分类与代码表》中,新闻学与传播学被确定为一级学科,这意味着在我国的学科建制中,"传播学"获得了与"新闻学"并列的相对独立的学科地位。1997年,中国人民大学新闻学院和复旦大学新闻学院双双首批被国务院学位办批准设立传播学硕士点和传播学博士点。此后,传播学硕士点和博士点在我国逐渐增多。伴随着传播学学科在我国学科地位的确立,我国高校新闻传播学院系专业与该领域的研究机构一起成为推进传播学学科建设的主要力量,不仅培养了一批又一批新闻传播学人才,而且承担起开展传播学研究、推出研究成果的重任。

进入21世纪之后,我国的国家实力与国际地位日渐上升,对于中国特色理论的期待越来越大,同时由于后现代主义、后殖民主义思潮的兴起,我国学界对西方理论的"普世性"也产生了质疑。研究者们意识到,传播研究不仅要全面理解西方理论,而且要自主创新。随着对西方学术的深入了解,人们更倾向于将其当成史料,从知识社会学角度研究西方理论与政经权力、社会思潮、意识形态、技术迷思等的相互作用。这种研究进路有助于打破对西方理论的迷信,以现实主义态度对待中国研究中的种种障碍和困难,并通过这种更加全面深入的解读,将传播学真正转换成自己的思想,其代表性成果有:周葆华《效果研究:人类传受观念与行为的变迁》(2008),陈嬿如《心传:传播学理论的新探索》(2010),芮必峰《描述乎?规范乎?——新闻专业主义之于我国新闻传播实践》(2010),赵月枝《传播与社会:政治经济与文化分析》(2011),王维佳《作为劳动的传播:中国新闻记者劳动状况研究》(2011),曹书乐《批判与重构:英国媒体与传播研究的马克思主义学术传统》(2012),胡翼青《传播学科的奠定:1922—1949》(2012),邱林川《信息时代的世界工厂:新工人阶级的网络社会》(2013)和刘海龙《重访灰色地带:传播研究史的书写与记忆》(2015)等。学界对于传播研究本土化路径进行讨论与尝试,在香港中文大学、复旦大学组织的两次专题研讨会基础上形成的论文集,即《华人传播想象》(2012)和《理论与经验——中国传播研究的问题及路径》(2013),使西方理论与中国研究的讨论达到全新高度。

第三节 传播学与相关学科的关系

传播学作为一门较为年轻的学科,在大众传媒兴起和跨学科研究背景下诞生,并于20世纪下半叶成功实现学科建制,研究范畴与诸多学科均有所重叠。本节重点阐述传播学与新闻学、政治学和社会学的关系。

一、传播学与新闻学

关于传播学和新闻学之间的关系,在20世纪90年代中期美国的新闻、传播教育界就掀起过一场大辩论。主题主要涉及传播学、传播教育会不会、要不要完全取代新闻学、新闻教育?传播教育与新闻学、新闻教育的相互关系是什么?新闻学、新闻教育向何处去?其中,1995年召开的美国新闻与大众传播教育协会(Association for Education in Journalism and Mass Communication,AEJMC)年会的分会场上提出,"我们要为传播学的各个领域,其中包括新闻学、公共关系学和广告学,培养所有的人才;如果继续为特定的行业特别是新闻业办教育,结果将是灾难性的。"2002年7月美国新闻与大众传播教育学会会长乔·福特和英国新闻教育学学会会长罗德·艾伦又受邀接受采访。乔·福特指出:"在英国,新闻专业与大众传播专业有严格的界限。在美国,两者之间的界限比较模糊,两者常常共存于同一学院。"罗德·艾伦则说道:"新闻学与传播学的主要区别是新闻学更注重过程和制作细节;传播学研究效果,而不注重过程。"[①]

对于传播学和新闻学关系,我国学界存在两种不同观点。一种观点认为"用传播学取代新闻学",明安香研究员1994年在《新闻学向传播学的历史性发展》中说道:"'新闻学'这一传统概念和术语同其所研究的众多媒介对象、庞杂的传播实践相比,就像小恐龙破壳而出迅速成为庞然大物一样,极不相称、极不适应。"因此,"当前世界上新闻学正在向传播学发展",这是一种"历史性趋势"。而随着传播媒介的迅猛发展,"我国的新闻传播事业已确定无疑进入了大众传播阶段。为了适应国内外形势的发展,我国新闻学研究及时转入到以传播学、大众传播学为主的研究,已经势在必行"。[②] 虽然明安香没有直接指出"传播学取代新闻学"这一观点,但从字里行间中也能感受到取代的含义。明确将这一观点提出的学者是邵培仁,其在《新闻传播学》一书中指出:"传统新闻学正一步一步地走向衰老,即将成为'一门绝望的学问',给新闻学植入新的基因,注入新的血液,引进新的方法,是新闻学获得新生的唯一出路。"[③]因此,"用新闻传播学取代新闻学,再以传播学替换新闻传播学,这实在是社会的需要,

---

① 张瑞静:《传播学与新闻学的关系综述》,《科教文汇》2007年第11期(下旬刊)。
② 明安香:《新闻学向传播学的历史性发展》,《新闻与传播研究》1994年第1期。
③ 邵培仁、叶亚东:《新闻传播学》,江苏人民出版社1995年版,第1页。

时代的趋势,历史的必然,并不以哪个人的意志为转移,也没有任何力量能够左右它、阻挡它"。① 但另一种观点指出:"大众传播学、传播学和新闻学都是独立的学科,它们在研究的重点(对象)和研究方法上都有所不同,提供的知识和理论也不同,因而相互之间不可能取代。"② "新闻学是大众传播学的不同层次和分支,但传播学又不能代替新闻学。"③

具体来说,传播学和新闻学是"你中有我,我中有你"的关系,例如,在研究大众传播媒介内容时,新闻学的"读者需要"和传播学的"受众理论"具有重叠性,两者关联较大,但也互有区别:

(一)新闻学与传播学研究视角和研究取向不同

新闻学是以研究现象、新闻事业的自身规律为对象,其着眼于微观视角。传播学则将社会整体的信息与新闻的交流传递作为一个动态总体流程进行考察分析,其着眼于宏观视角。

新闻学的目的是培养为公共利益服务的媒体人才,注重职业技能的培训,注重专业理念和专业伦理的培养。发源于美国的传播学是为了满足政治、军事、企业等不同利益集团需要产生的,目的是探究企业如何争夺商业广告、政治竞选采取怎样传播策略、国家军队如何开展战时宣传等,因此,它是为了追求工具理性,寻找最佳策略和方法。

(二)新闻学与传播学研究侧重点和研究范围不同

新闻学偏重于对报业、新闻事业的研究,尤其是新闻媒介,如报纸、广播、电视、新闻期刊和互联网。传播学侧重在以媒介为重要特征的现代新闻传播事业的需要,除了新闻学所研究的范围之外,还包括戏剧、电影、书籍、广告等,凡是大众传播媒介与工具都属于传播学的研究对象。

新闻学研究的内容主要有新闻与言论两块,而传播学从传播过程切入,研究新闻、言论、知识、广告等不同类型传播活动背后的传播规律、生产机制、传播过程中面临的问题、传播效果与反馈等,这一系列问题均是传播学的研究范围。

(三)新闻学和传播学研究内容和研究方法不同

新闻学偏向于"术"的研究,并没有单独的研究方法,往往基于科学主义立场作出判断,关注的重点是业务操作,即新闻的采写编评以及摄影摄像等。传播学偏向于"学"的研究,美国主流传播学一直强调运用社会调查、心理实验、内容分析等"科学性"方法来研究传播效果,通过量化与统计过程求得实证性结论,对传播实践作出准确的事实判断,作为改进传播活动的依据。另一种与美国主流传播学"实证"研究不同的是传播批判学派,侧重于对传播现象进行价值判断,具有明显的哲学思辨特征,以确保其理论思想从宏观总体辩证高度把握

---

① 邵培仁、叶亚东:《新闻传播学》,江苏人民出版社 1995 年版,自序第 1 页。
② 李启:《试论传播学与新闻学关系的定位》,《新闻与传播研究》1996 年第 1 期。
③ 王泽华:《新闻学和传播学之比较》,《中国广播电视学刊》1992 年第 2 期。

传播的意义。①

二、传播学与政治学

传播学与政治学有着千丝万缕的联系,尤其与美国选举政治联系密切,这也是传播学得以在美国产生的重要原因之一,其主要表现为:

一是在美国借助媒体进行战争宣传和动员。20世纪两次世界大战为传播理论和实践提供了发展契机。第一次世界大战期间,美国新闻业的发展为美国进行战时宣传和动员提供了更大的平台,也为美国政府和军方提供了丰富的舆论宣传思想和经验。与此同时,时任美国总统威尔逊成立公共资讯委员会(Committee on Public Information),该委员会由记者乔治·克里尔负责领导,专门实施总统施政纲领的对外传播。第二次世界大战期间,参战后的美国更加重视对宣传的研究,1942年2月24日建立美国历史上第一座对外广播电台,即"美国之音"(Voice of America)。传播学奠基人之一的卡尔·霍夫兰对态度改变的说服研究,开始于第二次世界大战,并持续到20世纪70年代。就战争和媒体而言,基于从第一次世界大战中汲取的经验和教训,第二次世界大战期间,美国非常重视提升国家、军队的传播技巧和传播能力。60至70年代的越南战争,美国政府成立联合公共事务办公室、居民工作部和美国第六心理战营,电视第一次大规模介入战争报道。90年代在海湾战争中成立联合信息局,一支庞大的专业宣传和心战部队常驻海湾。在随后的阿富汗战争、伊拉克战争中,网络、电子邮件、手机短信等技术手段更是无处不在,得到充分运用。②

二是美国总统竞选通过媒体来宣传政策,说服民众。美国实行两党制,根据法律规定定期进行党内和政府选举,代议制的美国竞选制度要求候选人必须通过游说选民来获得选票。选举游说过程充满媒介化演讲和辩论,所有的竞选信息、施政纲领必须实施有效传播,使得美国的政治生活与媒体宣传密不可分,美国政客及竞选团队、政治学研究者尤其关注四年一度竞选的总统选举宣传策略与效果。20世纪上半叶,美国经历经济危机和第二次世界大战,为了激励老百姓节衣缩食、女性参加工作以及接受政府对经济的干预等政策,时任总统富兰克林·罗斯福(Franklin Roosevelt)利用广播做了著名的"炉边谈话",这是罗斯福提倡领袖与民众沟通的途径,它以"家常式"的广播谈话方式,向各界民众分析局势、解释政策、提出吁请,沟通人心,提振信心,凝聚力量,战胜危机,增加美国民众对其政策的理解。

约翰·肯尼迪(John Kennedy)号称是美国第二次世界大战结束以后最善用媒体的人,被称为"电视总统"。在1960年美国总统竞选过程中,肯尼迪通过电视辩论战胜理查德·尼克松(Richard Nixon)。从这次辩论之后,电视上出现一个新的内容形态,即总统竞选。1969年,尼克松宣誓就职成为美国第37任总统,但其入住白宫后并没有采取如他竞选时向民众许诺的尽快结束战争行动,反而命令美军执行一系列被命名为"菜单"的轰炸行动,轰炸柬埔

---

① 董天策:《理性审视新闻学与传播学的关系》,《暨南学报》(哲学社会科学版)2008年第2期;王泽华:《新闻学和传播学之比较》,《中国广播电视学刊》1992年第2期。
② 孙文广:《美国战时宣传论析》,《南京政治学院学报》2007年第5期。

寨境内的越南基地。随着《纽约时报》《华盛顿邮报》《新闻周刊》刊登美军轰炸柬埔寨的消息后，立刻激起那些等待尼克松履行停战诺言的美国民众的不满，他们有组织地多次举行反战示威。

1972年尼克松再次竞选总统，为了获得民主党内部竞选策略情报，以美国共和党尼克松竞选班子的首席安全问题顾问詹姆斯·麦科德（James McCord）为首的5人潜入位于华盛顿水门大厦民主党全国委员会办公室，在安装窃听器并偷拍有关文件时，当场被捕。尼克松因此事于1974年8月8日宣布次日辞职，成为美国历史上首位因丑闻而辞职的总统，该事件被称为"水门事件"。《华盛顿邮报》公开了所掌握的"水门事件"所有资料。

从以上三位总统的经历可知，除了政治力量以外，媒体力量也会对总统的政治生涯有重要影响。罗斯福因广播而获支持，他深知在广播媒介时代，声音具有无法抵抗的穿透力，因此他通过浑厚、悦耳和磁性的声音以及乐观的精神和感染力，经过细心、全面的策划和准备，采用即兴的、对话式的语调使民众听起来随心所欲。罗斯福新政的落实就是从广播开始，他用广播把新政传给民众，用民意来挟制对手以达到自己的政治目的。新闻媒体在美国也成为继立法、行政和司法外的第四权力。罗斯福善于利用媒体，这让他的名望极高，成为美国连任四届的总统。肯尼迪因电视而生，在电视镜头前展现出冷静沉着的态度，在辩论中展现自信而轻松的攻势，成为第一位"电视总统"。他在首次总统竞选辩论以后就意识到，电视这一媒体对于他日后的政治生涯至关重要，此后无数个"第一"被他所开创，包括第一个召开电视直播记者招待会，第一个允许电视新闻记者登上总统座机等。而尼克松却因报纸而"死"。尼克松从政之初就与媒体结怨，媒体对于他的报道和评价更多是负面的，他对媒体也少有好的印象和看法，双方的关系一直很紧张，最后发展到媒体将"水门事件"曝光，尼克松被迫辞去总统职务。

乔治·沃克·布什（George Walker Bush，被称为小布什）当选总统时，美国已经进入信息化时代。小布什并不擅长使用媒体，在任期间和媒体发生过很多矛盾。例如，小布什发动的伊拉克战争遭到世界很多国家反对，媒体对其形象塑造基本上都是负面的。

从贝拉克·奥巴马（Barack Obama）开始，美国总统竞选开始大量使用社交媒体，如YouTube、Myspace、Facebook、Twitter等。奥巴马竞选团队利用年轻人使用的社交媒体传递信息，主要内容为"希望和变革"，支持奥巴马，就等于支持自己的未来，成功地吸引了大部分年轻选民。

2016年唐纳德·特朗普（Donald Trump）在总统大选时，以特有的商业嗅觉敏锐捕捉到美国民众情绪和意向变化，在社交媒体上频频发文，适时提出了"让美国再次伟大"（Make America Great Again）的竞选口号，而特朗普的竞争对手希拉里也针对性地提出了"团结起来更强大"（Stronger Together）的竞选口号。

2020年民主党候选人约瑟夫·拜登在官网上为支持者提供下列参与方式：寻找附近的竞选活动、寻找当地的竞选办公室、联系当地的组织者、下载Team Joe的App、获得组织工具包、为约瑟夫·拜登打电话、在当地举办竞选活动、成为约瑟夫·拜登的基层募款人，等等。另一位民主党初选候选人、哈佛大学前教授伊丽莎白·沃伦也为支持者提供许多容易使用的工具包,包括怎样联系选民、举办活动、组织社区、制作宣传海报,等等。谋求连任的特朗普以及其他候选人也提供了类似的工具和平台,帮助支持者为其开展筹款、拉票等竞选活动。① 近年来,社交媒体正在重塑美国总统竞选的关键环节,政治竞选从传统媒体时代转向社交媒体时代。社交媒体让候选人能够在线动员并转变为高效的线下行动,有助于提高民众的政治参与度和对候选人的支持度。

传播学的分支政治传播学,是政治学与传播学交叉融合形成的一个新兴研究领域,致力于考察政治共同体内或政治共同体之间基于各种政治目的的信息传播活动。它起源于美国,随后逐渐被其他国家学习,旨在为现在政治的良性发展提供经验和理论借鉴。

三、传播学与社会学

西方曾将传播学视为社会学的分支,社会学诞生在传播学之前。传播学在形成中汲取和借鉴了社会学许多相关知识和方法。其实,社会学是以社会组织、社会行为、社会问题等为研究对象,范围较为广泛。传播学着重研究传播过程、传播行为、传播意识和传播关系等现象,研究对象相对较为集中。传播学与社会学的联系主要包括以下两点:

一是传播学使用社会学的研究方法。20世纪40年代以后,美国社会学研究开始转型,大众社会理论的崛起与社会科学研究方法的兴盛使美国传播学自诞生之日起就打上了定量研究的烙印。传播与媒介研究崛起使得人们对社会各方面的信息需求急剧增加。因此,对于相关研究工具也发生改变,从之前的内容分析、调查研究方法转向量化研究。

二是传播学借鉴社会学相关理论知识。诞生于19世纪70年代的实用主义哲学对美国传播学的兴起和研究转向产生非常大影响,尤其对传播的性质和语言问题尤为关注。社会学家皮尔斯开创社会学研究的符号学传统,通过对符号理论的建构探讨相关传播问题。但皮尔斯本身对符号与传播的研究在当时受到的关注较少,一直到19世纪末詹姆斯的出现才提高关注度。他力挺皮尔斯主张,并认为世间无绝对真理,真理决定实际效用,而且真理常随时代环境变迁而改变。他也提倡从批评的视角来观察美国社会发展,指出美国社会发展中最为关注的是道德和社会责任感的问题。② 在这些社会学家提出相关知识并引入传播学之后,芝加哥学派对传播学产生了深远影响。

四、芝加哥学派的传播理论

首先,芝加哥学派是社会科学研究不能忽略的学术群体。"在芝加哥学派之前,社会学的基本思想在马克思、迪尔凯姆和韦伯那里已经有了相当的基础。另一个德国重要的社会学家齐美尔也对芝加哥学派产生过重要的影响。但直到芝加哥学派的形成,社会学才成为

---

① 胡正荣主编:《传播学概论》,高等教育出版社2017年版,第5—9页;邵国松:《社交媒体如何影响美国总统竞选》,《人民论坛·学术前沿》2020年第15期。
② 李莹:《传播学研究的哲学—社会学渊源及启示》,《求索》2015年第9期。

一个令人侧目的重要学科,且逐渐成为美国高校最重要的系科门类之一,并在其后反哺欧洲学术界。"①

其次,芝加哥学派研究提供了宽广的视域。传播学家凯里在介绍芝加哥学派时曾说,"致力于对一个城市,它居民中的种族、民族和社会关系的深度了解。它所建立的不仅是一个城市的实体生态学,而且是一个地方和居民区的人文生态学。芝加哥学派是研究传播、交通、定居与移民、社会关系与政治机构等城市各个方面的社会学,它力图通过每个居民区、每条街道、每个人口普查街区、每个群体、每个工种或行业,以了解这个都市的全部。"②

再次,芝加哥学派有着独立且自主的研究立场,为传播学研究提供了大量有启发性的问题和观点。潘忠党指出,以芝加哥学派为代表的传播学研究取向,是"以人文价值取向为动因、以理解人及由人的活动所建构的社会关系并使之升华为目标的"。这种研究取向与"以控制论为代表、以社会控制为根本目的、以信号传递为基本观念、以实证主义自然科学为基本模式的传播学"有着根本性差别。③ 胡翼青指出,芝加哥学派倾向于将传播作为解决当时社会问题、解释人类社会本质的重要手段,形成颇具启发性的传播研究框架,提出一批重要的传播学课题,因而孕育出当代传播学的许多重要流派。他强调:"为四大奠基人关闭的传播学已有的认识通道,多半来自芝加哥的传统,比如具有建构主义和相对主义倾向的思想,人本主义的研究理念,定性的研究方法,传媒生态的理论,等等。将传播学的源头回溯到芝加哥学派那里,并不仅仅具有传播学术史或传播思想史的意义,还具有重新理解人类传播的现实理论意义。由于芝加哥学派认为现代社会仰仗传播而维系,因此它所关注的是大众传媒在一个现代性的社会中所发挥的作用,它的意义远远地超越了结构功能主义者对传播含义的限定。芝加哥学派对于传播的理解远远不像人们想象的那样缺乏系统性和科学性。"④

对芝加哥学派的传播理论贡献,传播学家罗杰斯⑤曾分析:

(1)它使符号互动论概念化,符号互动论是一种将传播置于人性如何形成和变化的中心的理论观点。

(2)它认为大众传播是美国民主社会面临城市社会问题而生存下去的一个可能的手段。

(3)它在20世纪20年代后期进行了关于电影对于儿童的影响的佩恩基金研究,这些研究为许多后来的传播效果的研究提供了一种早期的模式。

随着对芝加哥学派和传播学史研究的不断深入,发现芝加哥学派对传播学的主要理论贡献还表现在以下几个方面:

1. 芝加哥社会学对"传播社会功能与地位"的独到分析

在以往主流传播学观点中,传播功能就是单纯的信息(内容)传递所扮演的社会角色。

---

① 吴飞:《传播学的反思要正视芝加哥学派的传统——兼评胡翼青的〈再度发言:论社会学芝加哥学派传播思想〉》,《当代传播》2008年第5期。
② 潘忠党:《解读凯里·跨文化嫁接·新闻与传播之别》,《中国传媒报告》2005年第4期。
③ 潘忠党:《解读凯里·跨文化嫁接·新闻与传播之别》,《中国传媒报告》2005年第4期。
④ 胡翼青:《再度发言:论社会学芝加哥学派传播思想》,中国大百科全书出版社2007年版,第10页。
⑤ [美]E.M.罗杰斯:《传播学史——一种传记式的方法》,殷晓蓉译,上海译文出版社2012年版,第202页。

但帕克、米德对于传播观有了新的观点。帕克认为传播是人类最基本的行为方式,是人类社会关系的本质所在。"传播远远超出单纯的信息传递与交流:传播创造维持社会。"①而米德也提到:人的心灵与社会的过程都可以被看作是交流的产物,他曾经这样来分析心灵与交流的关系:"不仅心灵的起源,而且心灵之间的相互作用(它们被看作是心灵的本性所固有、并由心灵的存在或发展所决定的)不再是神秘或不可思议的。心灵通过交流产生,而不是交流通过心灵产生……社会过程在某种意义上构成了它对之作出反应,或它对之作出顺应的对象。也就是说,对象是根据社会经验过程和行为过程的意义构成的,是通过该过程所涉及的不同个体有机体彼此之间的反应或动作上的互相顺应构成的。这种顺应借助于交流成为可能。"②

2.芝加哥学派对"媒介技术与社会发展"的高度关注

帕克在《物理学与社会》中,关注到了技术的作用。他看到了物理学使传播的手段处于不断改进的状态,从而对社会发挥作用。"传播显然是社会过程中根本的东西,因为物理学使传播手段的延伸和改进对社会的存在显然发挥至关重要的作用,尤其是对理性组织起来的社会形态即所谓文明发挥着至关重要的作用。"③而且,受到杜威和库利的影响,芝加哥学派对传播技术所带来的社会后果表现出一定程度的乐观情绪。从某种程度上来说,芝加哥学派对后世传播技术乐观主义的发展起到积极的作用。

3.芝加哥学派擅长研究人际传播领域

从芝加哥学派开始,人际传播领域真正出现一种具有解释力的理论。米德从发生学的角度解释人际传播是如何成为可能。他认可达尔文的观点,认定人际传播始于姿态,一种较为原始的动作。"姿态后来成了一种符号,但是在其早期,它是社会性动作的一个部分。""社会动作的这样一些早期阶段先于严格意义上的符号,先于深思熟虑的交流。"某一个体所采用的姿态,当然会引起另一个体的反应,这种反应逐渐在当事的双方形成某种约定俗成的社会意义,于是语言或者说严格意义上的符号就产生了。"一个体的某种态度引起另一个体的反应,后者又引起一种不同的态度和不同的反应,并且可以不停地进行下去。事实上我们将会看到,语言确实是在这样的一个过程中产生的。""一种符号,它符合第一个人经验中的一种意义且在第二个人那里唤起那种意义。在姿态达到那样一步时,它便成了我们所称的'语言'。现在它是一种表意的符号,它表示一种意义。"④正是在这个意义上,人际传播得以形成并不断扩展,并最终创造和维系社会。从人际传播的发生开始,米德建构了互动论的大厦,这种理论视角对于双向循环模式的建立以及对霍尔的受众理论都具有启发意义。⑤

---

① [美]E. M. 罗杰斯:《传播学史——一种传记式的方法》,殷晓蓉译,上海译文出版社2012年版,第198页。
② [美]乔治·H. 米德:《心灵、自我与社会》,赵月瑟译,上海译文出版社1992年版,第44页、第69页。
③ [加]哈罗德·伊尼斯:《传播的偏向》,何道宽译,中国人民大学出版社2003年版,麦克卢汉序言第7页。
④ [美]乔治·H. 米德:《心灵、自我与社会》,赵月瑟译,上海译文出版社1992版,第37页、第13页、第13页、第40页。
⑤ 胡翼青:《论社会学芝加哥学派对传播学学科建构的历史贡献》,《中国传播学会成立大会暨第九次全国传播学研讨会论文集》2006年4月。

最后,芝加哥学派对传播学学科建构也具有贡献。芝加哥学派强调的是一种视野宏大,更加突出人的主体性与传播社会的互动性研究方向。芝加哥学派的研究方法强调社会调查的重要性,可以被看作是一种早期人本主义传播范式的研究,这一方向的确立主要是因为深受实用主义哲学思想的影响。实用主义者认为,在人的认识和行动中,人是创造者。实用主义也是一种建构主义与相对主义的哲学,它强调互动的建构意义,而不承认绝对实在真理或彼岸世界的存在。因此,芝加哥学派研究方向对于传播学学科建构有着重要的意义。

第四节　传播学历史简介

传播学作为一门交叉学科,汲取并融合其他学科的营养,逐渐形成一个相对独立且完整的知识体系。为了更好地了解传播学发展史,本节首先介绍传播学研究的四大先驱及其对传播学研究的奠基性贡献,然后对传播学的集大成者施拉姆生平事件及学术贡献进行梳理,最后分析传播学的经验学派和批判学派。

一、传播学研究四大先驱

(一)哈罗德·D. 拉斯韦尔

1. 生平

哈罗德·D. 拉斯韦尔(Harold D. Lasswell,1902—1978 年),1902 年 2 月 13 日出生于美国伊利诺伊州唐奈森。16 岁时在芝加哥大学注册入学,并获得一笔奖学金。1922 年攻读芝加哥大学政治学系博士,1926 年获得政治学博士学位,他的博士论文是关于第一次世界大战期间宣传信息的内容分析。1927 年,他受聘为芝加哥大学政治学助理教授,发表博士论文《世界大战中的宣传技巧》。1930 年,发表《精神病理学与政治学》,将精神分析理论首次用于研究政治领袖。1936 年,发表《政治学:谁得到了什么,在什么时候,怎么得到的》,这部著作以政治学研究的著名警句为标题,论证政治学的目的是研究权力,随后被聘为芝加哥大学的终身副教授。1938 年,拉斯韦尔从芝加哥大学辞职,1939 年与 D. 布卢门泰克一起发表《世界革命宣传:芝加哥研究》。随后,他成为洛克菲勒基金会大众传播研讨班最有影响的成员,他将传播过程概括为"5W"模式。1940—1945 年,他担任美国国会图书馆的战时传播研究实验部主任,1946—1970 年受聘为耶鲁大学教授,退休后(1970—1972 年)担任纽约城市大学教授,随后成为坦普尔大学教授、哥伦比亚大学国际事务教授,1976—1978 年,当选为纽约政策学中心主任,1978 年在美国纽约逝世。

2. 主要贡献

(1)宣传分析

哈罗德·D. 拉斯韦尔把宣传作为现代政治的一个重要现象,尽量客观地研究如何宣传才能取得最好的效果。他对"宣传"这样定义:"它仅指通过重要的符号,或者更具体但不那

图 1—1　哈罗德·D. 拉斯韦尔

么准确地说,就是通过故事、谣言、报道、图片以及社会传播的其他形式,来控制意见。宣传是现代社会最强有力的工具之一。宣传取得现在这样显著的地位是对改变社会本质的环境变化综合体的回应。"①本质上说,宣传就是研究如何控制并影响他人。

拉斯韦尔提出宣传定义后,很多人(如杜威)都质疑和批判宣传是政府利用媒介来操纵民意,是控制人们思想的工具。有学者甚至担心美国政府也会用宣传手段来对付自己。由此引发了宣传研究论战,最知名的研究为 Lee 夫妇在《宣传的完美艺术》中提出七种宣传技巧,即辱骂法、光环效应、转移法、正词法、平民百姓法、洗牌作弊法和乐队花车法。

(2)内容分析法

拉斯韦尔被看作是内容分析法的创立者,他的研究是分阶段的,E. M. 罗杰斯评价说:"他的第一个研究(关于第一次世界大战的技巧)在风格上是定性的和批判的。他主要提示了发生冲突的双方都采用的宣传技术的性质。15 年后,他在第二次世界大战期间的宣传研究主要是定量的和统计学的。"②可以说,拉斯韦尔通过对信息的分类,以便测度某些变量的途径对传播信息进行研究。尽管内容分析者很少能够得到关于诸如传播效果的实际资料,但通常还会试图推断他们所分析的信息效果。

(3)结构与功能

拉斯韦尔提出的"5W"理论奠定了结构功能主义的传播学研究框架,在《社会传播的结构与功能》中,拉斯韦尔指出描绘传播行为的便利方式必须回答的五个问题:谁(Who)？说了什么(Says What)？通过什么渠道(In Which Channel)？对谁说(To Whom)？取得了什

---

① [美]哈罗德·D. 拉斯韦尔:《世界大战中的宣传技巧》,张洁、田青译,中国人民大学出版社 2003 年版,第 22 页、第 176 页。
② 胡翼青主编:《西方传播学术史手册》,北京大学出版社 2015 年版,第 136 页。

么效果(With What Effect)？这个传播过程模式明确勾勒了传播学研究的五个主要领域(控制研究、内容分析、媒介研究、受众研究和效果研究)。

拉斯韦尔还提出了传播的"三功能"：一是监督环境。媒介的这一作用开拓了个人视野，能够知道更加多元化的事件。二是协调社会。对于某种环境下的事件的反应，诸如当大众媒介传播告诉个人如何解释某些新闻事件时，媒介帮助个人了解正在发生的事件的意义。三是文化传承。例如，儿童接受有关民族的历史的教育，接受什么是正确的教育、什么是错误的教育，接受有关他们与其他人有什么不同的教育。

(二)卡尔·I. 霍夫兰

1. 生平

卡尔·I. 霍夫兰(Carl I. Hovland, 1912—1961年)1912年6月12日在美国芝加哥出生，1932年在美国西北大学获得学士学位，1934年获得硕士学位，1936在耶鲁大学获得博士学位并留校担任教师。30岁时，他被任命为心理学系副教授和博士生导师。1942年，霍夫兰应召率领由心理学家组成的专家小组赴华盛顿，在美国陆军军部新闻及教育署研究战争宣传与美国士气的问题，之后，开展了一系列对说服效果的实验研究。1947年，他被授予耶鲁大学心理学斯特林教授职位，1961年因患癌症在美国康涅狄格州哈姆登去世。其主要著作包括《大众传播实验》(1949)、《传播与信服》(1953)、《说服的呈现顺序》(1957)等。

图1-2 卡尔·I. 霍夫兰

2. 主要贡献

卡尔·I. 霍夫兰开创有关个人态度变化微观层次研究的学术传统。他最突出的贡献是将心理实验方法(前后对比法和控制对照法)引入传播学研究，并且通过对"说服性传播"研究揭示传播效果形成的条件和复杂性，对否定早期"魔弹论"效果起到很大作用。他的研究生涯可以分成两个阶段。

(1)第一阶段(第二次世界大战期间)

第二次世界大战期间,美国军事机构中的社会科学研究作为一种监控军队士气的手段开始。霍夫兰的"陆军研究"变量核心是态度,具体采用两种不同研究设计:一是对新兵观看影片《我们为何"二战"》的影响进行实验和评估,其中实验组士兵观看影片,控制组士兵不观看影片,一周后填写问卷。这一研究设计证明个人认知方面超出其态度变化,是否观看影片对调查对象希望战斗的态度影响不大。换言之,单一的大众传播并不能直接导致受众态度的改变。二是霍夫兰转而考察说服效果形成的条件,总结态度改变的一般性原则,展开的第二种研究设计,这一想法也贯穿霍夫兰研究的第二阶段。

(2)第二阶段(第二次世界大战结束后)

霍夫兰进行关于信源可信度的著名研究室研究,这个重要研究将一个传播变量——信源可信度孤立起来,同时控制所有其他变量。其中,"耶鲁项目"主要把"说服性传播"研究分为传播者、传播技巧和受众三个部分。首先,传播者(信源)的可信度越高,说服效果越大;反之,说服效果越小。判断信源可信度主要以"传播者信誉"和"专业权威性"为标准。但研究也表明,信源可信度在刚传播时达到最大效果,随着时间的推移,高可信度信源的说服效果会衰减,低可信度信源的说服效果会上升。这一结论表明,信源可信度对信息传播的短期效果具有重大影响,但从长期效果来说,最终起决定作用的还是内容本身的说服力。其次,传播技巧也会对说服效果产生影响,传播效果主要包括洗牌作弊法、正反两方消息与免疫效果、明示结论与寓观点于材料之中、首因效应与近因效应、警钟效果等。最后,受众对传播效果的影响研究表明,受众智商、群体归属与受众个性均会对传播产生影响。

"耶鲁项目"也有局限性:一是过于拘泥于实验性的论据,而实验环境由人为造成,与现实环境差别很大;二是实验对象选择范围较小,主要为军人和学生;三是研究总是在某个孤立的变量上下功夫,但排除的因素极有可能具有强大影响。

(三)库尔特·勒温

1. 生平

库尔特·勒温(Kurt Lewin,1890—1947年)于1890年9月9日生于东普鲁士的莫吉尔诺,父母是贫穷的犹太人,常受到德国的种族歧视。为了让孩子得到更好的教育,勒温全家迁移到柏林,但仍然遭遇到反犹主义歧视,这一社会偏见对他的学术兴趣产生了某种影响。

1914年,勒温在柏林的皇家弗里德里克——威廉大学获得心理学博士学位,这所大学是当时德国的一流大学之一。随后勒温参加第一次世界大战,军队生活对他后来的群体动力学理论的生成起到关键作用,他在受伤疗养期间,发表《战争形式》一文,首次提出场论的初步概念。战争结束后,他回到柏林大学,在心理研究所任教员和研究助教,1927年晋升为教授,在此期间与格式塔心理学派建立联系,并成为该学派的积极倡导者。1932年,因逃避纳粹执政后对犹太人的迫害流亡到美国定居,他先后在康奈尔大学任教和艾奥瓦儿童福利研究所工作。1942年,勒温建立社会问题心理学研究会,主要研究如何解决社会问题。

1944年在麻省理工学院任教,担任群体动力学研究中心主任。1947年,勒温因心脏衰竭在美国马萨诸塞州的牛顿维尔逝世。

图1—3 库尔特·勒温

2. 主要贡献

(1)提出信息传播"把关人"概念

1943年,勒温对家庭主妇进行研究,发现家庭主妇是家庭食品消费的"把关人"。如果一个家庭主妇不打算烹饪动物内脏的话,那么她的家庭就不会食用,于是"把关"概念被提出。1947年,勒温在《群体生活的渠道》中再次论述"把关人"现象,认为在群体传播过程中存在着一些"把关人",只有符合群体规范或"把关人"价值标准的信息才能进入传播渠道。

所谓"把关人",是指传播者不可避免地会站在自己的立场和视角对信息进行筛选和过滤,这种将信息进行筛选和过滤的传播行为称为把关,凡有这种传播行为的人,称之"把关人"。

(2)提出"场论"

勒温指出,"场论"强调个人行为是人与环境相互作用的结果。"群体动力理论"是对场论的运用,主要论述群体中的各种力量对个体的作用和影响,其核心是"凝聚力"[1],主要表现为对群体的忠诚度和责任感、对外来干预及攻击的防御与抵抗、群体成员之间的志趣相投程度和友谊等。

(四)保罗·F.拉扎斯菲尔德

1. 生平

保罗·F.拉扎斯菲尔德(Paul F. Lazarsfeld,1901—1976年)1901年2月13日生于奥地

---

[1] "凝聚力"指的是个体成员实现集体期望程度,也就是群体对成员的吸引力以及成员对群体的向心力,主要受到领导方式、激励方式、组织结构、环境变量等多种因素的影响。

利维也纳,1925年,在奥地利维也纳大学获博士学位,并创建"经济心理学研究中心"。1931—1932年,开展马林塔尔失业研究。1933年,受洛克菲勒基金资助去美国旅行。1935年,正式移居美国。1935—1936年,被聘为新泽西州纽瓦克学生救济工作的指导者,被任命为他所创建的"纽瓦克大学研究中心"的执行主任。1937年,拉扎斯菲尔德领导由洛克菲勒基金会资助的普林斯顿大学"广播研究所",此机构于1939年迁往哥伦比亚大学,最终成为"应用社会研究所"。1941年,拉扎斯菲尔德被任命为哥伦比亚大学社会学系副教授,默顿被任命为助理教授。1948年,被任命为哥伦比亚大学社会学系主任。1962年,被任命为哥伦比亚大学社会科学的"奎特勒教授"。1969年,从哥伦比亚大学退休,在匹兹堡大学讲授社会学。1976年8月30日,因癌症在纽约去世。

其代表著作主要包括《人民的选择》(1944年,与贝雷尔森等人合著)、《大众传播、流行趣味和社会行为整合》(1948年,与默顿合作)、《个人影响:人在大众传播流通中的作用》(1952年,与卡茨合著)、《社会科学中的数学思考》(1954年)等。

拉扎斯菲尔德是将传播学引入效果研究领域和使用经验性研究方法最为重要的人物,被称为传播学研究的"工具制造者",对后来的传播学发展影响极大,是传播学"哥伦比亚学派"的领导者。

图1—4 保罗·F.拉扎斯菲尔德

2. 主要贡献

(1)"政治既有倾向"假说和"选择性接触"假说

拉扎斯菲尔德通过"伊里调查"发现,人们对选举或其他政治问题的决定并不取决于一时的政治宣传和大众传播,而基本决定于原本持有的政治倾向,其政治态度与他所处的社会背景和所属的社会群体密不可分。

"选择性接触"假说是指人们倾向于接触与自己既有立场、态度一致或接近的内容,结果很有可能强化自己原有态度而不是改变既有态度。

(2)"两级传播"和"意见领袖"

"伊里调查"研究发现,在影响选民投票决定方面,人际影响比大众传媒的影响更频繁、更有效。来自大众传媒的信息并非直接"流向"一般受众,而是要经过意见领袖这个中间环节,即"大众传播→意见领袖→一般受众"。

(3)促进传播研究的科学化

拉扎斯菲尔德在方法论研究上具有开创性的影响和独到见解,是传播研究方法的"工具制作者"。他试图将定性方法和定量方法、参与性观察和深度访谈、内容分析和个人传记、固定样本研究和焦点交租访谈结合起来。

(4)提出"三角测量法"

提出"三角测量法",即采用测量收集资料和资料分析的多重方法,以获得对研究对象的多方面了解。

二、传播学集大成者威尔伯·施拉姆

1. 生平

威尔伯·施拉姆(Wilbur Schramm,1907—1987年),1907年8月5日出生于美国俄亥俄州玛丽埃塔,5岁时,由于一次不熟练的扁桃体腺切除手术,而患了严重口吃。他的口吃使父亲放弃对儿子从事政治和法律事业的梦想,施拉姆本人也深受创伤,例如,在中学毕业典礼上,施拉姆用笛子演奏来代替演讲。后来逐渐适应口吃生活,他开始尝试演讲,并一点点克服口吃的问题。

1928—1932年,施拉姆先后在玛丽埃塔学院获学士学位、在哈佛大学获硕士学位、在艾奥瓦大学获博士学位。

1932—1934年,成为艾奥瓦大学学术团体理事会博士后会员,与C.E.西肖尔一起从事实验研究。后来,在艾奥瓦大学英语系执教,任艾奥瓦大学艾奥瓦作家班的创办人和指导者,他写的一些短篇小说,分别刊登在《大西洋月刊》、《星期六晚邮报》等报刊上。第二次世界大战期间,成为华盛顿精确资料办公室和战时新闻处的教育主任,并形成自己的传播观。1943年担任艾奥瓦大学新闻学院院长,并成为第一门大众传播学博士课程创始人。1947年,施拉姆告别任教多年的艾奥瓦大学,成为伊利诺伊大学传播研究所的创始人和所长,传播学系主任,校长助理。在伊利诺伊大学期间,创办伊利诺伊大学传播研究所。1955年,施拉姆离开伊利诺伊大学,受聘为斯坦福大学传播学教授、传播研究所所长。1962年,被任命为斯坦福大学的国际传播学教授,直到65岁时按法定年龄退休。退休以后,施拉姆又担任夏威夷檀香山东西方传播研究所所长、香港中文大学传播学教授等。1987年逝世于夏威夷檀香山。

2. 主要贡献

施拉姆的主要贡献体现在学术理论和学科发展两个方面:

图1-5 威尔伯·施拉姆

(1) 在传播体制方面提出独到见解,在与赛伯特、彼德森一起出版的《报刊的四种理论》中,探讨世界上所有不同种类报刊背后的哲学和政治原理,将传播体制分为自由和集权两大类,自由又分为自由主义理论和社会责任理论两种,集权又分成威权主义理论和苏联共产主义理论。在施拉姆笔下,社会责任理论是对自由主义理论的修正。

(2) 建立世界上第一个大学传播学研究机构和第一个传播院系,授予第一个传播学博士学位,也是世界上第一个具有传播学教授头衔的人。

(3) 编撰第一本传播学教科书。1949年施拉姆编辑《大众传播学》一书,收录政治家、心理学家、社会学家、语言学家以及许多其他学科专家对传播的论述,此书被视为第一部传播学权威教科书。

3. 著作 & 教材

(1)《大众传播学》(1949年)

(2)《大众传播的过程与效果》(1954年)

(3)《报刊的四种理论》(1956年)

(4)《大众传播的责任》(1957年)

(5)《世界报业的一天》(1959年)

(6)《电视对儿童生活的影响》(1961年)

(7)《传播媒介与国家发展》(1964年)

(8)《新媒介》《传播与变化》(1967年)

(9)《从电视中学习》(1968年)

(10)《男人、女人、信息、媒介:人类传播概览》(1973年)

4. 学术评价

关于施拉姆在传播学领域的成就,学术界有如下观点:

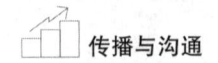

(1)第一代传播学学者

美国著名传播学者E. M. 罗杰斯评价说:"施拉姆在传播学史中发挥着关键的作用。他就是这个领域的奠基人,是第一个将自己认作一个传播学者的人;他最早在大学中创办以'传播'命名的博士课程;他培养了第一代传播学学者。"[1]

(2)传播学发展的"伟大的概括者"、"集大成者"

部分学者认为,施拉姆开创的传播学建制束缚了传播学发展,他的理论已经不再是美国传播学关注的中心。但更多学者给予的评价是,施拉姆不是一个以原创见长的传播学者,其学生坦卡德曾评价说:"施拉姆对这门学科最大的贡献或许并不在于他自己的理论观点——尽管这些理论观点很重要,而在于他针对传播学核心问题所勾勒的学说框架。"[2]简言之,他将前人对于传播学发展的理论学说加以概括与总结,继而构建体系化的传播学理论框架,是传播学发展的集大成者。

三、传播学两大学派

基于学者们在研究传播学时持有的不同学术立场和方法,形成了经验学派与批判学派。两大学派对立的根源在于"这两个不同阵营中的学者对传播学研究对象和研究方法具有不同预设,在方法论上的分歧表现为坚持实证主义和趋向人文主义"[3]。本节将介绍这两个学派。

(一)经验学派

经验学派(empirical school)出现于19世纪后期,主要是以经验性方法来考察社会现象的流派。在传播学中,主要指以美国经验学派为代表的主流传播学,以拉斯韦尔、拉扎斯菲尔德、霍夫兰和卡兹为代表人物。

1. 经验学派特点

经验学派从经验事实出发,运用经验性方法研究传播现象,具有如下特点:一是研究保持中立,不先入为主;二是研究对象是可以感知的传播现象[4];三是普遍的社会现象具有客观性,这些客观性可以通过一定的科学方法加以揭示;四是人类有能力开发或设计出揭示社会现象的客观性科学方法;五是任何关于社会现象的理论和假设,都能够通过一定的科学方法得到证明或否定。[5]

2. 经验学派意义

经验学派的重要意义在于所使用的经验性研究方法,即强调利用真实可靠的客观数据和材料开展研究,反对从理论上对社会现象的主观论述,主张从变量与定量研究中揭示社会问题的客观规律。这种方法具有不可或缺的作用,如今很多研究依然采用此种方法。

---

[1] 胡翼青主编:《西方传播学术史手册》,北京大学出版社2015年版,第344页。
[2] 胡翼青主编:《西方传播学术史手册》,北京大学出版社2015年版,第345页。
[3] 梅琼林:《方法论:传播学批判学派与经验学派的比较分析》,《中国社会科学院研究生院学报》2007年第3期。
[4] 陈力丹:《试论传播学方法论的三个学派》,《新闻与传播研究》2005年第2期。
[5] 郭庆光:《传播学教程》(第二版),中国人民大学出版社2014年版,第253页。

3. 经验学派局限性

经验学派是以"量化的归纳主义、因果决定论、诉诸持续的量化分析和统计实验的观念"[①]为基点,自身存在很多局限性。

一是经验学派单纯利用经验材料无法反映社会全貌。社会是复杂多变的,而能够观察、测定、量化的材料却是有限的。作为测量与被测量的人是理性的个体,其复杂的心理活动往往无法用实证主义方法直接测量,同时个人或小范围群体的材料只能在一定微观现象中起作用,而不能考察社会发展过程以及宏观社会的全貌。二是经验学派强调的"纯客观"在现实中很难做到。尽管研究环境可以客观无干扰,但每个研究者都有自己的文化背景、意识形态与社会价值。他们在研究问题时不可避免地带有自己的主观思想或偏见,从这个角度看"纯客观"研究是无法实现的。三是经验学派所依赖的程序或技术存在局限。"调查问卷"是从概率论的角度考虑是否科学,实际上缺少精确性和严谨性。"控制实验"指的是对在固定实验室中确定的对象进行分析,但在有限条件下得出的结论不能代表复杂多变的外部环境。

(二)批判学派

批判学派(critical school)是相对于经验学派而言的。在 20 世纪 30 年代,批判学派第一次与经验学派产生冲突与对立。在法兰克福学派的影响下,以欧洲学者为主形成和发展起来的批判学派代表人物主要有 M. 霍克海默、H. 马尔库塞和 T. W. 阿多诺等人。

1. 批判学派特点

批判学派主要针对资本主义在传播中的问题,提出深刻且尖锐的批判,具有以下特点:一是从宏观和中观角度出发,对传播现象持否定和批判态度;二是反对实证主义方法,在方法论上以思辨为主。

2. 批判学派意义

批判学派在一定程度上弥补了经验学派的缺陷,批判学派中的政治经济学派、"文化研究"学派、意识形态"霸权"理论与哈贝马斯批判理论对传播理论研究产生了深远影响。

3. 批判学派局限性

批判学派局限性:一是过分强调研究者的批判观点,可能会出现认识问题的极端视角或偏激研究方法,有一种乌托邦的意味。二是关注的焦点侧重于"谁在控制"、"为什么存在支配与控制"以及"为了谁的利益进行控制",往往忽略"如何"控制、"在多大程度上"控制以及对受众产生"何种"效果。

---

① 陈力丹:《谈谈传播学批判学派》,《新闻与传播研究》2000 年第 2 期。

第一章
传播的历史

第一节 何谓传播

在我们日常生活中传播无处不在。作为传播学最基础的概念,什么是传播呢？只有准确地为传播下定义,掌握传播话语、传播功能与传播原则,才能更加深入地研究传播学。

一、传播的定义

所谓传播(communication),起源于拉丁语的 communicatio 和 communis,14 世纪在英语中被写为 comynycacion,15 世纪以后逐渐演变成现代词形,含义主要包括通信、会话、交流、交往、交通、参与等。19 世纪末,这个词成为日常用语。[1]关于传播的定义,学界众说纷纭,主要有以下五种代表性观点。

第一种是"工具说"。施拉姆指出:"传播是工具,社会之所以成其为社会全赖传播这一工具。传播(communication)和社区(community)的词根相同并非偶然现象。没有传播,就不会有社区;没有社区,也就不会有传播。"[2]简言之,社会或社区的形成,需要借助传播这一工具作为人与人交往的中介。

第二种是"传递说"。皮尔士认为,"传播即观念或意义(精神内容)的传递过程,而观念或意义只有通过'像'或者符号才能得到传达。"[3]阿耶尔则明确指出:"传播在广义上指的是信息的传递,它不仅包括接触新闻,而且包括表达感情、期待、命令、愿望或其他任何情绪。"[4]传播即为信息、观点、心情等相关内容的传递。

第三种是"目的、影响和反应说"。卡尔·霍夫兰从心理学角度出发对传播进行总结,"传播就是某个人传递刺激以影响另一些人行为的过程",这个定义强调的是传播带来的影响。霍夫兰格外关注传播是不是能够通过一些心理的机制来改变人们认知、态度和行为,因此他最关注的是传播活动的目的、影响和反应。[5]从霍夫兰的定义看,传播所研究的是效果,即这一传递过程最终能够达到何种传播效果。

第四种是"符号说"。贝雷尔森和塞纳强调的是传播活动所使用的符号,"传播就是运用词语、画片、数字、图表等符号来传递信息、思想、感情、技术的行为和过程"[6]。1909 年,查尔斯·库利出版的《社会组织》中设了"传播"一章,他为传播下了一个定义:"传播是人类关系赖以成立和发展的机制,包括一切精神象征及其在空间中得到传递、在时间上保存的手段。

---

[1] 郭庆光:《传播学教程》(第二版),中国人民大学出版社 2014 年版,第 2 页。
[2] [美]威尔伯·施拉姆、威廉·波特:《传播学概论》(第二版),何道宽译,中国人民大学出版社 2010 年版,第 2—3 页。
[3] 郭庆光:《传播学教程》(第二版),中国人民大学出版社 2014 年版,第 2 页。
[4] 同注释[3]。
[5] 胡正荣主编:《传播学概论》,高等教育出版社 2017 年版,第 21 页。
[6] 胡正荣主编:《传播学概论》,高等教育出版社 2017 年版,第 21 页。

它包括表情、态度和动作、声调、语言、文章、印刷品、铁路、电报、电话以及人类政府空间和时间的其他任何最新成果。"① "传播过程中传递的一切都是符号,包括印刷符号、语音或动作,交流者总是要揣测符号背后的含义;不是揣测符号的含义,而是揣测符号使用者的意思。"② 也即是说,需要揣测双方传递的意图。

第五种是"关系说"。由"符号说"能够看出来,传播本身没有生命,要了解何为传播,必须了解交流者之间如何建立关系。早在1949年,金斯利·戴维斯(Kingsley Davis)就对传播关系的间接性做过论述:"一个人靠另一人的行为去进行推断……揣测对方的思想感情;同理,对方也对他的思想感情及其背后的意义做出回应,而不是对他的行为做出回应。"③格伯纳将传播定义为"通过讯息进行的社会的相互作用"。"不仅仅强调传播活动本身,而且把它置于一种社会关系和社会交往中,强调传播对于构成人类社会,对于人类在社会当中互相交往所具有的重要意义。"④这种观点认为传播归根结底是研究人与人在信息传递时处于何种关系,内容是否可以无障碍地从一侧到达另一侧。

综上,我们给出传播的定义:所谓传播是人类自觉、主动和能动地使信息内容产生流动的过程,具有特定意图和目的,并希望获得一定效果。

二、传播话语

关于"传播"这个使用频率极高的词语,不能仅仅研究含义,还需要进一步探索概念背后的意义。

"话语研究不再关注事物的本质,而是把关注点放在了对事物本质所做出的种种话语的可能性上。换句话说,话语研究不是研究一个事物是什么,而是研究为什么人们用某种方式对事物进行表述,是什么社会条件导致了这种话语,这种表达是否能够自我证明,它导致了什么后果。"⑤对传播来说,不仅要研究传播是什么,而且要关注公众对于传播有哪些看法,为什么会有这些看法,产生的社会语境是什么以及公众形成怎样的社会实践,这些社会实践又如何影响公众对传播的认识等。

其一,传播是撒播。撒播是一种单向传播。对于传播者来说,撒播是一种"无应"或者"延时性对话",播撒者将种子肆意散在土壤中任其自由生长。对于接收者而言,撒播是一种不受任何束缚的过程,其拥有自由解读的权利。但将传播界定为撒播,需要对我们的生活环境,社会实践有所了解,然后在特定生活环境和社会实践中探索撒播内涵。例如,彼得斯认为,传播不是如天使般"心连心"的交流,而是"手拉手"平等的对话。罗兰·巴尔特则把文本分为可读文本和可写文本。其中,可读文本是以作者为中心的僵化文本,而可写文本能够让读者最大限度参与文本解读。文本真正的意义就在于作者在完成作品后没有权利控制意

---

① 郭庆光:《传播学教程》(第二版),中国人民大学出版社2014年版,第2页。
② [美]威尔伯·施拉姆、威廉·波特:《传播学概论》(第二版),何道宽译,中国人民大学出版社2010年版,第4页。
③ 同注释②。
④ 胡正荣主编:《传播学概论》,高等教育出版社2017年版,第20—21页。
⑤ 刘海龙:《大众传播理论:范式与流派》,中国人民大学出版社2015年版,第5页。

的自由发展,解读的权利已然交由读者。①

其二,传播是传递。传递主要是"达到对空间和人的控制,更远、更快地扩散、传送、散播知识、思想和信息",评估标准是受传者收到,即传递的精确性。② 传递有明确的传播者和受传者,传播者能第一时间获得信息源并接触媒介,而受传者接近媒介的能力和条件有限,很难真正获得接触媒介的机会。这将导致传播者和和受传者的地位不平等,呈现"由上至下"的信息传递方式。

其三,传播是控制与权力。传播需要借助传播者的力量才能将信息、知识、思想等运送到受传者,传播是一种传播者的权力,由传播者来控制和决定传递哪些内容。传播过程中,无法摆脱传播者自身偏见或价值观,随着生活环境和社会实践的不断变化,传播者和受传者地位也将逐渐发生变化。

其四,传播是仪式。传播仪式在于"建构并维系一个有秩序、有意义、能够用来支配和容纳人类行为的文化世界"③。评估标准为经验分享,即成员的共同参与感。④ 也即是说,传播者和接收者是平等的参与者,两者共同参与和体验,共同构建传播的仪式观。传播仪式观能够使得传受双方在参与和体验的同时获得自我确认与满足,展现出传播仪式感。有学者指出:"传播的目的不在于不确定性的减少,而在于一种参与和体验。现代意义的大众传播自便士报诞生以来已逾百年,翻报纸、看电视已经成为现代人的生活习惯。接触媒体成为一种参与,一种体验。"⑤

其五,传播是共享与互动。"传播是彼此平等的交流和对话,在其中传受双方获得相互理解和共识。"⑥传播的终极目标是传播者和受传者能够保持一种宽容心态,尽可能地消除自身不确定性,减少传递环节的各种障碍,双方参与构建一个共同世界,在其中无障碍地沟通与交流,而不是共享内在意识的秘密。

三、传播规则

传播具有目的性和连续性,传者在传递信息时具有各种各样的观点和思想,一方面传播受长期以来形成的文化支配,另一方面受者能否准确接受传者所表达的观点也影响传播效果。传播是传者和受者的互动过程,包含诸多因素:

首先,传播起点是传播者,主要包括个人与媒介组织。产生传播行为,传播者是必不可少的;传播终点是受传者,即接收信息的人,可能是个体也可能是群体。

其次,传播的内容是信息。所谓信息是"一切反映事物外部或内部互动状态的东西"。

---

① 刘海龙:《大众传播理论:范式与流派》,中国人民大学出版社2015年版,第24页。
② 樊水科:《从"传播的仪式观"到"仪式传播":詹姆斯·凯瑞如何被误读》,《国际新闻界》2011年第11期。
③ 詹姆斯·凯瑞:《作为文化的传播——"媒介与文化"论文集》,华夏出版社2005年版,第7页。
④ 樊水科:《从"传播的仪式观"到"仪式传播":詹姆斯·凯瑞如何被误读》,《国际新闻界》2011年第11期。
⑤ 陈力丹主持:《传播是信息的传递,还是一种仪式——关于传播"传递观"与"仪式观"的讨论》,《国际新闻界》2008年第8期。
⑥ 刘海龙:《大众传播理论:范式与流派》,中国人民大学出版社2015年版,第30页。

信息是指与人类社会有关的信息及其活动,内容包括噪声、熵和冗余。噪声在信息转换和受者接收中附加于信号之上,非信源所希望的任何干扰,它在一定程度上影响信息传递的准确性。熵和冗余是两个对立的概念,熵是指信息中人们不理解的内容,冗余是指信息中可预测或常规化内容,即大家可理解的信息。在信息中,如果可预测性低,这个信息中的冗余就少,熵值高(信息量大)。一条信息中同时存在熵和冗余,只有熵没有冗余的信息无法被受者解读,冗余在一定程度上提供解码线索、提高解码准确性以及克服传播噪声,消除歧义和偏差,让传播到达更广泛的人群。

再次,传播需要借助载体。从最初的口语传播,到文字传播,再到印刷传播、电子传播,任何传播都依托媒介这一载体来传播信息。

最后,传播终极目标是产生效果。传播者传递信息的目的是受传者接受自己想表达的内容、态度、决定等,一是信息在传递过程中尽量减少噪声,使信息能够完整地传播;二是熵和冗余的作用。对不同的受众来说,同一信息所包含的冗余和熵值存在差异。对知识储备相对较少的受众群体进行信息传递时,要增加一些冗余知识,随着不断接收新知识,再增加熵值内容。对知识储备相对较多的受众群体,可以减少冗余而增加熵值信息。从传播角度看,为提高传播效果应该多增加一些冗余信息,使得信息被更多的人接收。传播效果研究可以概括为两个层次:"第一层次是祛魅。从'枪弹'到'有限效果'再到'适度效果'再到'强大效果'。第二层次是驯服。从早期关注负面效果的'预防心态'到主动利用传播效果研究的理论资源来关照传播实践,实现'寓教于乐'。"[1]具体内容将在下面章节重点分析。

第二节　动物传播

凡是有物种和生命存在的地方就会有传播,动物界也存在传播现象。

一、动物传播现象

动物之间传递的信息有三种方式:物理信息、化学信息和行为信息。蝙蝠利用回声定位判断方向和位置,使用了物理信息;狮子老虎通过分泌信息素和标记激素划分领地,使用了化学信息;还有些动物使用特殊信息素吸引配偶、追踪目标、识别朋友和敌人、发出警告、标记位置、聚集或分散群体,如蜜蜂跳舞、孔雀开屏、墨鱼喷墨、豪猪长出刺、雄鸟振翅向雌鸟发出信号等属于行为信息。

无论是物理信息、化学信息还是行为信息都以信号为载体开展传播活动,这些信号有以下形式。

一是声音。许多昆虫用身体某些部位摩擦发声,如鸟、鲸。鸟的啼鸣是为了与伙伴交流

---

[1] 胡正荣主编:《传播学概论》,高等教育出版社2017年版,第249页。

信息,有学者指出,鸟类之所以频繁地利用啼鸣来传递信息,与它们的飞行空间大、生活在视觉障碍物较多的丛林环境有着密切的关系。① 以声音为媒介的通信方式有以下特点:声音包括频率、音质、清晰程度、响度等,信息容量大;产生和消失都很快,维持时间比较短;接收者不一定要面向信号源,脊椎动物利用头部两侧的耳朵,也可准确定位声源。

二是视觉形象。包括身体标志(结构、颜色等)、姿势、动作等,蜥蜴在求偶时会显露色彩鲜艳的腹部以吸引雌体。视觉信号较易定位,但只能直线传播,容易被其他物体遮挡,并受光线干扰。萤火虫依靠自带发光细胞,即荧光素和荧光素酶两种物质在夏夜发光。萤火虫产生荧光素酶时,荧光素被催化,产生光亮。发光昆虫中,绝大多数是雄虫有发光器,而雌虫无发光器或发光器较不发达,它们发光的目的除了照明外,还有求偶、警戒、诱捕等用途,发光是它们独有的信息传播工具。

三是化学物质。动物产生化学物质分泌到体外,用以传递信息,称为信息素或外激素。信息素用于性引诱,或指示食源和休息场所,或用作报警信号、进攻信号、集合信号、驱散信号等。有些草食动物和肉食动物通过分泌有特定气味的荷尔蒙物质,来传递沟通信息,寻找选择食物,区分个体和群体以划定领地范围,识别同类或天敌等。

四是触觉信号。触觉信号近距离传递,易于定位,多为身体直接接触,如交配行为有赖于触觉信号。三棘刺鱼的雌体尾基部被雄体吻部触碰后才能排卵,蝙蝠借助振动频率极高的超声波在漆黑的岩洞里快速飞行而不至于撞上岩壁,还能在黑暗的夜空中准确捕捉昆虫。

五是动作。动作是动物传递信息的重要信号,能够传达丰富的含义。蜜蜂通过"8字舞"向同伴传达可供采集花粉的花丛距离,灰雁总是发出特定类型的动作信号,表示戒备、威吓、攻击、防御、亲近、求偶等含义。

动物传递信息的信号多种多样,极为丰富,上述五种信号较为常见,动物学家将它们称为动物的"语言"。每种动物个体和群体都有独特的信息传递、接收和反馈系统,这些信息系统在维持动物社会的生存和进化方面具有重要的意义。

二、动物传播的局限性

动物传播是一种本能传播,具有自身的局限性。灵长类动物是动物界最高等的类群,从低等到高等分别包括树猴、狐猴、眼镜猴、猴、猿和人类,主要分布于世界上的温暖地区。灵长类动物大脑发达,眼眶面向前方,眶间距离窄,手和脚的趾(指)分开,大拇指灵活,多数能与其他趾(指)对握。

人是从猿发展分化出来的高等级动物,但人和动物的信息传播存在根本性区别。

一是动物传播行为具有先天性特点,更多地取决于体内的信息功能和遗传基因,而不依靠后天的系统学习。

二是动物基于条件反射原理传递和接收信息,不伴随复杂的精神和思维活动。② 动物的

---

① 郭庆光:《传播学教程》(第二版),中国人民大学出版社2014年版,第19页。
② 郭庆光:《传播学教程》(第二版),中国人民大学出版社2014年版,第19页。

一切行为及传播活动都源于内在基因和功能,不像人类那样,能够通过自主学习提高传播能力,动物只能被动地适应自然界,不能主动参与并创造性地改造自然界。

第三节 人类传播

在宇宙间,唯有人类具有无穷无尽的创造力。恩格斯在《自然辩证法》中指出:"人类社会区别于猿群的特征在我们看来又是什么呢?是劳动。"[1]"动物仅仅利用外部自然界,简单地通过自身的存在在自然界中引起变化,而人则通过他所作出的改变来使自然界为自己的目的服务,来支配自然界。"[2]我们来看看人类是如何进行传播以及人类传播具有哪些特征。

一、人类传播

从传播学角度来看,语言的诞生是人类传播飞跃的根本性标志。作为人类最基本传播手段的语言是从劳动中产生出来的。"劳动的发展必然促进社会成员更紧密地结合起来,因为它使互相支持和共同协作的场合增多了,并且使每个人都清楚地意识到这种共同协作的好处。一句话,这些正在生成的人,已经达到彼此间不得不说些什么的地步了。"[3]在劳动过程中,人与人之间相互协作促进对语言的需要,也促成人类发音器官的进化,从单音节语言逐渐出现分音节语言。脑髓和其他感觉器官也不断趋于发达。大脑和为它服务的器官所产生的越来越清楚的意识以及抽象能力和推理,又会反作用于劳动和语言。

人类传播具有重要价值。人类语言依靠生理本能的声音相对比较少,在不需要外部刺激的情况下就能自主发声和模仿其他声音,发音和语句具有结构性和逻辑性。其主要表现如下:

第一,每个人的特征都是在与他人交流中形成的,传递信息是我们构成自我意识的重要基础。在与父母、老师、领导交流与沟通中得到夸奖,会激励我们更加自信地完成学习和工作任务。信息交流不仅对自我意识的形成有帮助,而且影响个人的成长和情绪。在充满爱的环境中生活,人们往往身心健康愉悦。

第二,与他人关系是通过有效的语言交流建立起来的。一方面每个人通过展示个性特质向他人展现自我意识,另一方面在交流和沟通中了解他人,共同解决问题。如果我们不仅准确地表达自己的想法和感觉,而且尊重他人所表达的感觉和观点,与他人建立有效的沟通,寻找到彼此间相处的模式,那么传播就能成为维系我们与他人关系的重要保障。

---

[1] 中共中央马克思恩格斯列宁斯大林著作编译局编:《马克思恩格斯选集》(第4卷),人民出版社1995年版,第378页。

[2] 中共中央马克思恩格斯列宁斯大林著作编译局编:《马克思恩格斯选集》(第4卷),人民出版社1995年版,第383页。

[3] 中共中央马克思恩格斯列宁斯大林著作编译局编:《马克思恩格斯选集》(第4卷),人民出版社1995年版,第376页。

第三,人类传播对于职业生涯和文化传输也有重要意义。在教学、服务等行业,如何传递头脑中想表达的内容,建立双方之间的关联,达到传受双方的有效交流,是一种需要不断学习才能拥有的能力。又如,不同种族的人想要对话,首先需要清楚地了解对方的文化背景,只有避免出现文化冲突,双方才能进行交流。[1]

简言之,人类社会以语言为核心进行信息传播,传播不断从低级形态走向高级形态。

二、人类传播特征

人类传播主要分为非社会传播(人内传播)和社会传播两种形式。通常来说,人类需要在社会中生活和工作,传播一般具有以下特征:

第一,人类传播是一种以自我为中心的行为。人类传播是一种自觉、主动、能动的传播,具有特定意图和目的,能够获得一定的传播效果。通常是以自我为中心的行为,其目的一方面想要将自己头脑中的意识通过语言表达出来,另一方面希望自己传递的内容能够被对方接收并完全接受,也就是说能够达到传播者预想的传播效果。从这个角度看,人类传播的基础是以自我为中心,将自己的意识转化为语言或行为传递给对方,通过减少不必要的噪声,以期达到理想的传播效果。

第二,人类传播的本质属性是借助社会关系进行信息传递。从社会学角度看,社会关系可以分为几类:一是从结成社会关系主体划分,主要有个人与个人的关系和个人与群体的关系两种;二是从社会关系存在形态可以分为静态关系和动态关系,例如家庭结构、职业结构、阶级结构等属于静态关系,社会人员之间的暗示、模仿、冲突、矛盾等属于动态关系;三是从交往密切程度可分为初级关系和次级关系,以感情基础建立起来的关系通常属于初级关系,而以事情建立的关系通常属于次级关系。四是从社会关系规范化程度可分为正式关系和非正式关系,正式关系指的是已经制度化、有一定程序和受一定原则制约的关系,如法律关系,非正式关系指没有固定模式,不受原则制约的关系,如朋友关系。无论人与人之间建立何种关系或维系哪种关系,都需要借助传播来沟通与交流。简单地说,从传播的社会关系而言,人类传播是在一定社会关系中进行的,又体现一定的社会关系。

第三,人类传播需要借助工具达到传播效果。人类传播本质上是一种双向的社会互动行为,传受双方需要进行信息共享活动,因此双方要有共通的意义空间。研究学习行为的心理学家爱德华·托尔曼曾说:"人类的言语行为只不过是一种'虚张声势'的工具,本质上与其他工具比如绳子、棍子、盒子等无异。就发号施令而言,言语行为的工具性是十分明显的。发号施令时……说话人通过命令让追随者做事。实际上,他无须抓住对方的衣领、在推搡中迫使人去做事;凭借他发布的命令,他就可以得到预期的结果。"[2]从托尔曼的话语中不难看

---

[1] [美]朱莉娅·伍德:《生活中的传播》(第四版),董璐译,北京大学出版社2014年版,第12—16页、第144—147页。
[2] [美]威尔伯·施拉姆、威廉·波特:《传播学概论》(第2版),何道宽译,中国人民大学出版社2010年版,第25页。

出,语言起到工具的作用。例如,人们的自言自语可能是为了达到某种特定目的。当钉锤砸到手指时,我们的喊叫咒骂声一方面是为了解除紧张心情,另一方面是为了避免产生更坏的表达情绪,比如哭泣等。又如,语言可以促进双方的进一步了解、沟通与交流,语言作为一种工具将双方的关系拉得更近。

语言作为一种工具是否能够起到交流与沟通的作用,受很多因素制约。首先,语言必须是双方都接受和理解的语言,倘若使用他国语言或方言,便无法交流与沟通,这时语言就不能发挥工具作用。其次,语言的冗余要足够多,成人在跟儿童对话时,说了很多成人语言或者专业术语,就难以有效地交流与沟通。再次,需要考虑语言环境,如果环境嘈杂势必会影响语言的精准传递。

第四节 传播符号

本节考察符号定义,区分语言符号与非语言符号,符号的基本功能,对掌握人类信息传播具有重要意义。

一、符号的定义

符号是一种象征物,人们共同约定用来指称和代表一定对象的标志物。符号也是一种载体,承载传受双方沟通与交流的信息。

在传播学领域,符号有多重含义。日本学者永井成男认为,只要在事物 X 和事物 Y 之间存在着某种指代或表述关系,"X 能够指代或表述 Y",那么事物 X 便是事物 Y 的符号,Y 便是 X 指代的事物或表述的意义。[1] 例如,+在数学中代表加、和,+是加、和的符号,加、和是+指代的事物。又如,说到中国时我们往往会想到紫禁城、天安门、龙、熊猫等象征物,这些象征物就是代表中国的符号,表述中国有悠久的历史和丰富的文化。因此,符号一方面是感觉材料,能够指代另一事物;另一方面符号具有精神意义,是意义的承载体。以"紫禁城"为例,提起这个词不仅能联想到中国,而且能够与中国古代联系起来,它们曾是中国古代皇权的象征。

结构主义语言学奠基人索绪尔在《普通语言学教程》中用意指作用表述能指(signifier)和所指(signified),所谓"能指",也被称为意符,通常表现为声音或图像,能够引发人们对特定对象事物的概念联想。所谓"所指",也被称为意指,即意符所指代表或表述的对象事物的概念(意义)。[2] 索绪尔的能指和所指表现出一种二元论思想,他声称,用这一对术语的好处在于:既能表明它们彼此间的对立,又能表明它们与它们所属整体间的对立。所指与能指之间的关系其实就是感觉与观念之间的关系。而感觉和观念是哲学一直讨论的二元论话题。

---

[1] [日]永井成男:《符号学》(第一版),东京:北树出版社1989年版,第74页。
[2] 郭庆光:《传播学教程》(第二版),中国人民大学出版社2014年版,第35页。

这么来描述能指和所指还是过于抽象,通过一个例子能够更好地理解这对概念。例如,如果一个小孩指着你面前的一束花问,"这是什么?",你该怎么告诉他你所看见的这束娇艳的物体呢?首先,这束花客观存在,就在你面前,它是与它相关的所有能指和所指的源头,符号学上称之为"参照"。从参照物出发,"能指"是指人们赋予这束花所有的语音符号和文字符号。在中文里,用来命名它的语音是"hua",文字写作"花"。当然,不同方言会有不同的语调,不同国家对于"花"的文字符号也有所不同,即不同的人、不同的语言赋予它的能指可能不尽相同。"所指"是当别人读出或写出"花"这个符号时,你的大脑记忆里马上就会检索出与之对应的一束娇艳的带有花瓣、花茎的鲜花形象,就好像你面前的这束花,也可以是你之前在别处看见的花,或是类似的形象和概念。对你来说,这个形象和概念就是花,不是树和土,也不是猫和狗,因为在你的认知里,那些符号指示的不是"花"而指示是别的东西。从逻辑来看,一个参照物的"能指"和"所指"是相互的,你可以从一个能指在脑海中得出与之对应的所指,也能够从一个所指得出与之对应的能指。但无论是能指还是所指,其实都是基于对参照物的认知,这个参照物无论是具体的还是抽象的,必须真实存在或是普世认知,否则无法谈论能指与所指。

英国学者特伦斯·霍克斯对符号及其相关要素做出了最全面的概括,他认为:"任何事物只要它独立存在,并和另一事物有联系,而且可以被'解释',那么它的功能就是符号。"[1]具体使用什么词来代表这个事物以及如何被"解释",需要人为确定,也就是说,使用的这个词和事物本身没有必然联系。

综上所述,符号是代表事物的形式,有指涉的对象,并且需要对符号的意义进行解释。具体而言,符号是人为确定的,它与所表现的事物没有必然的关系,而是在一定的指代和表述关系中产生,没有这种关系,就不会有符号。符号在形式上可以独立存在,它虽然和指称的对象或意义密不可分,但毕竟是两个不同的事物,从学者们有关"事物X""一种事物与另一种事物"的表述中也可以看出两者的关系。人们以符号为介质从事信息传播,目的是实现意义的交流和互动,而这种交流互动只有通过传受双方对符号意义的"解释"才能够获得意义。在传播过程中,传播者通过符号化活动来"建构"意义,而受传者通过符号解读理解意义。[2]

符号是人类传播的要素,独立于传播者和接收者而存在。在传受双方的脑海中,符号代表某种意思。传受双方共享的是符号本身,而不是符号的意义。"任何社会里都有一定数量的意义是普遍共享的。社会的成员必须在足够数量的外延(denotative)意义(称其名而识其义的意义,即词典中标注的意义)上达成共识,不然就无法交流。"[3]社会在一般意义上必须持有一致意见,否则社会成员无法沟通,也无法正常工作、学习与生活。但意义又建立在个人

---

[1] [英]特伦斯·霍克斯:《结构主义与符号学》,瞿铁鹏译,上海译文出版社1987年版,第132页。
[2] 郭庆光:《传播学教程》(第二版),中国人民大学出版社2014年版,第35页。
[3] [美]威尔伯·施拉姆、威廉·波特:《传播学概论》(第二版),何道宽译,中国人民大学出版社2010年版,第67页。

长期以来的观念、经验、态度和价值观上,人们在特定情境中会赋予符号不同的意义。符号是传播者对自己的编码,而接收者因为个体差异会有不同的解码。如果接收者了解这些符号,说明这些符号能够保障双方无障碍地交流,否则双方将无法沟通。同时,符号只能将人们心中部分所想表达出来,它无法将个人内心活动和感觉全部呈现出来,这也是符号载体的缺陷。

二、语言符号与非语言符号

符号分为语言符号和非语言符号。语言符号分为有声语言(口语)和无声语言(文字、乐谱等),非语言符号分为视觉性非语言符号和听觉性非语言符号两大类。

(一)语言符号

有声语言(口语)是最基本的符号,如果没有口语这一有声语言符号作为基础,就不能形成无声语言(文字、乐谱等)。有声语言和无声语言都是重要的语言符号。口语是在人们的交流与互动中产生的,就传播范围而言,口语传播必须当面进行,只能口口相传或口耳相传,传播受空间和时间的双重限制。文字传播以实用为目的,避免了口语传播转瞬即逝的缺点,将知识和文化通过文字形式记录下来。

因此,口头语言是一种直接符号,而文字相对口头语言来说是一种间接符号,用来打破口语传播的诸多限制,弥补其传播不足。

(二)非语言符号

非语言符号对人类传播起到了举足轻重的作用,一是承载的信息常常不需要任何语言来表达,二是非语言符号可以加强或拓展语言表达的信息,三是语言渠道和非语言渠道传递的信号在意义上很可能吻合。[①] 如姿势、噪声、颜色、气味、时间和空间都能展现自己独特的语言,与真实语言结合后实现更强烈的传播效果。

非语言符号分为视觉性非语言符号和听觉性非语言符号两大类。

1. 视觉性非语言符号

视觉性非语言符号可以分为动态的视觉性非语言符号和静态的视觉性非语言符号。

动态的视觉性非语言符号包括体语、人际距离和运动画面等。体语包括手势、体态、面部表情、触摸、眼神等,在实际传播活动中发挥替代、辅助、表露、调节、适应等功能。例如,通过目光的接触与注视,能够强化人的判断或增强对方的信心。面部表情能反映一个人的喜悦、幸福、悲伤、气愤、恐惧、恶心等诸多心境。

人际距离一般反映交谈双方的关系,美国人类学家 E. 霍尔指出,人际距离与人互动的结果,即人际关系,两者有很大关联。一般而言,关系越密切,距离就越近;距离越远,表示关系相对松弛。他提出人际距离可以划分为四个区域:亲密区、熟人区、社交区与演讲区,人际

---

① [美]威尔伯·施拉姆、威廉·波特:《传播学概论》(第二版),何道宽译,中国人民大学出版社 2010 年版,第 69—77 页。

距离处于12～25米,适合公共讲话或演讲;距离处于4～12米,是陌生人之间的谈话距离;距离处于1.5～4米,适用于熟人和朋友交谈;距离小于1.5米的交谈,双方往往是家人或密友的关系。距离对传播效果影响明显,不同的人际距离对传播情境和传播内容起到制约和补充的作用。

运动画面应用于电影、电视、短视频等媒介中。在二元空间中,运动画面利用光影、色彩、构图以及画面的组接和转换等元素来传递信息。例如,电影为了传递某些信息,通过光影、色彩或者蒙太奇手法进行镜头组接和转场。

静态的视觉性非语言符号包括静止体态、象征符号、实义符号乃至衣着、摆设、环境、雕塑、绘画、图片等。静止体态在人际交往过程中,不仅能够通过双方立姿、坐姿的距离来揣测思想和感情,而且能通过如服装、化妆反映双方社会地位和审美差别。静止体态不仅沟通双方思想和感情,而且反映双方社会地位和审美差别。象征符号代表某个抽象的意义,往往是特定文化的结晶,如五角星、镰刀锤头等标志和徽记象征特定的意义。实义符号表达某个确定的意义,有简洁、形象、直观和易记等特点,如狼烟、烽火、路标、信号旗等十分方便传递信息。

2.听觉性非语言符号

听觉性非语言符号包括类语言和其他声音符号。

类语言是人类发出的没有固定意义的声音,它是一种类似语言的符号,但又不像语言一样有明确的字形和读音,也不像语言那样有固定的语法规律可循。类语言包括辅助语言和功能性发声。辅助语言是指辅助人类口头语言的声音要素,主要包括音调、音量、音速和音质。当声音要素在口头语言传播过程中发生变化时,就会使口头语言意义发生变化。通俗地说,说话的抑扬顿挫会让同一句话产生不同的意思。功能性发声是指人发出的哭、笑、哼、叹息、呻吟、口头语等声音,它们不具有固定意义,在各种情境中分别表达不同的意义。简言之,类语言是口语的附加或补充部分。

其他声音符号,如鼓声、口哨、汽笛、乐声等,在特定的传播情境下,单一的声音符号也能发挥传播信息的作用。

三、符号的基本功能

人类传播通过符号传递信息,相互沟通与交流。

首先,符号具有表述和说明功能。每个人都是独立的个体,具有独立思考和意识,这些思考和意识只有借助符号这一载体,才能完成表达和说明的目的。无论是通过语言符号将自己的想法表现出来,还是通过非语言符号,如面部表情来表达心情和态度,符号都具有表述和说明意义的功能。

其次,符号具有传达功能。符号除了表述和说明人的想法、意识外,还能将信息传递给他人。人类传播的目的是意义交流,即精神交流。但人类的精神交流不能凭空进行,需要借助符号来实现。在人与人的交流与沟通过程中,将首先在头脑中建构意义。这个过程是将意义符号化,借助符号传达想要表达的内容。

　　再次,符号具有感知功能。符号引发人的思维活动。思考是信息内在处理过程,即率先形成与外部的联系和对事物的认识,以概念、表象和形象等符号形式表述事物。所以,思考是通过各种符号建立抽象联系的过程。人们在表述、说明观点,传递信息过程中,首先想到的是使用什么符号来表达,运用口头语言表述还是文字表达,抑或通过非语言符号来呈现,这就是符号的思考功能。与此同时,当传播者使用某一符号进行信息传递时,对于接收者来说也需要进行思考,理解符号背后所表达的含义。因此,符号具有组织思想的功能,人类借助它思考抽象的概念。抽象的思考也可能形成刻板印象。头脑中一旦形成某种观念或用某一符号代表一类群体,再次遇到这个观念和这类群体时,人们往往不经思考就用以往经验将其划为统一类别,导致认知偏差。

　　此外,还可以按照语言符号和非语言符号的划分进一步理解符号的功能。语言符号具有阐述、推论和判断的传播功能,阐述主要指运用这一符号所呈现的观点进行验证,发现真实内容;推论是运用语言符号推测一些未知情况,比如新闻报道中常常能听到"专家预测""相关部门推测"等句式;判断带有传播者对客观事实的主观评价,在新闻报道结尾处常常会有记者的主观评价,例如,"这无疑是一次成功的会议,与会嘉宾受益匪浅、收获良多"等语句。非语言符号具有表达情绪和态度,辅助语言传播和代替语言传播的功能,能够重复和强调语言符号信息,比如我们可能在说"否"的同时摇头。非语言符号还有可能对语言符号进行补充或替代语言符号,如我们可以通过翻白眼表示对某事或某人不满,等等。

第二章
传播与科技

第一节 传播模式与功能

传播是一个动态的、有序的过程。所谓"动态",是指信息通过载体和渠道流动,依靠传播者和受传者双向互动;所谓"有序",是指传播过程有先后顺序。一般来说,一个完整的传播过程包括多种要素,把多种要素和完整复杂的传播过程提炼出来,就产生了各种各样的传播模式。

一、传播模式

在20世纪50年代,从简单的线性传播模式到不断加入噪声、反馈等修正项,再到循环模式或螺旋模式等强调周而复始、重复发生的传播过程模式被提出,传播模式的研究进入鼎盛时期。这里我们介绍一些具有代表性的传播模式,包括它们的提出者、图解模型和基本含义。

(一)线性模式

1. 拉斯韦尔的"5W"模式

1948年,美国政治学家哈罗德·D.拉斯韦尔(Harold D. Lasswell)在《社会传播的结构与功能》("The structure and function of communication in society")[1]这篇论文的开头提出了传播学研究领域最有名的命题:"描述传播行为的一个简便方法,就是回答以下五个问题。"

(1)谁?(Who)
(2)说了什么?(Says What)
(3)通过什么渠道?(In Which Channel)
(4)对谁说?(To Whom)
(5)取得了什么效果?(With What Effect)

这就是拉斯韦尔的"5W"模式,通过五个基本要素勾勒出信息的线性传播过程,同时也附上了传播研究的五个细分领域(见图2-1)。

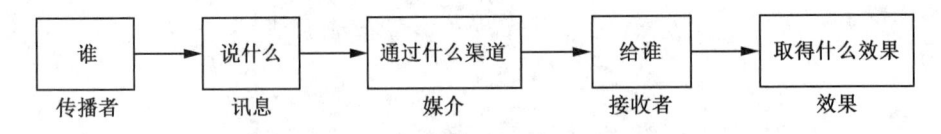

谁	说什么	通过什么渠道	给谁	取得什么效果
传播者	讯息	媒介	接收者	效果

图2-1 拉斯韦尔"5W"模式的传播过程及基本要素

---

[1] Lasswell H. D., "The Structure and Function of Communication in Society", *The Communication of Ideas*, 1948, 37(1): pp. 136-139.

拉斯韦尔的"5W"模式作为早期传播模式的代表(见图2—2),比较明显地带有将传播看作一种劝服性过程的观点,并且还暗含任何讯息的传播总是有效果的这一假定,一定程度上高估了传播尤其是大众传播的效果。这种观点的倾向与拉斯韦尔作为政治学家关注战争时期的政治传播与宣传密切相关。尽管如此,瑕不掩瑜,拉斯韦尔的"5W"模式至今仍然是传播过程研究的重要方法和奠基石。

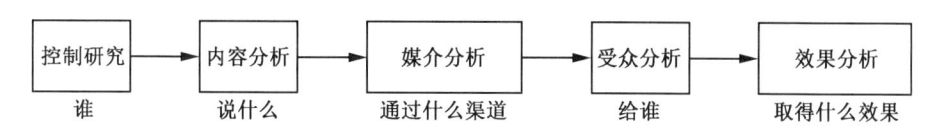

```
┌──────┐   ┌──────┐   ┌──────┐   ┌──────┐   ┌──────┐
│控制研究│ → │内容分析│ → │媒介分析│ → │受众分析│ → │效果分析│
└──────┘   └──────┘   └──────┘   └──────┘   └──────┘
  谁         说什么    通过什么渠道   给谁      取得什么效果
```

图 2—2　拉斯韦尔"5W"模式对应的传播研究领域

2. 香农-韦弗模式

1949年,数学家、信息学者克劳德·E.香农(Claude E. Shannon)在经典论文《通信的数学理论》("A Mathematical Theory of Communication")[①]中提出了一个数学模型,它把传播描述为一种直线、单项的过程。在这个线性模式中,第一个环节是信源,它发射出一个(或一组)讯息到发射器,发射器会将讯息转换成信号,这些信号通过信道被接收器所接收,接收器会将信号再转回讯息,最终抵达信宿(见图2—3)。信号传输过程可能受到噪声的干扰,因此是不稳定的,可能导致发出的讯息与最终接收的讯息之间有差别,形成传播失败。

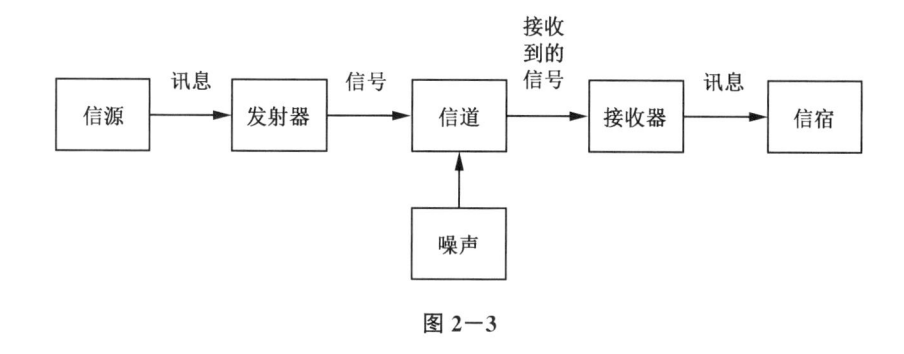

```
┌────┐ 讯息 ┌─────┐ 信号 ┌────┐ 接收到的信号 ┌─────┐ 讯息 ┌────┐
│信源│ →   │发射器│ →   │信道│ →          │接收器│ →   │信宿│
└────┘     └─────┘     └────┘            └─────┘     └────┘
                         ↑
                      ┌────┐
                      │噪声│
                      └────┘
```

图 2—3

(二)双向循环与互动模式

1. 奥斯古德-施拉姆模式

1954年,心理学家C. E.奥斯古德(C. E. Osgood)和传播学家威尔伯·施拉姆(Wilbur Schramm)创造了一个高度循环的传播模式,不同于香农-韦弗模式将注意力主要放在从信源到信宿之间的传递渠道上,施拉姆和奥斯古德模式主要关注传播过程中有哪些主要行动者(编码者、释码者、译码者),以及他们之间的行为关系如何。如图2—4所示,传播过程的两端地位平等,都具有编码、释码、译码的功能,讯息在两端循环传输。其中,编码类似于香

---

① Shannon C. E., "A Mathematical Theory of Communication", *The Bell System Technical Journal*, 1948, 27(3): pp. 379—423.

农-韦弗模式中发射,译码类似于接收,而释码类似于对讯息含义的解读。这一模式的出现,彻底地与先前的线性传播模式决裂。然而,这个模式对于描述人际传播这种双方地位平等、强反馈的传播十分合适,但对大众传播这样缺少受众向传播者反馈或反馈较少的传播却不那么合适。

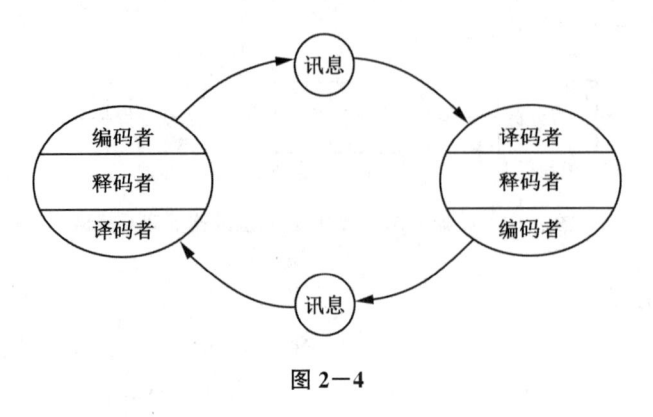

图 2—4

2. 施拉姆大众传播模式

施拉姆在奥斯古德观点启发的基础上进一步提出大众传播模式,形象地展示了大众传播过程的各个要素及其之间的关系。施拉姆的大众传播模式描述了一个持续、互动、循环的过程,组织努力地编码(encoding)和解码(decoding)信息以创造意义,将大量相同信息传递给众多接收者,再各自解码、解释与编码(见图2—5)。例如,写作、印刷和录制电视节目都是编码的过程,而由此产生的信息一经接收,便被受众通过阅读、倾听和观看的方式进行解码。该模式中采用虚线表示"反馈"现象,意为延后的推理反馈(inferential feedback),这种反馈不同于面对面交流的人际传播模式中容易即时确认的反馈。例如,电视节目制作部门通常需要等待一段时间,才能掌握节目的收视率状况,而观众对节目的喜恶程度则需要耗时更长的调查来获取。因此,电视台需要通过一定的主观推理,来决定如何提高节目的收视率与口碑,这就是所谓的推理反馈。

3. 德弗勒互动过程模式

1966年,社会学家梅尔文·德弗勒(Melvin DeFleur)创立了互动过程模式,又称为"大众传播双循环模式"。在研究信源发出讯息的含义与信宿接收讯息的含义的一致性问题时,德弗勒指出,在信源中"含义"被变换为"讯息"发射出去,"讯息"通过发射器变为"信息",然后"信息"通过某一信道(如某一大众媒介),再由接收器将"信息"还原为"讯息"传输给信宿,在信宿中"讯息"又被变为"含义"。[①] 如果信源含义与信宿含义一致,那么传播是成功的,但在实际生活中完全的一致性是罕见的。从图2—6可以看出,德弗勒在原来的香农-韦弗模式下方增加另一条通路,来体现信源是如何获得反馈的,而反馈的存在对信源而言增加了获

---

① [英]丹尼斯·麦奎尔、[瑞典]斯文·温德尔:《大众传播模式论》,祝建华译,上海译文出版社1987年版,第21页。

图 2-5

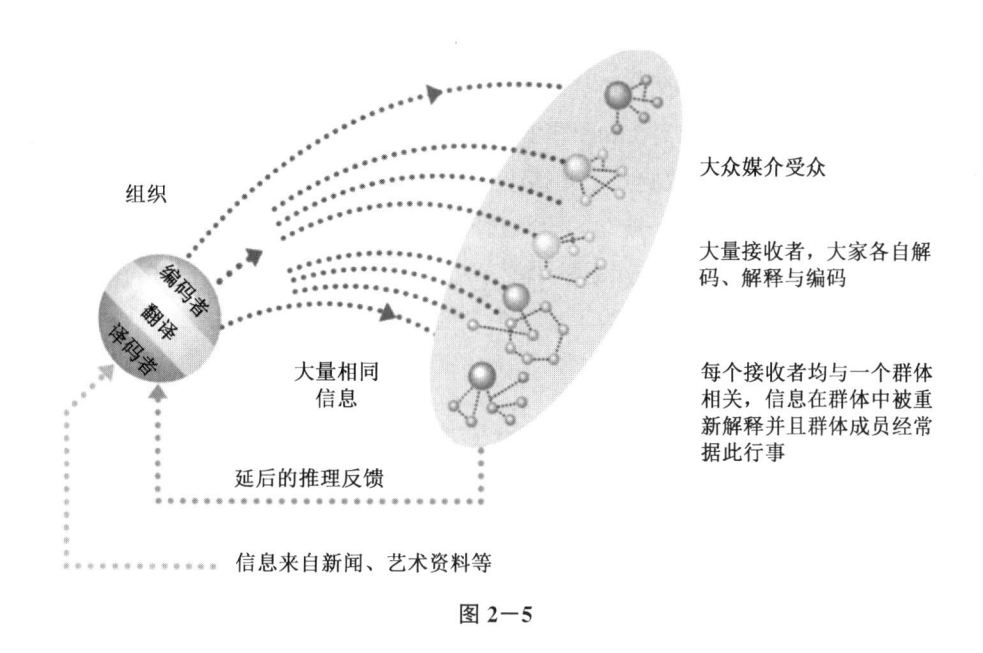

得含义一致性的可能。一直以来,香农-韦弗模式因为线性和未能考虑反馈的问题而受到批评,这些问题在德弗勒的模式中得到修正,当然我们也必须意识到,在现实生活中信源所能获得的反馈是有限的或间接的。

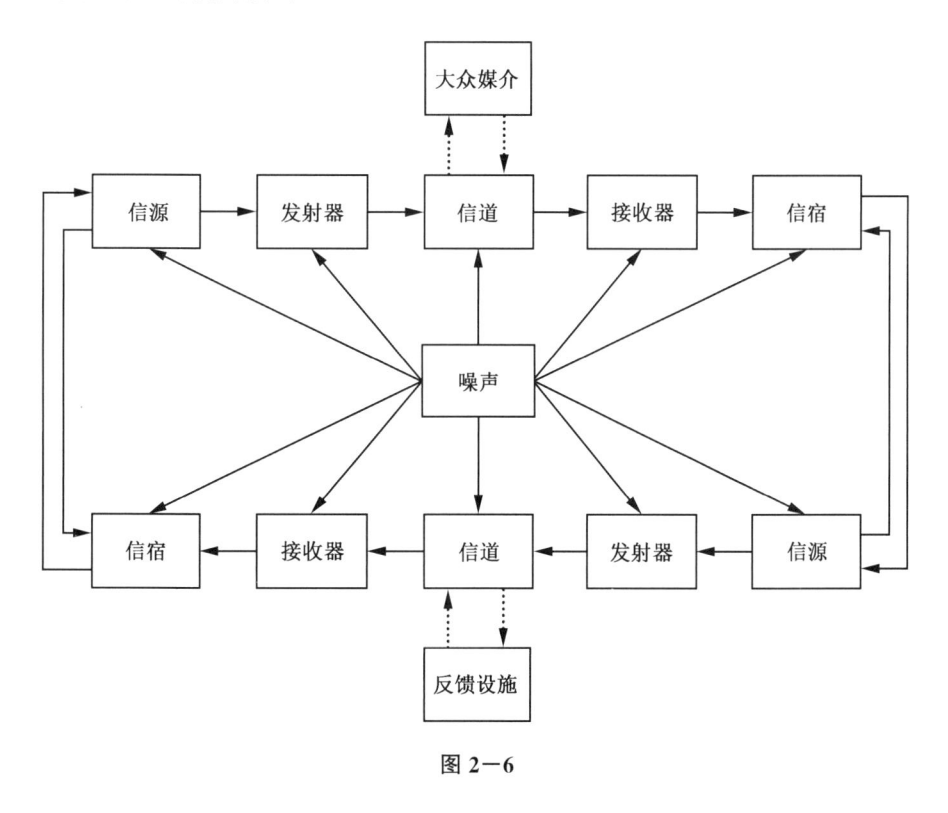

图 2-6

4. 丹斯螺旋模式

1967年,丹斯(Dance)提出螺旋模式。丹斯认为:"传播经过一个完全的循环,不折不扣地回到它原来的出发点。这种循环类比显然是错误的。"为此,提出螺旋模式。这一模式用上升的螺旋和一个表示方向的箭头(见图2—7),说明在传播过程中,传收双方的"认知场""信息场"不断累积和扩大,呈螺旋式上升趋势。

人类传播活动也不再是一个被动的直线过程,而是复杂动态的、具有主动性、创造性和继承性的双向互动过程。传收双方经过一轮又一轮的讯息交流,随着时间的推移和交往的累进,扩大彼此之间认知范围,或者为了获得更多的交流话题达成某种一致性。

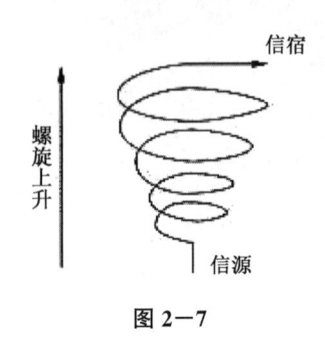

图 2—7

(三)社会系统模式

1. 赖利夫妇的传播系统模式

1959年,美国社会学家赖利夫妇(J. Riley & M. W. Riley)在《大众传播与社会系统》(*Mass Communication and the Social System*)中提出了一个名为"工作模式"的传播过程模式[1],把大众传播看作是各种社会过程中的一个过程,认为大众传播会影响周围的社会,也会受到周围社会的影响。赖利夫妇批评了传统的大众传播观点,认为传统的研究把接收者看作孤立的、没有组织的个体,非常理智地决定如何对传播者所发布的讯息做出反应,忽视了心理过程的重要性。在赖利夫妇看来,无论是传播者还是接收者都处于群体之中,会受到所属"基本群体"的影响。

这里所说的基本群体是指有长期持续的、亲密的、面对面接触的(两个或更多人的)群体。家庭就是一个典型的例子。与之相对的概念是参照群体,是指个人在其帮助下可以确定自己的态度、价值观和行为的群体。个人总是归属于基本群体,但不一定是参照群体的成员,尽管如此,参照群体的规范也对个人有指导意义。

图2—8展示了赖利夫妇提出的"工作模式"(又称为"系统模式"),整个传播系统被置于一个包罗万象的社会总系统中,传播者和接收者,他们周围的基本群体,以及更大的社会结构都身处社会总系统中,大众传播过程影响着社会系统,同时也受其影响。赖利夫妇认为,现实社会中的个人不可能生活在真空之中,基本群体同样也不是在社会真空中发挥作用的,它本身是一个更大的社会结构的组成部分。举例来说,一所学校中的某个学生至少属于

---

[1] Riley, L. W., Riley, M. W., *In Sociology Today*, New York: Basic Books, 1959, pp. 537—578.

一个班级(基本群体),而该群体同时也是年级和整个学校(更大的社会结构)的组成部分。

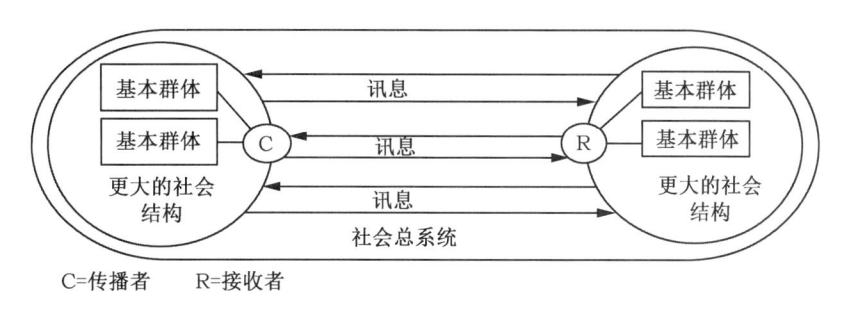

图 2-8

2. 马莱茨克的大众传播过程模式

1963 年,马莱茨克(Maletzke)在《大众传播心理学》中提出大众传播过程模式,他从社会心理学角度将大众传播过程细化为由众多因素构成的复杂社会过程(见图 2-9)。这一模式说明社会传播是极其复杂的过程,评价任何一种传播活动,解释任何一个传播过程即使是单一过程的结果,都不能简单地下结论,必须对涉及该活动或过程的各种因素或影响力进行全面、系统的分析。

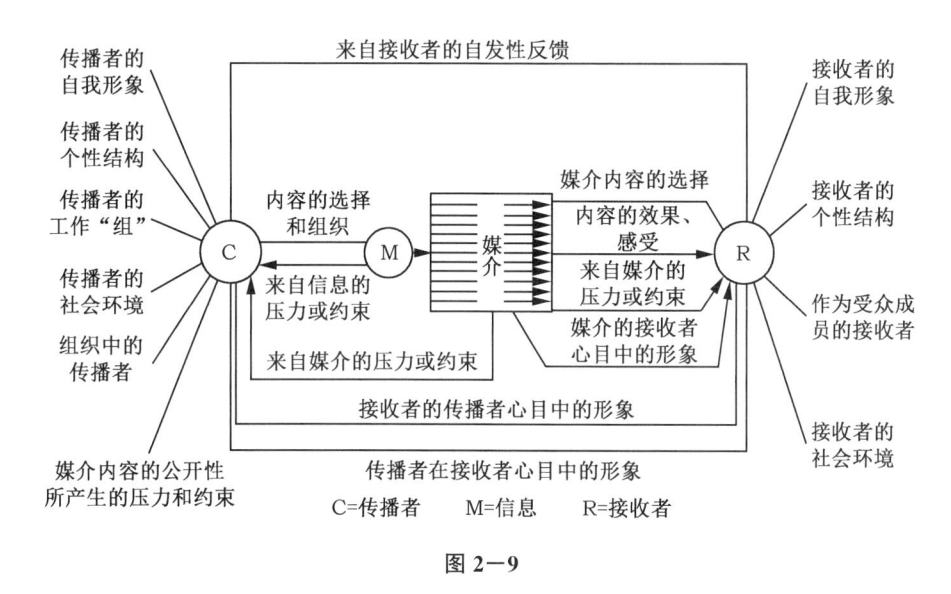

图 2-9

二、传播功能

传播对个人和社会而言都具有十分重要的作用,传播功能的分析一直是各学科领域研究者感兴趣的内容。心理学家往往关心传播在个人层面上的功能,而政治学家、社会学家和传播学家则更习惯于从广义的社会层面探讨传播的社会功能。以下我们按照理论演进顺序,介绍一些知名学者提出的代表性理论观点,来帮助理解传播具有哪些社会功能。

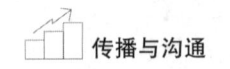

(一)拉斯韦尔的三功能说

美国著名政治学家、传播学家哈罗德·拉斯韦尔因其在传播学领域卓越的学术贡献被誉为"传播学四大奠基人"之一,他在早期传播学经典论文《社会传播的结构与功能》中认为传播是生物体每一个生命层次上的特征,并以此观照获得洞察人类社会的视角,归纳了社会的传播过程有三种功能:[1]

(1)守望环境,揭示影响社会及其组成部分价值地位的威胁和机会。例如,外交官、使馆随员和驻外记者就是此功能的代表性人物。

(2)协调社会各部分的关系,以便对环境作出回应。例如,编辑、记者和演说家在社会传播中所发挥的作用。

(3)传承社会遗产,使社会遗产代代相传。例如,家庭教育和学校教育所发挥的作用。

拉斯韦尔的观点又被称为传播的"三功能说",可概括为环境监测功能、社会协调功能、社会遗产继承功能[2],这三项功能是人类社会中传播的基本功能,既适用于大众传播,又适用于人际传播、群体传播、组织传播等。

此外,美国社会学家梅尔文·德弗勒在《大众传播学诸论》(Theories of Mass Communication)一书中也从功能说的角度强调了传播对于人类社会的决定性作用,他指出"传播行为是一个表达团体规范的手段,通过这个手段行使社会控制、分配各种角色、实现对各种努力的协调,表明对未来的期望,使整个社会进程持续下去……要是没有产生这种影响的交流人类社会就会崩溃"。[3] 显然,这里提到的传播所具有的社会控制、分配角色、协调关系、社会预期表达等功能仍然在拉斯韦尔的功能说框架之内。

(二)赖特的四功能说

美国传播学者查尔斯·R. 赖特(Charles R. Wright)在《大众传播:功能探析》一书中用社会学的观点观照传播,在拉斯韦尔三功能说的基础上又增加了第四个功能——提供娱乐。他所归纳的四个功能分别表述为:

(1)环境监视。大众传播在特定社会的内部和外部收集和传达信息的活动,与拉斯韦尔的"守望环境"功能是一致的。典型的例子是新闻。

(2)解释与规定。大众传播所传达的信息中通常包含着对事件或人物的解释,并提示人们应当采取什么样的行为反应。这点与拉斯韦尔的"协调社会关系"功能是一致的。例如,新闻信息的选择、编排与呈现方式,解释和评价都会导致人们的注意力集中在特定部分,对社会成员具有引导和协调作用。

(3)社会化功能。这是一个社会学术语,现代人的社会化过程从出生以来不断在家庭、学校、工作单位等群体中完成,其中也包括大众传播环境。这一功能对应拉斯韦尔的"传承

---

[1] [美]哈罗德·拉斯韦尔:《社会传播的结构与功能》,何道宽译,中国传媒大学出版社2013年版,第61页。
[2] 郭庆光:《传播学教程》(第二版),孙庚译,中国人民大学出版社2011年版,第101页。
[3] [美]威尔伯·施拉姆、威廉·波特:《传播学概论》(第二版),中国人民大学出版社2010年版,第30页。

社会遗产"功能。

（4）提供娱乐。拉斯韦尔作为政治学家并没有把娱乐功能看作政治进程中必不可少的要素，赖特则认为大众传播中那些娱乐的、消遣的内容是满足人们精神生活的需要，尤其是在电视媒体中，娱乐信息占据了传播信息总量的一半以上。

（三）拉扎斯菲尔德和默顿的传播功能说

社会学家保罗·F.拉扎斯菲尔德（Paul F. Lazarsfeld）和罗伯特·K.默顿（Robert K. Marton）在《大众传播、通俗口味和有组织的社会行动》一文[1]中，强调大众传播具有以下三种功能：

1. 社会地位赋予功能（status conferral）

大众媒介的强大传播效果对于传播对象而言发挥了仿佛聚光灯一样的效应，任何一种问题、意见、商品乃至人物或社会活动，只要得到大众媒介的广泛报道，都会成为社会瞩目的焦点，从而获得很高的知名度和社会地位。

2. 社会规范强化功能（enforcement of social norms）

大众媒介对违背社会规范和公序良俗的行为向公众公开，往往能够唤起普遍的社会舆论谴责，将违反社会规范的人置于强大的社会压力下，从而起到警示、教育作用，强制社会成员遵守社会规范。

3. 负面"麻醉作用"（narcotizing dysfunction）

拉扎斯菲尔德和默顿批判性地提出大众传播具有明显的负面功能，具体表现在大众媒介所传播的大量浅层的、娱乐化的信息将人的时间和精力占据，导致他们花费大量的时间在阅读、收听、收看大众媒介，满足于"被动的知识积累"，而不去积极参与社会实践活动，丧失了社会行动能力。这种现象称为大众传播的"麻醉作用"。

（四）施拉姆的功能说和传播功能内外观[2]

施拉姆对政治学、社会学、经济学等领域社会科学家所描绘的传播功能图谱进行了归纳总结，将传播的社会功能分为政治功能、经济功能和一般社会功能三大类型（见表2—1）。

表2—1　　　　　　　　　　　　　传播的社会功能

政治功能	经济功能	一般社会功能
监测 （收集情报）	关于资源及买卖机会的资讯	关于社会规范、角色等的咨询；
协调 （解释情报；指定、宣传和执行政策）	解释以上资讯； 经济政策的制定； 市场的运行与控制	协调公众的理解和意愿； 市场控制的运行

---

[1] Lazarsfeld, P. F., Merton, R., "Mass Communication Popular Taste and Organized Social Action", *The Communication of Ideas*, New York: Harper and Row Press, 1948, pp. 95—118.

[2] [美]威尔伯·施拉姆、威廉·波特：《传播学概论》（第二版），孙庚译，中国人民大学出版社2010年版，第31—32页。

续表

政治功能	经济功能	一般社会功能
社会遗产、法律和习俗的传承	经济行为的洗礼	关于社会规范和角色规矩向新社会成员的传承
		娱乐功能 (休闲活动、从共组偶现实问题中得到解脱,无意为之的学习,社会化)

施拉姆指出,和一切传播活动一样,表2—1里的各种传播功能都有内外两个方面:即寻求或给予咨询,同时又接收或加工咨询。因此他对此图谱建立一个索引,就获得了传播功能的内外观(见表2—2)。以社会雷达功能来举例,社会中的个体需要不断监察环境,包括自然环境和人际关系、机会与危险等。在口语社会,社会雷达功能经由个人接触来完成,例如,守望人、报信人、旅人、会议或集市。而在现代,大众媒介尤其是新闻媒介承担了重要的社会雷达功能。施拉姆援引了贝雷尔森问卷调查来证明自己的观点,该调查这样描述人们看不到报纸时的感觉:"有的人感到很别扭,因为他们的雷达收不到惯常的脉冲。一位丈夫抱怨说,他只能傻乎乎地看着妻子,而不是读新闻;几位妻子抱怨说,她们只能呆坐着看丈夫,而不能做报上的字谜游戏。"采访者深入追问后发现,"尽管报纸停刊之前,他们并不经常浏览报纸标题,并不觉得什么报道特别有趣,然而,报纸停刊以后,他们还是感到一丝不安,仿佛与世隔绝,不知道出了什么事"。

表2—2　　　　　　　　　　传播功能内外观

功能	外观面	内观面
社会雷达	寻求或给予咨询	接收资讯
资讯操纵,决策管理	劝说,命令	解释,决策
传授知识	寻求知识,传授知识	学习
娱乐	愉悦	享受

综上,可以发现传播既涉及个人行为,也是社会关系的呈现。具体来说:

一是发展和保持自我意识。人类最初的传播是自我传播,也称"向内传播",它是其他传播的基础,"是发生在一个人体内的一种信息交流活动"[①]。自我传播是人与内心的交流与对话,在这个过程中传播者和受传者是同一个人,属于心理学研究范畴。弗洛伊德认为个体人格由"本我""自我""超我"三个系统组成。"本我"是自己可意识到的执行思考、感觉、判断或记忆部分,目的在于追求快乐,代表人原始的动物性。"自我"是寻求"本我"冲动得以满足,同时保护整个机体不受伤害,目的在于追求现实,满足自我最大的利益。"超我"是人格中的社会成分,代表自我控制,特点是追求完美,因此,它与本我一样是非现实的,无意识的。米

[①] 胡正荣、段正鹏、张磊:《传播学总论(第二版)》,清华大学出版社2008年版,第93页。

德认为自我传播是指"主我"与"客我"之间的交流与沟通。"主我"是作为意愿和行为主体的自我,是个人的主体意识,是冲动的、创造性的和不可预测的行为来源。"客我"是作为他人对自我的态度、评价和角色期待,是自我意识的社会关系体现,是使自我行为符合社会规范化的、调适性的行为来源。因此,人的自我在"主我"和"客我"的互动中形成。布鲁默在1969年出版的《象征互动论》一书中提出"自我互动"理论,他认为:"人是拥有自我的存在,人在将外界事物和他人作为认识和行动对象的同时,也把自己作为认识和行动的对象。在这个过程中,人能够与自己进行沟通与传播,并能够对自己采取行动。"可以说,传播首先是人类的自我传播,目的在于更好地认识自己,进而发展和保持自我独立思考意识。

二是满足社会发展需要。人类除了与自身进行交流与沟通以更好地认识自己外,还需要与社会中的其他人进行联系,发展关系。在口语时代,传播主要表现为社会雷达作用,帮助人与人之间相互接触、守望和报信,也具有传授知识和进行娱乐等社会功能。随着网络媒介的兴起,传播将人与人之间的关系从线下转移到线上。传播既满足人与人之间交流与互动的社会功能,发挥了工具作用,也在交流与互动中,通过传播信息让双方更加了解彼此,有愉悦功能。人们在与他人交流中寻求愉悦,释放压力,获得放松,以逃避社会上的种种问题与挑战。

第二节 人类传播发展历程

人类传播经历漫长的发展过程。传播需要借助一定的媒介,根据媒介产生和发展的历史脉络,可以把人类传播分成五个阶段:口语传播时代、文字传播时代、印刷传播时代、电子传播时代和网络传播时代。

一、口语传播时代

口语传播,又称作口头传播、语言传播,主要借助有声语言进行信息交流与沟通。

动物也有信息交流与沟通。猫鼬等野生动物外出觅食时有哨兵放哨,发现危险后立刻发出鸣叫声通风报信。蚂蚁、蜜蜂等社会性较强的生物群体,都有特殊的通信联络系统,统一群体行动。人类在从猿进化到人的过程中,不断完善信息传播系统。猿类能发音,有简单的语言交流现象,但不拥有真正的语言系统,它们主要借助非语言进行信息传播。在语言产生之前,人类依靠非言语传播,传播史学者将其称为前语言时代。[①] 他们通过叫喊、动作等来表达喜怒哀乐,传递信息。

语言何时出现,为何出现?威尔伯·施拉姆列出了五种学说[②]:(1)"汪汪"理论("Bow-wow" Theory)认为,语词是在模拟自然声音的过程中形成的,比如模拟狗叫、雷鸣或涛波的

---

① 郭庆光:《传播学教程》(第二版),中国人民大学出版社2014年版,第21页。
② [美]威尔伯·施拉姆、威廉·波特:《传播学概论》(第二版),何道宽译,中国人民大学出版社2010年版,第7页。

声音。(2)"感叹"理论("Poo-poo" Theory)认为,言语是在不由自主的情感表达中形成的,比如表达疼痛、高兴、害怕、满意的声音逐渐演化成了语音。(3)"歌唱"理论("Sing-song" Theory)认为,语词是在先民的吟唱中形成的,他们在吟唱中表达感情,庆贺重大事情。(4)"嗨哟嗬"理论("Yo-heave-ho" Theory)认为,语言从用力时发出的呼噜声演变而来,例如在劳动中形成的各种声音。(5)"呀呀"理论("Yuk-yuk" Theory)表明,在特别重要或令人激动的事件发生时,人发出满意的声音,语词即由此演变而来。比如,吃到美味食物时,调动发音器官,发出"呀呀"声,就像尝试用身体做出某种动作一样,这个声音与美味联系起来,留在记忆中。

上述各种语言起源理论存在共同点:"某些正在形成的人已开始把某些声音同某些经验或行为联系在一起。这些声音获得了最初与之联系的经验中的一些含义。"[1] 口语的产生使人类社会化进程得以快速发展。口语传播具有很多优势,至今仍然是人类最常见、最基本的信息传播方式。它时效性强,具有无限的灵活性,可以表达任何具体、抽象甚至虚构的事物,几乎没有任何表达限制。并且,在有限的时空传播中很少受到其他环境和冗余信息的干扰,保真度高。

但口语传播存在一定的局限性。一是传播范围受到限制。口语传播时代,人类通过口腔发声传递信息,而人类声音的分贝有限,只能在一定范围内传输,信息也只能以"此时此地"的方式呈现出来,无法传递到较远的地域。二是传播内容不易保存。"口语使用的声音符号是一种转瞬即逝的事物,记录性较差,信息的保存和积累只能依赖于人脑的记忆力。"[2] 记忆力是对事物的识记、保持、再认识和重现。由于人们的记忆力存在差异性,在通过人类信息解读后,信息传播很容易出现失真或被误读的问题。

总的来说,口语传播既有优势也存在缺陷。这一时期,为了摆脱人脑记忆力的束缚、使人类交流与沟通更加顺畅,常常使用简短语句,造句也注重运用音律、韵脚等形式。

二、文字传播时代

文字的产生表明人类传播的原始时代结束,文明时代已经到来。许慎在《说文解字》中说:"文字者,经艺之本,王政之始,前人所以垂后,后人所以识古。"[3] 文字发明及其应用于文献记录,可称得上是人类传播史上的一大创举,是人类文明的重要标志。

为了适应社会生活和环境空间,人们除使用口语作为交流与沟通的工具外,还使用结绳符号、原始图画、约定实物、打鼓吹号放烟火等方式来记录重要事件或保持联络。如,印加古国曾经发明了一套相当系统的结绳方法。我国《易经·系词下》有"上古结绳而至,后世圣人易之以书契"的记载。[4]

---

[1] [美]威尔伯·施拉姆、威廉·波特:《传播学概论》(第二版),何道宽译,中国人民大学出版社2010年版,第7页。
[2] 郭庆光:《传播学教程》(第二版),中国人民大学出版社2014年版,第24页。
[3] 张虹:《文字传播与文明:基于两种文字系统的起源、发展和特征》,《新闻战线》2019年第1期(下)。
[4] 郭庆光:《传播学教程》(第二版),中国人民大学出版社2014年版,第24页。

威尔伯·施拉姆这样描述文字的诞生:"沿着历史的小径,登上漫长的斜坡,在语言诞生的几十万年之后,兀然竖立着另一个里程碑:文字。人类在学会将语音及其所指分离开以后,来到这个里程碑,又学会了把语音和发出语音的人分离开来,于是,语音符号就更易传之久远了。"①关于文字的起源主要有两种说法②:一是起源于图文字。文字是在若干可见物的帮助下经过反复摸索而产生的,毫无疑问它是从较老的画图经验中演变出来的。③ 熊澄宇《媒介史纲》推测:"在岩画中,那些被原始人类描绘在一起的人和物,那些由狩猎民、畜牧民和农耕民创造的图像,都表现了一种体系,一种近乎可称之为图文字的东西。当然,我们现在还不能完全说清楚这些多样复杂符号的起源和意义。同时除了图像传播之外,有些壁画中间或旁边,还留有数以百计的符号及涂鸦的痕迹。其中有一部分或许已经可以被视为图像文字——象形文字的雏形。"④二是起源于陶筹计数。美国学者丹尼丝·施曼特·贝瑟拉所著的《文字起源》中通过对伊朗、伊拉克、地中海东部和土耳其等地116个考古遗址出土的8 000个陶筹进行分析后认为,计数并不像先前假定的那样,是从属文字的;相反,文字源于计数,她明确指出——楔形文字来源于计数的陶筹。⑤

文字使人类传播的空间观和时间观发生重要变化。斯宾格勒指出:"书写是有关远方的重大特征,所谓远方不仅指扩张距离,而首先指持续、未来、追求的意志。"⑥文字传播的优势:一是文字传播打破口语传播的空间狭隘性。文字传播越过人类声音传播的距离限制,被记录的信息可以逾越物理障碍向远方传递,扩大人类社会活动和彼此交流的空间。二是文字传播克服口语传播的时间即逝性。文字与口语的差异在于,文字改变语言传播形态,使听觉符号转变为视觉符号,人们不再依赖记忆力就让意义得以保存下来,保证信息更加准确地传播,后世通过文献图籍便能了解历史,寻求对证。

文字传播也有局限性:第一,传播载体的局限性。中国早期的文字记录在龟甲、兽骨上,后来把字写在削成细长单薄的竹简上,再用牛皮拴在一起。这些记录文字的载体比较笨重,运输存在困难。⑦ 第二,文字传播对读者接受教育程度、文化水平有较高的要求。没有受过专门教育的人看不懂文字,也不会写字,文字的传播无从发挥作用。第三,文字传播的时间成本和精力成本高于口语传播。文字需要人们手写,但手写文字的效率很低,而且规模小,不能成批量生产文字作品,信息内容无法向公众大范围地传播。

三、印刷传播时代

文字传播产生年代,社会教育程度普遍较低,文字传播是官吏等统治阶层的特权,无法

---

① [美]威尔伯·施拉姆、威廉·波特:《传播学概论》,何道宽译,中国人民大学出版社2010年版,第9页。
② 张虹:《文字传播与文明:基于两种文字系统的起源、发展和特征》,《新闻战线》2019年第1期(下)。
③ [美]威尔伯·施拉姆、威廉·波特:《传播学概论》,何道宽译,中国人民大学出版社2010年版,第8页。
④ 熊澄宇:《媒介史纲》,清华大学出版社2011年版,第23页。
⑤ 张虹:《文字传播与文明:基于两种文字系统的起源、发展和特征》,《新闻战线》2019年第1期(下)。
⑥ 熊澄宇:《媒介史纲》,清华大学出版社2011年版,第25页。
⑦ 胡正荣主编:《传播学概论》,高等教育出版社2017年版,第26页。

普及到普通公众,成为普遍性的信息交流工具。印刷术改变了特权阶级对传播的垄断,使公众享受到传播带来的各种便利。

印刷术经历了漫长的演进过程。在纸张出现之前,公文或书信写在简牍上,用绳子扎好后用黏性泥封结,再将印章盖在黏泥上,人们称为泥封。公元2世纪,中国人发明了纤维制造的纸和书写用的墨,此时的印刷术必须先在泥板或木头上刻写内容,再进行印刷,成本较高,效率也很低。其中,拓片是印刷技术产生的重要条件之一。人们发现在石碑上盖一张湿润的纸张,再用软槌轻打,纸张会陷入碑文凹处,待纸张风干后用布包上棉花,沾上墨汁,纸张上就会留下和石碑一模一样的字迹,这种方法比手抄更简便省力。公元7—8世纪,中国人开始用雕版印刷。早期的印刷活动多用于宗教活动,如印刷佛像、经文、发愿文以及历书等。公元11世纪左右,毕昇用胶泥制字,发明活字印刷,提高了印刷效率。德国谷登堡深受中国活字印刷影响,采用合金制成拼音文字的活字,用来印刷书籍。他所使用的纸张和油墨由东亚发明,而使用的印刷机由西欧人酿酒的压榨机改装,排字用的金属活字由朝鲜人发明。他把这些技术整合在一起使得印刷术成为一种切实可行的技术:一次印刷多个副本,非常精美,成本也相对低廉。[①] 15世纪,一些印刷文献在欧洲流行,加速了欧洲社会的发展进程,为文艺复兴运动提供了文化条件。

印刷术的广泛应用为现代传播发展奠定了物质基石。人们不再满足于宗教典籍的印制,开始关注利用印刷术来传播近期发生的新鲜事件与消息。于是,报纸出现了。1609年德国报纸《报道与新闻报》,被认为是最早的、定期出版的近代新闻报纸。1660年在莱比锡出版的《莱比锡新闻》,被认为是最早的日报,也是近代报业的开端。

印刷术出现后,一方面延续文字媒介的优点,容纳多而广的信息,另一方面这些信息得以迅速批量生产。对于读者来说,由于印刷媒介的便捷性和易保存性,读者可以自由选择阅读的时间和地点,可以通过反复研读获得知识和信息。

印刷术也存在局限性。一是对文化程度有一定要求。刚兴起的报业属于政党报刊,内容主要是一些关于政党或政治人物的新闻,只有少部分商业内容,所以很多人都不购买报纸。1883年本杰明·戴在纽约创办《太阳报》,为了吸引更多受众阅读,报纸经常刊登一些猎奇且耸人听闻的新闻。它以广告收入为主要收入来源,开创了近代媒介经营的基本模式。报纸价格低廉,内容极具趣味性,因而大量发行,使得文化与新闻传播从精英阶层走向普通大众。即使这样,由于报纸阅读门槛相对较高,普通大众买得起廉价报纸,也未必能够读懂。二是时效性不强。在制作纸质媒介时,需要考虑印刷清晰度、排版精美度、色彩舒适度等诸多问题,从前期确定内容到排版、色彩搭配需要一定的制作周期,时效上产生严重的滞后性,无法实时传送内容。

四、电子传播时代

在电子传播出现之前,信息传递与人流通的速度同步,需要借助交通工具才能进行信息

---

① [美]威尔伯·施拉姆、威廉·波特:《传播学概论》,何道宽译,中国人民大学出版社2010年版,第13—14页。

传输。进入电子传播时代后，信息不仅能够大量生产与复制，而且实现了远距离快速传输。

现代物理技术进步为电子传播时代的到来奠定了基础。1858年，横跨大西洋海底电缆工程竣工，接近于实时速度的远距离信息传递成为现实。"1873年，英国物理学家J.C.麦克斯韦在其《电学和磁学论》一书中，总结和发展19世纪前期对电磁现象的研究成果，从理论上证明电磁过程在空间上是以相当于光的速度传播的，光的本质是电磁波，从而建立了电磁理论。1887年德国物理学家H.R.赫兹在实验中发现电磁波，验证麦克斯韦的电磁理论。电磁理论的建立和电磁波的发现，为无线电通信的产生创造了条件。1895年俄国物理学家A.C.波波夫和意大利物理学家G.马可尼，分别成功地进行无线电通信试验。"[1]电子传播主要应用于广播与电视媒介，可分为有线和无线两种系统。

广播时代的开端被认为是1906年12月25日费辛顿从美国马萨诸塞州布兰特罗克镇广播的圣诞歌曲和路德圣经。1920年11月2日，在美国宾夕法尼亚州匹兹堡市，西屋电气公司利用美国总统竞选的大好时机，建立了最早的广播电台，即KDKA。KDKA广播电台是美国第一个领有营业执照的商业广播电台，也被公认为世界上第一个商业电台，标志着广播事业的正式诞生。在广播早期发展岁月里，它的主要收入来自贩卖收音机。当家庭都有收音机后，广播经营方式也发生了变化，借助广播广告增加收入。1922年8月28日，昆斯堡公司促销房产的10分钟广告，被认为是第一则广播广告，内容是宣传纽约附近某乡村公寓的优越性。随后英国、德国、日本、澳大利亚也相继开办广播。1926年9月，美国无线电公司组建全国广播公司，同年11月15日开始全国性联播。这是美国也是世界上第一个广播网，缔造者萨尔诺夫被称为"美国广播之父"。

1925年10月2日，英国约翰·洛吉·贝尔德在前人研究的基础上终于制成世界上第一台有实用价值的电视机。1930年，英国和美国进行电视的实验播出。1936年11月英国建立世界上第一座正式播出的电视台后，电视正式从技术发明成为给公众带来新闻和信息的大众传播媒介工具。1939年4月，美国全国广播公司（National Broadcasting Company，简称NBC）首次在纽约世界博览会开幕式上转播罗斯福总统的讲话，这一实况转播标志着美国电视业的开端。

广播是最先普及的电子传播媒介，最大的优势在于，它以声音为传送形式，通过传播者话语和声音作用于公众的听觉器官。如果说声音赋有较强的感染力和影响力，那么话语经过精心设计和安排后，进一步增强了公众的代入感和现场感。电视既作用于人的听觉又作用于视觉，是一种较为全面的传播方式。相比于其他媒介，电视传播信息更加迅速、直观和生动；对公众的文化程度要求不高，只要拥有电视机，打开后就可以观看。

广播和电视的劣势：第一，广播仅仅有声音，无法看到画面，不能调动公众的视觉器官。其只能按照节目编排顺序播放，节目内容稍纵即逝，公众难以捕捉重点。第二，电视存在线性播放、公众只能在特定时间和地点观看的问题。第三，电视节目制作设备较为复杂，制作

---

[1] https://baike.baidu.com/item/无线电通信/2787228?fr=aladdin.

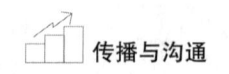

成本大,需要多人共同合作才能完成节目制作。

五、网络传播时代

网络传播兴起于20世纪80年代,以互联网技术为基础,以计算机和手机等通信工具进行的传播活动。网络传播既是点对点的传播,也是点对面的传播,既是人际传播的延伸,也是大众传播的延伸。

1969年,互联网的雏形阿帕网(ARPAnet)诞生于美国,它被公认为世界上第一个采用分组交换技术组建的网络,这种"分布式"结构对于此前"集中式"和"分布式"网络结构来说是一种创新,为互联网成为去中心化、分权的网络奠定了基础。

随着技术变革,互联网走向商业化应用阶段,出现了互联网服务提供商和内容提供商。当时,互联网服务提供的是信息孤岛,网民登录服务商的服务器后,只能在特定空间查看信息或与此空间中的网民进行交流互动。1989年欧洲粒子物理研究室的蒂姆·伯纳斯—李提出万维网(World,WWW或Web)技术构想,从根本上改变了这种困境。[1] 万维网的普及,使得互联网进入Web1.0时代。

Web1.0时代是门户网站时代,网站利用互联网技术传递文字、图像、声音、视频等多媒体信息,吸引公众的关注。但网站提供海量信息又让公众难以迅速获知想要知晓的内容,为解决这个传播难题,搜索引擎服务应运而生。门户网站存在的问题:一是计算机需要接入有线网,金属机身重量大,网民无法随身携带,只能在固定的地方上网,网民上网有诸多不便。二是网站内容同质化。门户网站兴起后,很多专业媒体将其定位为传统报纸、广播和电视的延伸,复制此前平台的内容。三是受众的参与性比较弱。早期门户网站受技术限制,用户不能自由上传内容,只能浏览网站提供的内容,做简单的评论,网站单向传播特点比较明显。

2004年,蒂姆·奥莱利发起首届Web2.0大会,预示互联网进入Web2.0时代。何为Web2.0?基本共识是允许网民参与建设互联网,核心是调动网民的参与性。此时,移动通信网络技术已经发展成熟,网民在任何时间、任何地点通过移动通信设备即可上网。Web2.0是以人为中心,而不是以内容为核心。网民不仅作为接收者,而且逐渐成为新的内容制作者与传播者,为网站提供更丰富的内容,"人人手持麦克风"的时代真正到来了。由于任何人都可以通过网络自由发声,互联网信息真假混杂,非理性情绪言论、谣言流言等成为网络治理的新课题。

随着技术进步和成熟,出现了Web3.0概念。学界和业界对于这个概念界定不尽相同,其核心理念是利用数据、算法和算力打造更加智能化的互联网。智能网络依然是以人为中心,与Web2.0相比,最大的变化是,通过算法画像为所有用户打造个性化与专属化的适配服务。

网络传播不仅有印刷传播、电子传播的一般特性和优点,而且具有独特优势:一是网络

---

[1] 彭兰:《网络传播概论》(第四版),中国人民大学出版社2017年版,第5页。

媒介提供的是非线性传播。网民可以自由选择时间和地点阅读和观看相关内容,并根据自己的需求随时前进或后退播放,与广播电视媒介相比有很大传播优势。二是传播模式的改变。以往的传播是新闻媒体机构作为传播者,统一发布新闻,受众没有选择的权利,无法根据兴趣选择内容。网络媒介出现后,网民不再被动地接受信息,通过网络主动搜索感兴趣的内容,上传内容,实现从接收者向传播者的跨越,成为新的"传播者"。

但网络传播面临诸多问题:进入门槛较低,任何人都能使用互联网,致使网络信息良莠不齐,很多虚假信息充斥其中;传播速度快,在短时间内即可大范围传播,虚假信息容易造成危害;网络媒介让很多网民沉迷其中,患上网瘾,对个人、社会发展造成负面影响等。

第三节 智能传播与人文精神

智能传播为人们提供诸多个性化、适配化信息服务,改变了我们日常生活和工作面貌。数据控制者和处理者通过数据收集和处理为用户画像,提供专属服务,极大地提升了智能传播效果,智能数据已经成为新的生产要素。与此同时,科技发展导致算法偏见、信息泄露等问题的出现,削弱人的主体性,人难免会为技术所规训。只有弘扬人文主义精神,才能确保智能传播健康发展。

一、智能数据是新的生产要素

2017年12月8日,习近平在主持中共中央政治局第二次集体学习时指出,要构建以数据为关键要素的数字经济。[①] 2020年4月9日,中共中央国务院发布《关于构建更加完善的要素市场化配置体制机制的意见》,提出"加快培育数据要素市场",明确提出将数据作为新的生产要素,与土地、劳动力、资本、技术四个要素共同参与生产的各个环节,推动经济发展质量变革、效率变革、动力变革。[②] 近年来,数据逐渐成为国家和企业发展的基础性、核心性资源。

数据不是泛指任何数据,而是指智能数据。智能数据区别于"大数据"。大数据在于资料量规模巨大到无法通过软件工具在短时间内实现选取、管理和处理。目前,很多企业被淹没在数据洪流中,数据并没有给它们带来实际的好处。企业只有打造竞争优势,拥有搜集、分析、整合和重构数据的技术优势,才能在智能化产业中生存和发展。数据还是用户获取信息和知识的核心资源,是不可或缺的生产要素。根据人类知识或智慧的 DIKW(Data-Infor-

---

① 《习近平主持中共中央政治局第二次集体学习并讲话》,http://www.gov.cn/xinwen/2017-12/09/content_5245520.htm,2017年12月9日发布,2021年10月11日访问。
② 中共中央国务院《关于构建更加完善的要素市场化配置体制机制的意见》,http://www.gov.cn/zhengce/2020-04/09/content_5500622.htm,2020年4月9日发布,2021年10月11日访问。

mation-Knowledge-Wisdom)表述:"智慧源于知识,知识源于信息,信息源于数据。"[1]数据是人类获取信息、学习知识、产生智慧的基础,智能数据将进一步驱动数字化传播。

智能数据对企业和用户来说都至关重要。智能数据已成为信息社会新的生产要素,将产生全新价值。生产要素是经济学的一个基本范畴,是指物质生产所必需的一切要素及其环境条件,涵盖人的要素、物的要素及其综合因素。生产要素是维系国民经济运行及市场主体生产经营所必须具备的基本因素。

传统生产要素主要包括劳动力、土地、资本等,这些生产要素通过市场交换,形成各种各样的生产要素价格及其体系。市场经济要求生产要素商品化,在市场上进行市场交易实现流动和配置,形成各种生产要素市场。生产要素进入市场配置系统后,自然会形成劳动要素价格、土地要素价格和资本要素价格。一方面,生产要素既然已经商品化,价格形成和变动就具有一般商品的性质和规定性,价格形成和变动与普通商品的价格形成和变动有共同之处;另一方面,生产要素是特殊商品,价格形成与变动具有自身特点。"数据之所以被视为资源就在于其具有分析价值,单个数据可以直接描述对象的某个或某类特征,海量数据相互联系,就可能抽象出数据对象背后的普遍特征,通过其透析客观世界或分析对象的规律、特征、预测未来的价值。"[2]数据作为新的生产要素,自然具有独特性质,表现为:

第一,不断生产原生数据与衍生数据。原生数据,又称基础数据,指的是"最本源的数据,即所有足以对主体构成识别的数据"[3]。用户在使用智能传播平台获取信息化服务时需要填写个人基础数据,如姓名、年龄、性别、职业、地域、兴趣爱好等。用户不断使用智能传播平台后,又源源不断生产行为数据。个人基础数据和行为数据被记录和储存后,智能传播平台利用算法搜集、分析和重组,使其成为有价值的衍生数据。

第二,利用数据产生的数据产品为用户提供精准化服务。通过获取目标受众信息,利用算法对其进行信息推送。"利用算法对用户和关系进行分析,挖掘用户对内容的偏好和潜在需求,通过信息整合,自动为其生成符合其需求的信息,从而实现精准的内容推荐和定制新闻发送。"[4]传统媒体时代,传播者难以充分掌握受众的信息需求,完全依据经验和愿望对受众开展信息传播活动,无论是传播内容把关还是传播渠道选择,都具有很大的盲目性。智能化传播具有强大的搜集与分析受众和信息的能力,能够预先分析受众的信息需求,实现信息传播供给与受众信息需求的完全对接。当大量原生数据和衍生数据流入数据库后,通过分析和重组用户所提供的原生数据而得到的衍生数据,反映用户的不同需求,为其提供精准化服务。

第三,数据产品产生经济和精神双重价值。智能数据具有大量的潜在价值等待被挖掘。

---

[1] Jennifer Rowley,"The wisdom hierarchy:representations of the DIKW hierarchy",*Journal of Information Science*,2007,33(2),pp.163—180.

[2] 高富平:《数据生产理论——数据资源权利配置的基础理论》,《交大法学》2019年第4期。

[3] 徐伟:《企业数据获取"三重授权原则"反思及类型化构建》,《交大法学》2019年第4期。

[4] 喻国明、李慧娟:《大数据时代传媒业的转型进路——试析定制内容、众包生产与跨界融合的实践模式》,《传媒观察》2014年第12期。

"数据就像一个神奇的钻石矿,当它的首要价值被发掘出来后仍能不断给予。"[1]智能数据不仅仅来源它的基础价值,当智能传播平台不断分析与使用后将产生衍生价值,能够为智能传播平台获利。数据产品到达落点准确,也可以满足用户以下的精神需求:(1)根据对用户的静态和动态画像,生产出的数据产品,满足用户的内在需求。用户画像是提供个性化服务的基础和起点,主要包括两种不同方式的画像:一是静态画像。用户在注册和使用智能传播平台之前需要填写个人信息,例如年龄、地域、收入情况等,并选择自身感兴趣的模块,如科学、财经、教育、音乐、影视等。智能传播平台将用户填写的个人信息搜集后进行归类整合,完成第一步画像,方便后续相关讯息的精准推送。二是动态画像。智能传播平台为用户提供一段时间的相关推送后,会根据用户在这段时间内点击、转发和评论的情况重构个人原始数据,使之成为可以判断用户行为习惯的重要依据,进而为其提供适配化服务。由于用户的点击、转发等行为不断改变,智能传播平台也将不断变化与再结构化个人原始数据。

(2)根据用户长时间阅读、点赞、评论以及停留页面时间等因素,后台进行测算,为用户开展个性化推荐。传统媒体时代,信息采集、新闻采写编评完全依赖于新闻工作者,新闻制作周期长、效率低。当新闻事件出现后,从前期的信息报道到后期的深度报道,往往需要很长时间,随着公众兴趣转移,后期的深度报道往往难以引起公众的关注和热议。以大数据、算法推送等为支撑的人工智能技术,加快了新闻生产、传播的速度,当新闻事件出现时,智能技术不仅会向用户提供最新消息,而且能够根据用户需求和综合数据分析向其推荐新闻背后的新闻。一是为用户提供类新闻服务。当一个新闻事件出现后,类似的新闻事件将会被智能技术挖掘出来并推送给用户,使用户从关注单一新闻事件延伸至关注类新闻事件,形成新闻聚合效应。二是挖掘新闻事件背后的新闻和社会原因。传统媒体虽然也对新闻事件开展深度报道,引导受众全方位认识新闻事件背后的新闻或社会原因,但是,媒体的主观判断往往脱离受众需求实际,即媒体的深度报道不能精准地满足受众需求。而智能技术满足了公众的不同信息需求,在推送窄化新闻后,根据各种用户的不同信息需求开展分类服务,实现从新闻报道到新闻解读的服务提升。[2]

二、坚守人文精神

人文精神,也称作人文主义、人本主义和人道主义。人文精神的核心就是"以人为本",把人放在最重要的位置上,尊重人的价值。通常表现为对人的尊严、价值的追求、关切和维护。智能传播时代,如何坚守人文精神,值得我们关注。

智能传播技术设计发展以人为出发点。

首先,服务于人的物质生活。人工智能已从生产领域向生活领域不断扩大,渗透到人类生活的每一个细节,旨在服务人类物质生活需要。

---

[1] [英]维克托·迈尔-舍恩伯格、肯尼思·库克耶:《大数据时代生活、工作与思维的大变革》,盛杨燕、周涛译,浙江人民出版社2015年版,第127页。

[2] 林凌、李昭熠:《智能化传播优势、风险及对策》,《法治新闻传播》2019年第二辑。

一方面，智能技术已应用在教育、医疗、交通、家居等多个场景中，为人们的日常生活带来了便利。例如，近年来家居智能语音助手变得越来越聪明，这项技术嵌入到各种设备中，我们只需发出语音就可以命令它们迅速作出反应，为日常生活提供诸多方便。又如，专门为老人、幼儿和医院患者设计的智能监测手环，它如同身体的烟雾探测器，通过监测用户心率、血压、体温、呼吸模式来工作，倘若探测到异常情况就会立刻发出求救信号，帮助需要者尽快脱离危险。

另一方面，帮助人类从繁重劳动以及贫困生活中解放出来。人工智能技术在传播领域中的一个重要应用是机器写作，即设计者预先为机器设定程序，机器按照既定程序代替人类写作稿件。机器写作提高了生产效率，减少人工出现的差错。虽然写作机器人设计开发需要投入大量资金，但一旦完成，加入新闻生产行列，即可改变只能由新闻工作者撰写新闻的历史，在写作速度上具有绝对优势，并且不需要为其支付酬金。机器写作离不开数据库提供的全方位支持。机器人从数据库中获取相关信息，套用计算机程序预先设置的模板，短时间内即可完成一篇新闻稿件。人工智能时代，通过琐碎、繁杂的大数据分析用户个人需求是明显发展趋势，倘若仅仅依靠人工分析数据，势必难以完成烦琐的分析任务，甚至有可能造成报道差错。而机器人新闻是算法自动成稿，只要计算机设计程序无误，机器人便可一直操作下去，会比记者报道出错率低很多。[①]除此之外，智能机器还可以通过与真实用户独立交流，解决用户使用智能传播平台时遇到的各种问题。2022年11月30日，一家人工智能实验室OpenAI发布了自研的聊天机器人ChatGPT。它本质上是一个大模型，根据大量数据、强大的计算能力和新颖处理技术的结合构建大型语言模型。它代表着行业的重大变化，相比于之前的AI来说，已经形成一种现象级应用，表现出较高的人机理解交互水平，与它交谈会让人着迷。可以说，各式各样的智能产品如雨后春笋般出现，承担原来只能由人类才能完成的工作，节约时间和经济成本，创造全新价值。而获得用户青睐关键之处正在于以人为本和人文关怀的体现。

其次，服务于人的精神。"日新月异的技术突破开拓媒体的边界，正是媒体格局变化的动力引擎。从大数据到写稿机器人、从虚拟现实到增强现实，技术迭代打开了媒体形态变化的无限想象力，既有格局在重组，不可能正在变成可能。"[②]智能技术不仅在人和人、人和世界交流中具有重要作用，而且由智能技术生成的智能机器试图改变以人为主导的社会。在一个开放共享，智能融合的数字虚拟新世界中，除了关注人们的日常生活、衣食住行是否得到改善外，也要防止算法偏见和技术依赖带来的伤害，对人的全面发展尤其是人文精神负责。

智能传播技术是为人服务的工具，也即是说，人类赋予其智慧和能力，它辅助人类解决问题。但从智能机器本身来说，它的终极目的是通过最有效手段达到既定目标，在这个过程中可能会忽略人文精神价值。

一是存在算法偏见问题。机器学习是人工智能的核心技术，包括监督式和无监督式两

[①] 林凌、李昭熠：《智能化传播优势、风险及对策》，《法治新闻传播》2019年第二辑。
[②] 《技术迭代打开无限想象力——回答好媒体融合发展的时代课题》，《人民日报》2019年2月1日第05版。

种方式。监督式学习有固定的模版,输入和输出都是已知信息,通过将数据"喂"给算法后,自动按照给定的规则填充公式化的表达,生成稿件。① 这种模式只要输入的数据价值中立,那么算法公开和算法透明化即可减少算法偏见问题。而无监督式学习是机器自主进行深度学习。"深度学习毋须为解决特定问题编程便可透过数学模型学习,故能建立理解事件全貌的能力,并利用大量数据生成可准确形容'眼前'事物的模型。"②换言之,机器深度学习没有固定的输入和输出模版,将自主地在数据库中抓取数据。这些机器根据最终目标命令,为自己确定实现这些目标的方式。机器的操作者——所有者或原始程序员并不能预测机器的这些手段。相反,机器通过运行实验,或尝试解决其他实际或虚拟的问题进行自我指导,纠正错误,并接近它要实现的结果。③ 由于无监督式学习的输入和输出均为未知,使机器拥有更多的自主性,但这种方式极易将数据库推进更深的"黑箱"。算法的随机性将随时间和其他条件的改变而发生相应变化,即使数据中立或算法公开也无法预测数据库的发展,难以规避机器所带来的计算偏见问题。④

2016 年一家非营利的新闻编辑室 ProPublica 试图评估 COMPAS 工具,以发现其算法的潜在准确性并测试该算法是否对某些群体存在偏见。ProPublica 的结论是,种族和性别是高分数的预测因素,而这些预测因素是有偏见的。在控制其他因素的情况下,黑人或女性被告比白人或男性被告获得高风险分数的可能性更大。⑤ 也就是说,法官们依赖的工具具有明显的偏见性。

又如,2013 年谷歌发布的 Word2Vec,是一个可以表示单词之间如何相互关联使用,以便更好地理解它们含义的工具包。⑥ 但 Word2vec 存在严重的性别歧视。2016 年,波士顿大学和微软新英格兰研究院的研究人员发现,Word2Vec 充斥着性别偏见,特别值得注意的是其中的"嵌入式"(embedded),造成这一问题的原因是训练 Word2Vec 的谷歌新闻语料库中存在固有的性别偏见。⑦

通过以上案例能够看出,算法并不中立,所谓的算法中立不过是包裹着技术外衣的人们对技术和数据的乌托邦想象,其往往存在某种倾向性的偏见,这使得我们需要对人工智能技术保持理性和警惕。

---

① 仇筠茜、陈昌凤:《黑箱:人工智能技术与新闻生产格局嬗变》,《新闻界》2018 年第 1 期。
② 《人工智能、机器学习和深度学习有何区别》,《中国信息化周报》2019 年 4 月 1 日第 23 版。
③ [美]瑞恩·卡洛、迈克尔·弗兰金,[加拿大]伊恩·克尔:《人工智能与法律的对话》,陈吉栋、董惠敏、杭颖颖译,上海人民出版社 2019 年版,第 55 页。
④ 李昭熠:《智能传播数据库偏见成因与规制路径》,《当代传播》2020 年第 1 期。
⑤ See How We Analyzed COMPAS, supra note 90.
⑥ See Specifically, word2vec "uses distributed representations of text to capture similarities among concepts." See Thomas Miko-lov et al. , Learning the Meaning Behind Words, GOOGLE OPEN SOURCE BLOG (Aug. 14, 2013), from https://opensource. googleblog. com/2013/08/leaming-meaning-behind-words. html[https:// perma. cc/AX9C-ME4X][hereinafter LearningtheMeaningBehind Words].
⑦ See Co-authors Tolga Bolukbasi and Venkatesh Saligrama are affiliated with Boston University; Kai-Wei Chang, James Zou, and Adam Kalai are affiliated with Microsoft Researcher New England. Debiasing Word Embeddings, supra note 4.

二是智能传播平台为了获得更多的经济利益,可能失去对用户隐私的保护与人文关怀。一方面公众享受着智能带来的便捷和"红利";另一方面,每一个人都变成了"透明人"。智能算法和智能推荐极易引发信息泄露问题,很多时候对个人造成的伤害往往难以被立刻察觉或发现,但却造成非常严重的后果。

2018年9月8日万豪国际内部系统收到一条警报,其存有近5亿宾客信息的数据库遭到第三方破坏。开展调查时发现,早在2014年就已经出现第三方未经授权访问喜达屋网络系统的情况,第三方复制和加密一些重要信息,并试图从数据库中搜集宾客的个人信息。[①] 2016年,万豪国际又遇到第二次数据泄露打击,520万名宾客的个人详细信息遭到泄露。

通过"万豪国际酒店用户数据泄露"这一事件,可以发现酒店住客的信息安全没有得到足够保护。"英国信息专员办公室(ICO)已对万豪国际公司处以1 840万英镑的罚款,原因是未能保护数百万客户的个人数据安全。信息专员伊丽莎白德纳姆说:'个人数据很宝贵,企业必须加以保护。'"[②]也就是说,虽然智能传播平台拥有一个庞大的用户数据库,包括用户的全部信息,能够为每个人精准画像、提供便利服务,但智能传播平台可能会为了经济利益而滥用或泄露用户隐私和个人信息。并且,倘若数据库遭到攻击和破坏,那么所有信息都将面临危险,每一位用户的个人信息都无法得到充分保护,后果不堪设想。

在智能传播时代,不能过度依赖智能算法或智能机器。破除人工智能技术异化带来的问题,必须坚持"以人为本"的理念。"人是媒介发展的'元尺度'。任何媒介的发展都是人的社会性连接自由度的扩大,对于个人来说,伴随着现实世界和虚拟世界的逐渐消失,'人的解放'程度在加深,社会自由度被空前提高,用户的数字价值得以体现,用户将生产能力、创造能力和消费能力集于一身,用户行为不再是割裂的个体,而是被赋予更多社会性的意义。"[③]综上,从人的角度出发,坚守人文价值理性逻辑,彰显个人价值,最终实现科技向善、人机协同发展。

---

① 《波及近5亿,万豪酒店集团遭遇超大规模数据泄露》,https://www.freebuf.com/news/190984.html,2018年11月30日发布,2020年9月23日访问。
② 数据法盟:《英国对万豪酒店罚款1840万英镑,原因是未能保护客户的个人数据安全》,2020年10月30日。
③ 喻国明、滕文强、苏芳:《"以人为本":深度媒介化视域下社会治理的逻辑再造》,《新闻与写作》2022年第11期。

第三章
人际交流

从 20 世纪 60 年代末 70 年代初起,作为西方传播学研究的重要理论体系之一,人际传播学科开始建立,并在八九十年代走向成熟。与大众传播研究相比,人际传播更多地受到哲学、语言学、符号学、解释学、文化人类学、社会学及文化批判理论的影响,学者们从不同学术路径入手研究传播问题,纠正人们对传播概念的错误理解。

第一节 人际传播

人际传播行为是人类的一种基本行为,是生命的本能。

一、人际传播的定义[1]

人际传播是人类最广泛、最重要和最复杂的社会行为之一,是人类社会关系的基础,对个人形成自我认知具有重要意义。人际传播体现了个人在社会化过程中的作用,对群体传播、组织传播乃至大众传播都产生了重要影响,是传播学研究的基础领域。可以说,人际传播是人类传播的基本形式,是其他传播形式的基础。人际传播形式复杂,概念众说纷纭,主要有以下几种定义。[2]

1. 人际传播意义角度

在 20 世纪 80 年代中期,美国学者 J. C. 麦克罗斯基(J. C. McCroskey)等人合作出版了《一对一:人际传播的基础》。他们系统梳理了人际传播要素,将其定位于双人的、一对一的传播语境中,强调人际传播是人与人之间有意义的交流。其中,交换信息和激发意义被视为传播的两个主要功能。

通常情况下,人们在交换信息和激发意义时使用"传播"这个词,但并未觉察到,当"传播"一词用于交换信息时,它表现为复数形式"communications",具有工具性质。麦克罗斯基认为,与信息交换的工具性质相比,激发意义才是人际传播中更为重要的特征。当强调传播用于意义创造时,其含义指的是讯息在人们心中引发的过程。因此,他们将人际传播定义为一个个体通过语言或非语言信息,在另一个个体心中引发意义的过程。[3] 这一定义突显了人际传播关注的焦点并非信息的简单传递,而是意义的产生。

2. 传播情境的角度

莎拉·特伦霍姆(Sarah Trenholm)、杰拉尔德·米勒(Gerald Miller)和威尔莫特(Wilmot)从传播情境的角度探讨了人际传播的本质。他们认为,人类是观念的创造者,是社会的行为者,具有需求、目标、意愿和动机。因此,传播并非在真空中发生,而是在特定的地方,即

---

[1] 薛可、余明阳:《人际传播学》,上海人民出版社 2012 年版,第 7—11 页;王怡红:《西方人际传播定义辨析》,《新闻与传播研究》1996 年第 4 期;石庆生:《传播学原理》,安徽大学出版社 2001 年版,第 118—121 页。
[2] 王怡红:《西方人际传播研究的人文关心》,《国际新闻界》1996 年 12 月。
[3] James C. McCroskey, Virgimia F. Richmond, Robert A. Stewart, *One On One: The Foudations of Interpersonal Communication*, 1986 by Frentice Hall, Inc. F. 2.

传播情境（communication context）中发生。

杰拉尔德·米勒提出了传播情境的四条边界：交往者的人数，相互的距离及亲密程度，交往者所能使用的感官渠道的数量，以及反馈的直接性和及时性。[①] 这四条边界规定了人际传播概念的外延。米勒强调这四条边界相互关联，其中"交往者的人数"最为关键，其变化将引起其他三个方面的变化。

威尔莫特认为，人际传播应被限制为双人交流，因为第三者的加入会导致重要的质变。在双人交流中，两个成员间可以全神贯注，自由交流，实现完美和谐；而三人交流可能导致不平衡，产生移情现象。

莎拉·特伦霍姆认为，从传播情境角度来界定人际传播可以超越人数的限制，转向对传播渠道的关注。人际传播与其他传播类型不同之处在于，交往者可以最大限度地使用感官渠道，互相观看、倾听、言说、品味和触摸。

3. 人际传播社会性的角度[②]

英国人际传播学者皮特·哈特利（Peter Hartley）从揭示人际传播应用的范围和含义角度定义人际传播。他提出了三个基本判断标准：(1)人际传播是个体之间的直接传播；(2)传播是面对面进行的；(3)传播方式与内容反映了个体的个性特征、社会角色及其社会关系。

哈特利又从七个层面进行分析：(1)人际传播是两个交往者面对面的相遇，排除了交往者使用人工媒介谈话如电话的情况。不同媒介具有不同的个性，适用于不同类型的传播。(2)人际传播涉及两个具有不同角色的人及其相互关系，包括正式的与非正式的角色。(3)人际传播始终是双向的、互动的、有来有往的，交往者既是信源又是信息接受者。(4)人际传播不仅是信息的交流，还涉及意义的创造和交换。(5)交往者通常具有交往的目标和意图。(6)人际传播是一个持续展开的过程，而非单一事件或一系列相关事件。(7)人际传播是随时间积累的，当前的交往建立在过去的经验之上。[③]

人是社会性动物，因此人际传播也是社会过程，受到各种社会因素的影响。哈特利的定义强调了人际传播的社会性特征，着重说明人际传播发生于社会情境中，交往者围绕社会身份和观念进行编码，完成叙述与再叙述的双向传播。

4. 人际传播特性的角度

在20世纪70年代，美国学者J. 斯图尔特（J. Stewart）发表了一部人际传播学的著作《桥，不是墙——人际传播论》。斯图尔特认为，当我们使用"人际的"（interpersonal）这个词语来修饰"传播"时，它不仅包含"两个人的""面对面的""非正式的"或"热烈的赞许的"等含义，而且还强调了"人际的"和"事际的"之间的区别。人际传播具有最大限度展示人性的特点，他将人性特点分为五个方面：(1)人是独特的，世界上每个人都是独一无二的。(2)人是不可测量的，因为人有情感、感觉和精神。(3)人具有选择能力，能反映现实，回应问题，把握

[①] Sarah Trenholm, *Human Communication Theory*, 1991 by Prentice Hall. Inc. F. le－21.
[②] 薛可、余明阳：《人际传播学》，上海人民出版社2012年版，第8页。
[③] ［美］斯蒂芬·李特约翰：《人类传播理论》，清华大学出版社2004年版，第7页。

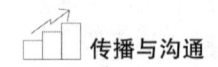

未来。(4)人能够反思,不仅思考各种客体和周围环境,还能够反思自我。(5)人具有言说的能力,能够和他人交谈并互相回应。

斯图尔特指出,人际传播应该体现这些人性特质,并将人际传播定义为:人际传播是两个及两个以上个体的交往样式和交往类型,在此过程中,个体愿意发挥其独特的选择、反思和言说的能力,并意识到他者的存在,与他人产生共鸣。[1]

5. 人际传播动机的角度

美国心理学家 W. C. 疏兹(W. C. Schuts)提出人际传播的"需求论",认为人际传播来源于三种基本的人际需求:包容性人际需求、控制性人际需求、情感性人际需求。每种需求都包括主动和被动两个方面。第一种包容性需求,包括交往、沟通、融合、相属、参与需求与期待别人邀请并接纳之的需求;第二种控制性需求,包括支配、领导、控制、超越、管理的需求与希望彼此制衡、社会受到控制但宁可听别人指挥、接受指导的需求;第三种情感性需求,包括喜爱、同情、照顾的需求与期待别人对他进行亲密性传播的需求。

托马斯·哈瑞斯(Thomas Harris)认为人际传播效果与"生活见解"(life positions)密切相关。他提出了四种基本的生活见解,这些不同的生活见解对传播产生截然不同的影响。四种生活见解分别是:"我不好,你好";"我好,你不好";"我不好,你不好";"我好,你好"。还有一些学者从人际传播内容的抚慰性角度认为,人际传播内容具有抚慰性,而人际传播的抚慰性大小不同,因此增加抚慰性可以改善人际传播效果。[2]

上述各种人际传播定义有一个共同之处,那就是强调人际传播对人的关注。对人的关注集中显示了人际传播的本质,即人与人的直接交流。

随着计算机和互联网的广泛使用,人际传播的面对面特性与交流方式发生了改变。从"面对面"交流到"以计算机为中介"的传播方式变革,意味着人际传播定义也要随之发生变化和拓展。在传播关系视角下,王怡红等学者将人际传播定义为:人际传播是发生在个体之间的,使用语言和非语言讯息进行意义的交流和理解,经过谈话与倾听的行动、互动、互融或共融的协商过程,所建构出来的,反映不同文化价值观的,带有交往、沟通、对话行为特征的合作关系。[3] 这一定义,考虑到了信息技术对于人际传播影响的最新发展,也融合了多位学者对于人际传播的本质性理解,因此本书采用王怡红等人的人际传播定义。

二、人际传播的特点和社会功能

(一)人际传播的特点

人际传播是群体传播、组织传播、大众传播等其他传播类型的重要基础,内容丰富,形式多样,具有以下几个重要特点。[4]

---

[1] 王怡红:《西方人际传播定义辨析》,《新闻与传播研究》1996 年第 4 期。
[2] 薛可、余明阳:《人际传播学》,上海人民出版社 2012 年版,第 7 页。
[3] 王怡红:《论"人际传播"的定名与定义问题》,《新闻与传播研究》2015 年第 7 期。
[4] 薛可、余明阳:《人际传播学》,上海人民出版社 2012 年版,第 51 页。

1. 人际传播具有双向交流、反馈性强的特点

在人际传播中,每个人既是信息的发送者又是信息的接收者,不断地变换着角色。这种双向性并不意味着在实际的传播过程中参与双方在地位上是完全平等的,但是这不能从本质上否定传授双方的双向互动和反馈。在传播过程中,每一方都可以根据对方的反应对自己的传播行为进行相应的调整、补充传播内容或者改变传播方法,以把握传播效果。

2. 人际传播具有信息接收渠道多样化的特点

人际传播可以是面对面的,也可以是非面对面的。在面对面的传播中,不但可以运用语言来交流思想感情,还可以使用非语言符号来表达意义,比如眼神、表情、动作等。在一定的情况下,非语言的符号系统往往显得更加重要,能传达出语言符号所不能表达的意思。

3. 人际传播具有非制度化、自发性的特点

与组织传播和大众传播相比,人际传播属于一种非制度化的传播,这种非制度化的传播方式,主要是指传播关系的建立上具有自发性、自主性和非强制性的特点,人际传播主要是基于自愿和协商的基础上进行的。从这个意义上讲,互联网的出现使得传播更加自由平等,趋向于回归人际传播的本质。

4. 人际传播具有受传播情境影响的特点

人际传播总是在特定的社会环境中进行,具有特定的时间和地点,以及一定的物质和时间背景。这些情境因素包括时间、地点、参与者、话题等,它们可能限制我们谈话的内容和方式。因此,在人际传播中,我们需要时刻考虑到外界环境的变化,将各种干扰因素考虑在内,同时也要做好心理准备,以防止内部干扰,从而实现畅通的交流和沟通。

5. 人际传播具有受社会性与心理性障碍影响的特点

在人际传播过程中,可能会遇到社会性和心理性的障碍。这些障碍可能由参与者之间不同的历史文化背景、政治态度以及个性差异、心理特征或双方的某些特殊心理关系所造成。因此,在人际传播过程中,我们必须充分考虑参与者自身的一些差异,并对这些差异做好充分的理解和关照,这样才能在彼此友好的基础上进行传播。

(二)人际传播的功能

人际传播的参与者总是带着各种各样的目的参与各种人际传播活动,这些目的对参与主体产生不同的影响。同时,由于人际传播是社会传播的重要组成部分,它为人们提供了交流信息的渠道,是实现社会协作的纽带,是传承社会文化的工具。人际传播的状态反映了社会物质文明和精神文明的重要特征。[①]

1. 自我认知

自我认知是指主观自我对客观自我的评价与认知,包括对生理状况(身高、体重、体态等)、心理特征(兴趣、爱好、能力、性格、气质等)以及与他人关系(如自己与周围人们相处的关系、自己在集体中的位置与作用等)等方面的认识。通过自我观察和体格检查可以了解自

[①] 薛可、余明阳:《人际传播学》,上海人民出版社2012年版,第16页。

己的生理状况,而心理特征和与他人的关系则需要通过与他人的交流和比较才能获得更客观的认知。

2. 建立和谐关系

人类是群居动物,人际关系的建立对于我们的生活至关重要。如果缺乏正常的沟通,人际关系可能会停滞不前或产生障碍。因此,我们应该注重与他人保持沟通交流,以建立和谐的人际关系。

3. 认识与控制环境

个人无法独立存在于这个世界上,必须与周围环境接触才能生存和发展。因此,我们需要认识并学会控制我们的环境。通过与他人的交往和信息交流,我们可以了解自己所处的环境状态,从而更好地适应环境。

4. 满足情感需要

人的需要是一个动态的系统,人们通过各种方式和手段来满足自己的情感需要。人际传播在满足人的情感需要方面具有重要作用。人们通过人际传播获得各种情感满足,调节自身的情绪状态,形成积极的心理氛围,从而拥有积极的人生。

三、人际传播与自我表达

(一)非语言传播

非语言传播是相对于语言的另一种人际传播手段和媒介。非语言是指不以人工创制的语言为符号,而以其他感官诸如视觉、听觉、嗅觉、味觉、触觉等感知为信息载体,运用身体动作、体态、语气语调、空间距离等其他非语言方式传递信息的符号系统。在人际传播中,人们通常会同时使用语言和非语言。作为人际传播的一种信息表达手段,非语言具有连续性、立体性、即时性、模糊性、真实性等特点。[1]

1. 连续性

人们在交流中无时无刻不在使用非语言符号进行传播,无论是自觉或不自觉。在交际过程中,有意识的非语言行为和无意识的行为举止都在传递信息,甚至不发表言论的沉默也是一种交流。由此可见,非语言是一种连续性的行为,没有起始和结束的界限。

2. 立体性

在人际传播活动中,人们会同时运用身体的各个部位和外部装饰来表达情感和意图。非语言行为,如语气、面部表情、肢体动作、服装配饰的颜色、形状、气味等通常以组合的方式呈现,因此非语言行为在空间上具有立体性。

3. 即时性

非语言传播的即时性是指信息在传播后很快就会消失。因此,作为接收者需要集中注意力,认真观察和倾听,并善于理解传者的意图;而作为传者,应调动各种手段来突出和强化

---

[1] 薛可、余明阳:《人际传播学》,上海人民出版社 2012 年版,第 380—382 页。

主要信息,以获得接收者的注意力,例如重复或夸张某个动作等。

4. 模糊性

语言通常能够传达意义明确、逻辑清晰的信息;而非语言传递则常常表达模糊的主观印象,其含义往往是不确定的,需要结合具体的传播情境才能明确其意义。

5. 真实性

与语言相比,非语言符号的可控性较低,因此具有更高的可信度和真实性。非语言传播往往是无意识的且根深蒂固,很多时候,语言信息和无意识表露的非语言信息可能相互矛盾。人们通常会用语言信息来掩饰真实意图,但在非语言沟通中却难以掩饰。

非语言是一个复杂的系统,对于非语言传播的方式也有不同的划分标准。比如简单的二分法将非语言分为体语和默语(包括停顿和沉默)两大类,其中体语又分为动态和静态两种。动态体语包括肢体语和表情语,静态体语包括服饰语与界域语。概括起来,非语言包含类语言、体态语、客体语和环境语四大类。[①]

1. 类语言

类语言,也称为伴随语言,通常指的是那些没有固定语义的有声信号。它们存在于我们的日常生活之中,如哭声、笑声、咳嗽、叹息、呼唤、口哨,以及对话中出现的"嗯""啊""哎哟",甚至沉默等,这些声音信号能够揭示说话人的精神状态和情绪,是类语言的主要表现形式。

2. 体态语

体态语在人际传播活动中扮演着重要的角色,其传播功能日益受到人们的关注。体态学,作为一门研究人们身体动作传递信息的科学,涵盖了各种身体姿态、面部表情、目光接触以及手势等元素。

3. 客体语

客体语并非源自人体,而是指那些对人际交往产生重要影响的外部因素。这主要包括与人体相关的各种装饰和物体语言。例如,人的化妆、发型、饰品和服装等元素,这些我们通常称为仪表。物体语言则是指个人在佩戴、摆设或把玩某种物体时传递出的、具有一定意义的信息。例如眼镜、香烟、手提包、手杖、助听器、汽车等日常生活用品,以及专门用来传递信息的物品,如鲜花。物体语言是一种非常强大的信息传播媒介。

4. 环境语

任何人际传播活动总是在一定的环境中进行,环境语言是非语言交流的一种重要形式。从非语言传播的角度看,环境是由文化塑造的身心氛围,并非仅指我们所处的地理环境。从这个视角来看,环境语主要包括时间和空间,它们作为构成人际传播的关键因素,始终发挥着不可或缺的作用。人们总会自觉或不自觉地利用时空因素来传递相关信息。

(二)自我表达

自我表达又称自我呈现,即个体在人际交往中,借助自己的言语、表情、姿态等,表现自

---

① 薛可、余明阳:《人际传播学》,上海人民出版社2012年版,第383—414页。

己的心情、意志、态度和身份等的过程。在交往中,客体(他人)总是通过主体的自我表达了解主体,主体也通过自我表达,观察客体对自己的反应,进行自我认知。在人际传播中,人们为了使他人对自己产生良好的印象,需要采取各种方式来呈现自己。

1. "镜中我"

查尔斯·霍顿·库利(Charles Horton Cooley)是美国早期著名的社会学家和社会心理学家,他的"镜中我"理论在传播学发展初期作出了巨大的贡献。库利在《人类本性与社会秩序》中提出"镜中我"的概念。他认为人们通过想象别人对自己的行为和外貌的感觉来理解自己,"人们彼此都是一面镜子,映照着对方"。这里的自我反映了别人的意见,即为"镜中我"。自我是社会活动的产物,库利把它分为三个阶段:第一是对他人如何认识自己的知觉;第二是对他人如何评价自己的知觉;第三是自己对他人的认识和评价的感觉。

我们就是在人际传播中通过别人的反应来评价自己的,同别人的交流帮助我们形成自我的概念,就像是一面镜子。按照库利的观点,要形成"镜中我"就需要通过"传播","传播"是个人与社会互相融合的一种方法。他认为一个人不能完全脱离传播,完全与他人相区别的自我是不存在的。通常,"镜中我"的清晰程度与个人和外界的传播活动的密切程度相关,传播活动越丰富活跃,自我表达越多,个人对自身的把握也就越客观准确。

2. "前台"与"后台"

库利的思想对于欧文·戈夫曼(Erving Goffman)的研究也有一定的影响。戈夫曼是美国加拿大裔的社会学家和作家,他一生最关切的是对人际传播中人们制造印象以及别人根据自己的印象作出反应的研究。戈夫曼在《日常生活的自我呈现》中提出了拟剧理论,该理论研究的是人们运用哪些技巧在别人的心目中创造印象。

戈夫曼将社会和人生比作一个舞台,作为舞台上的表演者,社会成员们十分关心自己塑造的形象能否被众多观众接受。为了表演,人们区分出"前台"和"后台"。"前台"是让观众看到并从中获得特定意义的表演场合,而"后台"则是为前台表演做准备的场合,通常不愿被他人闯入。人们不能将前台表演应用于后台,也不能将后台行为展示在前台,而是应该在不同的场合表现出相应的行为,其标准是社会规范,即社会对角色行为的规定。

3. 自我表达的价值

在人际传播中,人们或多或少都会进行自我表达。自我表达是否准确,表达方式是否合理,会直接影响人际传播的效果。自我表达对个人来说具有重要意义。

首先,自我表达有助于我们深化对自己的认知和认可。在自我表达的过程中,对自己认知和认可的重要性不言而喻。当我们尝试表达自己时,需要将内心的复杂想法转化成他人能理解的语言。这个过程让我们有机会更清楚地审视自己的动机、需求和目标,从而发现事件、经历和行为之间的联系。只有深入了解自己之后,我们才能对自己进行更为准确的评价。

其次,自我表达有助于我们更好地理解他人。当他人表达时,我们能够更深入地了解他们的行为和思想。同样地,自我表达也会帮助我们理解和评价他人的内心世界。如果我们想更深入地理解他人,可以先尝试表达自己,主动寻找与他人的共同点和心理共鸣。

最后,自我表达能够丰富和深化人际关系。人际关系建立在相互了解的基础上。对方表达的信息越多,我们越能了解他或她。同样地,如果我们更多地表达自己,他人也能更全面地理解我们。当人们彼此获得信息达到一定程度时,他们就会觉得彼此相互了解,关系也随之加深。

现实生活中,自我表达也存在一定的风险。个人的自我表达可能会被拒绝,也可能被他人否定,或者伤害到他人。因此,个人通过自我表达展示个性时,也要顾及他人与社会规范。真实合理地展示自我,并且尊重他人,才能真正被他人接纳。

第二节　群体传播

荷兰哲学家巴鲁赫·斯宾诺莎指出,人是社会的动物。现代心理学对此提供了强有力的论证,证明他人对于我们的态度、行为乃至理解都有巨大的影响。我们所谓的他人,见之于我们所属的群体,不论它是大是小,是正式的还是非正式的。

一、群体和群体传播

什么是群体? 答案似乎不言自明。但是给群体下一个简单的定义以涵盖群体的基本特点却并不容易。实际上,对群体的定义有很多,大致有以下 5 种[①]:

(1)动机和目标。群体的存在具有合理性,人们选择加入群体是为了满足特定的个人需求,并实现一些他们独自无法实现的目标。因此,个体通过归属群体来满足自身的需求并实现目标。

(2)相互依赖和影响。群体是由一群在某些方面相互依赖和影响的个体组成的。群体成员之间进行交流,彼此依赖,某个事件一旦影响到其中一个人,便可能对所有人产生影响。例如,当某人身患重病时,他的家人和朋友都会受到影响,彼此之间的相互依赖性变得明显。

(3)人际交往。群体可以被视为相互交往的许多人的集合。正是这种交往过程使群体有别于随意聚集的人群。群体可以被视为一个开放的人际交往系统,其结构由持续的交往行动决定,同时也产生了对系统的认同。

(4)群体身份的感知。群体可以被定义为一种社会联盟,由两个或更多的个体组成。只有当人们感到自己成为群体的一部分时,他们才能构成一个群体。

(5)结构化的关系。群体可以被定义为一群交往的个体所组成的有结构的系统。在这个系统中,群体成员遵循一套标准的角色关系,并遵守可以确保群体功能正常运作和成员正常行动的规章制度。

---

① 许静:《传播学概论》,清华大学出版社 2013 年版,第 50 页。

这些定义虽然各有侧重，但都突出了群体不同于任意一群人的主要特点。总体而言，群体是由一定数量的个体基于某些因素和目的以特定方式组合而成的系统。在这个系统中，各成员遵守一定的结构化的角色关系和行为规范，彼此交流并相互影响和依赖，以实现系统的功能并满足个人的需求。

作为社会中观系统的重要组成，群体在社会发展的推动上扮演着重要角色。群体不仅可以帮助个体实现社会化，训练和分配社会角色，形成社会规范和准则，以维护社会秩序，还能够整合分散的个人力量，完成个体无法实现的社会工作和事业。从个体角度来看，群体的功能主要体现在满足其成员的各种心理需求。成员可以在群体中展现和实现自我，满足自尊的需求；通过与其他成员的交流互动，满足归属的需求，以避免孤独感和离群索居的恐惧感；通过获得信息，满足安全的需要等。这些需求都是通过群体成员间的情感交流、相互信任、相互谅解、共同奋斗而得到满足的。

为了充分发挥群体的作用，成员之间必须保持紧密的协作关系，这有赖于群体传播的推动。群体传播是指群体成员之间进行的信息交流活动，表现为一定数量的人按照特定的聚集方式，在特定的场所进行信息传递。群体规模可大可小，不同群体各有其独特的特点。但无论何种群体，传播活动中的成员均受到群体形成的规范的调节和制约，保持相对统一的行为目标和认知结构。在社会生活中，人们总会融入并隶属于某个群体，且常常会同时属于多个不同的群体。因此，群体传播是不可避免的一种现象。

二、群体传播内部机制

群体传播在群体的生存发展中有着举足轻重的作用。不同的群体有着不同的传播网络，传播效果也不尽相同。群体意识、群体规范都在群体传播的过程中形成的，对群体成员产生重要影响，同时，成员还会感受到群体压力。群体意识、群体规范、群体压力又反过来影响群体传播。

（一）群体传播网络

群体传播能够高效地促进群体成员之间的信息、知识和观点的交流，从而提高任务完成的效率，促进群体的发展。

社会心理学家 A. 巴维拉斯（A. Bavelas）是最早研究群体传播网络的人之一。他将群体成员放置在一个房间内，并通过有缝隙的隔墙将他们隔离开。成员们可以通过隔墙的缝隙传递书面信息。这种通过隔墙进行的信息传播方式形成了一种沟通的网络模式。当隔墙打开后，成员们可以面对面地进行沟通。巴维拉斯对每一种网络类型进行了测量，包括成员解决问题所需的时间、对群体运作的满意度等。研究发现，Y 形网络中，成员解决问题花费的时间最短，是最有效率的网络模式，而环形模式成员具有最高的士气。处于群体网络中心位置的成员对群体运作的满意度最高，最边缘位置的网络成员对群体的满意度最低。

哈罗德·J. 莱维特（Harold J. Leavitt）也对交流传播网络进行了实验。他将被试者按环形、链形、轮形和 Y 形分组，并给每组被试者一些卡片，让他们找出卡片上共同的代表物。研究发现,除了环形没有特定的领袖外,其他群体类型都有特定的领袖,一般占据中心位置的成员被称作领袖。

当我们以群体传播中的个人为节点,将信息的发出者和接收者用线段连接起来时,就形成了群体传播的网络结构图。在群体传播中,有五种最常见的信息传播网络。①

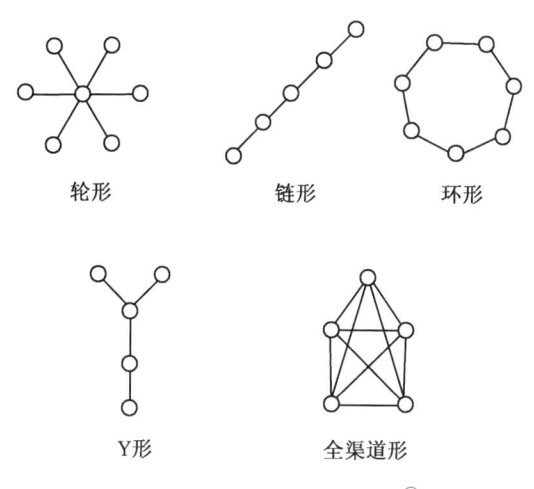

轮形　　链形　　环形

Y形　　全渠道形

图3—1　五种信息传播网络②

(1)轮形网络(wheel type)。这种传播网络能够最为明显地表现出高度集中的信息流动特点。位于网络中心的人控制了信息的传播流,他可以和每个成员进行直接的沟通,居于领导地位,其他的人则处于从属地位。全部信息从一个中心源发出和接受,传播效率高,速度快,适合处理简单的问题。但和环形网络相比,轮形网络的群体满意度低,士气不高。

(2)链形网络(chain type)。

在这种传播网络中,信息传播呈现出更为明显的集中性。领导者位于信息传播的中心,负责接收和处理所有信息,而其他成员则在从属地位,有些无法直接与领导沟通。链形网络类似于组织中的中层管理者的权威系统,其特点是解决问题迅速、准确度高,领导效能显著提升,整个组织也相当稳定。然而,这种结构的缺陷在于成员的满意程度最低,士气也较低。

(3)环形网络(circle type)。类似于圆桌会议或某些协作机构,环形网络呈现独有的特征。与聚合性的轮形网络不一样的是,环形网络更具有分散性。成员在信息传递中相互传递信息,每位成员都享有同等地位,每个人都可能获得同样多的信息。此结构中没有中心领导,领导与被领导的关系没有明确界限,每人都可能在不同时期充当领导。因此,成员对群体的满意度和工作士气相对较高。环形网络在解决复杂问题上表现出卓越效果,但问题解决速度较慢,对成员进行有效领导也有一定难度。

(4)Y形网络(Y type)。这种传播网络属于聚合形网络,同时综合了轮形和链形网络的

---

① 许静:《传播学概论》,清华大学出版社2013年,第61—62页;Larry L. Barker, *Communication*, Prentice Hall, Inc. 1990, p.197.

② Larry L. Barker, *Communication*, Prentice Hall, Inc. 1990, p.197.

优势和劣势。在这个结构中,位于中心位置的个体因为其发送和接收信息的角色而被视为领导。Y形网络具备高效率、快速传播、高准确度等特点,然而成员的满意度较低,工作积极性和士气相对较弱。此外,Y形网络能够确认结盟关系,因此更像是一种长期发展的群体关系。

(5)全渠道形网络(all channel type)。在环形网络中,如果每两个成员之间都直接沟通,便形成全渠道形网络。全渠道网络使任何人都能与其他人交流,为每个个体提供同等发挥影响力的机会。成员享受完全的传播自由,具有平等地位。这种网络结构具有最快的信息传播速度和最高的成员满意度,然而,它在群体刚刚成立的时候,经常表现出一种无领导的传播状态。[1]

实际上,群体传播网络经历了较长时间的群体互动,逐渐演变而成。它仅仅从一般意义上揭示了传播的路径和结构,而真正有效的传播则受制于群体意识、群体规范以及群体压力等其他相关因素。

(二)群体意识

群体意识(group consciousness)是参与群体或组织的成员所共有的意识,它包括以下几个方面:(1)关于群体目标和群体规范的合意,即群体成员在群体目标和群体规范上达成共识;(2)群体感情,不仅指各成员密切接触和协作而产生的成员间的个人感情,更指群体成员主观境界的融合(精神上的一体化)所产生的"我们"的感情;(3)群体归属意识,即群体成员因从群体活动中得到某种程度的需求满足从而对群体产生的认同感。[2]群体意识是群体传播作用下的结果,一旦形成就会对群体成员的个人态度和行为产生制约作用。

群体意识的形成与群体内部的黏合性(cohesiveness)有直接关系。黏合性指群体成员之间彼此感兴趣的程度,也就是彼此认同的程度。[3] 群体成员彼此在意、认同对方,群体黏合度就高,群体意识越强,这样的群体凝聚力也越强;反之,群体黏合度就越低,群体意识越弱。

群体意识具有一定的积极意义,它能聚合群体或组织的成员,使成员们注重维系群体团结,相互依赖,遵从群体规范,从中得到安全、友谊、威信和自我价值的肯定。当群体意识足够强时,便形成群体思维。

(三)群体规范

群体规范(group norm)是在群体互动过程中自然产生的有关认知、态度和行动的规范、规则和要求等。群体规范一旦形成,就对成员有约束作用。大卫·D.弗里德曼认为,基于四种理由的规范容易得到强化和发展:一是有助于群体生存的规范,它们能保护成员免受外在干扰;二是有助于预测成员行为的规范;三是一些有助于避免令人尴尬的人际关系的规范;四是能确立群体核心价值观,阐明群体一致性的规范。此类规范能使群体行为合理化,集体

---

[1] Larry L. Barker, *Communication*, Prentice Hall, Inc. 1990, p. 197.
[2] 郭庆光:《传播学教程》中国人民大学出版社2011年版,第80页。
[3] 陈力丹:《群体传播的心理机制》,《东南传播》2016年第1期。

权力合法化。

　　为了研究群体规范的形成,社会心理学家穆扎弗·谢里夫(Muzafer Sherif)进行了著名的光点实验,并在 1936 年其所著的《社会规范心理学》一书中详细记载了这个实验。在谢里夫的"暗室光点"实验中,研究者设计了一个实验环境:测试者们被安排在一个黑暗的房间里,前面有微弱的灯光。由于屋子比较黑暗而光比较弱,人们会产生光点游动的错觉,即注视光点一段时间后,就会觉得光点移动了一段距离,但实际上光点并没有移动。实验要求当光点熄灭时,测试者要告诉实验人员光点大概移动了多少距离。

　　实验有三个阶段,按照如下方式进行:

　　第一阶段,开始时只让测试者独自在室内进行试验。重复几次之后,人们通常会有自己的标准,对移动距离的估计多在 13~20 厘米,一般来说是 16 厘米左右。不过也会有个别人估计的距离差距极大,有的是 1.3 厘米,有的是 66 厘米。

　　第二阶段,谢里夫找出几个人先单独实验,定出其个人标准,然后再让他们一同实验,并且可以听见彼此评估光点移动的距离。在这种情况下,相同的实验一再重复,通常会发现不同的评估越来越接近,最后他们决定出这一组人的共同标准,这一标准大约等于不同个人标准的平均值。

　　第三阶段,谢里夫再次将测试者分开进行个体实验和单独判断,此时经历过第二阶段实验的测试者不再恢复之前的判断,也不再有新的个人判断标准,而是延续了第二阶段的群体判断标准。

　　谢里夫的实验证明,在不确定的情况下,个人只能依靠自己,如第一阶段实验所示;而多数人一起时,人们就容易依靠他人,或者彼此依靠,如第二阶段实验所示;当一个标准经群体确认之后,纵使个人不在群体中,也不自觉地会遵守群体定下的标准,如第三阶段实验所示。也就是说,当社会群体尚未建立明确的共同规范时,社会成员面对公共事务会有各自的反应模式,而一旦建立起了某种规范,判断则会趋于一致。由此可见,规范在社会成员的共同活动中形成,当它内化为个体的心理尺度和行为准则时,实际上也完成了个人社会化的过程,相应地对个体产生一定的约束力。

　　群体规范的作用　群体规范形成于群体活动中,自然而然地在群体传播中发挥着重要的作用,主要表现在对群体内的传播活动和来自群体外的信息或宣传活动两个方面。

　　在群体内的传播活动中,群体规范的主要作用在于排除偏离性意见,将群体内的意见分歧和争论限制在一定的范围之内,从而保证群体决策的效率。[1] 在这里,群体规范主要通过群体成员的从众心理和群体成员对于受到孤立的恐惧而发生作用。对来自群体外的信息或宣传活动,群体规范起到相应的制约或扩大宣传效果的作用。美国的两位传播心理学家 H. H. 凯利和 E. H. 沃卡尔特在 1952 年针对该问题进行过著名的实证研究。本次实验以美国中学生的课外团体——"童子军"为对象。实验主要分为三个步骤进行。首先,根据成员的

---

[1] 郭庆光:《传播学教程》,中国人民大学出版社 2011 年版,第 81 页。

群体归属意识由强到弱将其分为五个等级。在此基础上,采用问卷调查的方法,围绕团体内的一项主要活动——野外登山锻炼进行态度测验,了解成员对该项活动的支持与反对程度。其次,派出一位不属于该群体的"说客"对群体成员进行游说宣传,告诉他们登山活动是危险的,应当立即停止。最后,在"游说"实验过后,再次就群体内成员的野外登山项目进行态度测验,比较"游说"前后的态度变化。

H. H. 凯利等人的实证研究得出一个重要的结论:对群体规范的认同程度会对反规范的说服宣传效果具有明显的影响。对群体规范认同程度越高的成员,对反规范的宣传活动的抵制心理也就越强烈。

(四)群体压力与动力

群体压力是群体中多数意见对个体造成的心理压力,迫使个体(或使得个体盲目)放弃自己的真实想法而与多数人保持一致。[1] 经济学经常用"羊群效应"来描述经济个体的这种跟风心理,哲学家认为这是人类理性的有限性导致的,心理学家认为这是人类的从众心理,社会学家认为这是人类的集体无意识。群体压力与权威或制度命令不同,它主要诉诸人的心理。作为社会性的人,人们为了避免遭到心理孤立和制裁,有合群倾向。同时,基于对生存环境不确定性的判断,人们倾向于认同多数人的意见,以获得心理安全。[2]

谢里夫完成光点实验20年后,美国心理学家所罗门·阿什(Solomon Ash)在20世纪50年代进行了类似的群体内部趋同行为试验,这个试验充分证明了群体压力对个人判断的影响。

阿什设计的试验是测验一个人对某些线段长度的判断能力。他让测试者看两张卡片,其中一张画了一条线,另一张画了长度不等的三条线,要求测试者说出三条线中的那一条线与单独画的那条线长度相等。这种卡片一共有12组,其长度各不相同。

阿什设计了没有群体压力(个人独立判断)和有群体压力(与他人一起判断)两种不同的实验环境。在第一种实验环境下,这是一项相当容易辨认的工作,在实验控制下的37人中,有35人没有任何困难地完成了辨认。在第二种实验环境中,群体压力的介入让实验结果大不相同。阿什将测试者进行分组,每组有8个人来参加线段长度的辨识,其中7位是他安排好的知情者,在实验过程中提供错误的答案。在这种状况下,参加实验的123人有76%都屈服于群体压力,至少提供一次错误的答案。阿什的试验说明当有些信息与自身的感觉相矛盾时,某些人会追随群体的看法。出现这种情况的原因一般有两个:一是信息压力,即当一般人所获得的信息较少,对事物了解不够全面的情况下,会天然地认为多数人提供的信息的正确概率要大于少数人提供的信息。二是趋同心理,即个人在群体活动中,会倾向于与群体内的多数意见保持一致,避免因孤立而遭受到群体内其他成员的排斥。社会心理学家伊丽莎白·诺伊曼在20世纪80年代同样以群体内的群体压力和趋同心理为研究对象,系统地

---

[1] 郭庆光:《传播学教程》,中国人民大学出版社2011年版,第82页。
[2] 陈力丹:《群体传播的心理机制》,《东南传播》2016年第1期。

研究了大众传播中"舆论"形成过程。正是出于微观层面的"被孤立的恐惧"和"希望与大多人保持一致"的趋同心理,才形成群体内的优势意见压力,最终导致了社会生活中占压倒性优势的"多数意见"——舆论的诞生。[①]

然而,群体压力并不意味着必然造成消极影响,在某些情况下,群体压力也是一种动力,对个人、群体和社会产生积极作用。德弗勒在《大众传播通论》一书中曾描述群体动力的运作过程,主要是如何以群体动力来进行筹募基金。他们认为,要筹募基金,首先要以社区为整体确定一个配额,这一配额要在市中心展示出来,使每个人都看得到。接着分发给每个人一张誓约卡,上面有"公平分担"的数目,以便达到社区配额。这是使用群体压力的一种策略,会使群体成员感到自己不捐献,将会连累他人。此外,在学校或工厂等地当着众人的面进行公开捐款也有类似的效果,当大家都进行捐款时,原本没有这样意向的人也不得不参加捐献。由此可见,巧妙地利用群体传播中的群体压力,有时候能取得意想不到的宣传效果。

三、集合行为的传播机制

集合行为指的是在某种刺激条件下发生的非常态社会聚集现象,多以群集、骚动、恐慌奔走、流言散布的形态出现,往往会干扰和破坏正常的社会秩序。[②] 集合行为不受现有社会规范控制,具有人数众多、自发、无组织的特点。

在1963年出版的《集合行为理论》一书中,N.J.斯梅尔塞(N.J. Smelser)试图对集合行为进行综合解释。他认为,集合行为实质上是人们在受到威胁紧张等压力的情况下,为改变自身的处境而进行的尝试。集合行为的发生有六个"必要且充分"的条件:(1)环境条件;(2)结构性压力;(3)普遍情绪的产生或共同信念的形成;(4)诱发因素;(5)行为动员;(6)社会控制能力。

可以看出,集合行为的发生条件与信息传播息息相关,传播机制也与正常的社会传播大不相同,具有非理性的特点。集合行为的特殊传播机制包括群体模仿、群体感染和匿名性等,相关理论包括感染理论、模仿理论、匿名理论等。[③]

1. 感染理论

感染理论重在关注群众情绪的变化,认为集群行为是人们情绪感染所推动的。社会学家古斯塔夫·勒庞(G. Le Bon)撰写的《乌合之众》研究了群体心理,他认为,群体的心理状态极易受到感染,进而导致大规模的非理性群众运动。在集群行为中,有意识的人格往往会消失,无意识的人格占据主导地位。情绪和观念的感染以及暗示的影响会推动集群心理朝某一特定方向发展,并促使暗示的观念迅速转化为实际行动。在群体中,个人的文明程度会降低,理性思考和自我控制能力会减弱甚至完全丧失。在感染机制的作用下,个体可能会被一时的冲动所支配,陷入非理性的狂乱之中。

[①] 郭庆光:《传播学教程》,中国人民大学出版社2011年版,第199页。
[②] 陈力丹:《群体传播的心理机制》,《东南传播》2016年第1期。
[③] 韦欣仪:《国外关于群体性事件的理论研究与处置实践述评》,《理论与当代》2009年第8期。

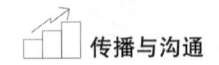

2. 模仿理论

模仿理论是对感染理论的一种发展,它主要关注社会行动的生产机制。法国社会心理学家 G. 塔尔德 (G. Tarde)在其 1901 年出版的《模仿律》一书中提出,社会上的所有事物要么是发明,要么是模仿,而模仿是最基本的社会现象。勒庞和心理学家弗洛伊德都曾深入探讨过模仿与集合行为之间的关系,他们认为,当人们面临突发事件时,大多数人会处于一种无理智的状态,失去自我控制能力,导致行为出现"还原现象"。在这种情况下,人们本能地相互模仿,努力与在场的大多数人的行为保持一致,进而导致集合行为的产生。

3. 紧急规范理论

紧急规范理论认为,尽管在集合行为中可能没有明确的群体规范,但在面对突发事件时,人们之间的互动会导致一种"紧急规范"的产生。这种紧急规范一旦形成,就会对在场的人产生规范压力,迫使他们模仿和遵从,从而产生集合行为。该理论通常将集合行为中最先出现并迅速得到其他人模仿的某种行为方式视为"紧急规范"。

4. 匿名理论

匿名理论认为,当人们处于一种缺乏明确的群体或个人标识的状态时,即所谓匿名状态,个体可能会做出一些平时很少出现甚至从未做过的越轨行为。因为在这种状态下,他人不知道他们的姓名和身份,也不必担心承担破坏规范的后果。具有匿名心态的参与者,即使没有领导者,也可能形成非理性的集合行动,宣泄本能的冲动。

5. 信息传播理论

在社会生活中,集群行为还表现为一种更加分散的方式,即由信息传播所影响的集群行为。这种集群行为是非组织性的,其信息并非来自组织渠道,而是来自流言和谣言。流言和谣言是在社会大众之间相互传播的关于人或事的不确切信息。它们可能在任何时候发生,但一般来说,在社会发生突发事件或面临某种危机状态时,是流言和谣言的多发时期。正是由于流言和谣言的传播,导致了一致认识和共同情绪的产生,从而引发了集合行为。

第三节 组织传播

组织传播学作为一门学科,确立于 20 世纪 70 年代。虽然涉及管理学、组织学、心理学、传播学、社会学、组织行为学等多个学术领域的知识,但组织传播学的核心就是"组织"和"传播"。现代社会是高度组织化的社会,也是组织传播高度发达的社会,了解组织及组织传播是非常有必要的。

一、组织与组织传播

(一)组织

组织是日常生活中人们十分熟悉、使用频率较高的词汇。到底什么是组织?组织一词有三种含义：过程定义、方式定义、实体定义。用来指组织过程时，相当于英语中的 organizing，指对活动的安排和协调的过程。例如，活动组织得很好，这里的"组织"就是协调安排的意思。有时"组织"这个词也用来指一个系统内部要素的安排方式、联系方式。例如，机器内部部件组织得合理紧凑。我们日常生活中提到的较多的实例，如企业、政府机关、学校、协会、社团等都属于实体组织。作为一个实体存在，组织指多个人为了实现一定的目的，按照一定的社会关系组成的社会集合体。组织是一个社会系统，是由多个部分组成的有层次有结构的社会系统。[1]

研究者们对组织的理解、定义各不相同，但对组织的基本构成却有着大体一致的看法。社会结构、参与者、目标、技术、环境这五个要素构成了学者 H. J. 列维特（H. J. leavitt）的组织模型，被广为接受。

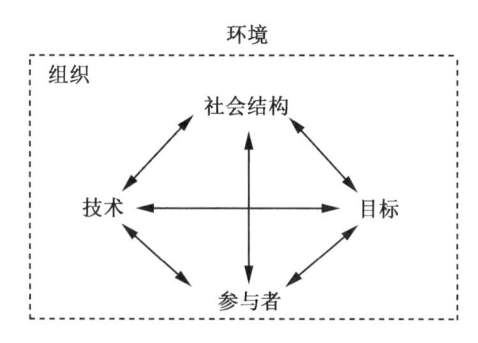

图 3—2 列维特组织模型

1. 社会结构

社会结构指"组织的参与者关系的模式化和规范化"。它涵盖了两个层面：一是规范结构，即价值观、规章制度和角色期待的持久信条和规范，能够引导参与者的行为；二是行为结构，是指实际的行为模式，其相对隐蔽，需要一段时间的观察、分析才能把握。规范结构对行为结构具有限制和影响作用，但实际行为偏离规范的现象普遍存在，暴露出规范结构与行为结构之间的紧张关系。

2. 参与者

组织的参与者是具有高度能动性的行动者。他们的传播互动构建了组织的社会结构，并保证了组织的存在与持续稳定。同时，参与者的主动行为也给组织带来活力，提供创新与变革的源泉。

3. 目标

组织目标是需要达成的目的。目标是组织最基本的要素之一，因为组织存在的意义就是为了实现特定的目标。人们集合起来能够完成个人所无法实现的目标。组织在自身建设的时候，往往十分注意组织目标的制定与表达，将其视为树立形象、凝聚人心的手段。

---

[1] 张国才：《组织传播理论与实务》，厦门大学出版社 2002 年版，第 4 页。

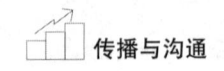

4. 技术

技术的定义宽泛,不仅包括用以完成工作的硬件设备,也包括工作人员的技能和知识,甚至包括工作对象的特征。对于复杂的组织而言,技术越来越多样化、专门化,不同技术部门和人员之间的协调沟通也成为需要面对的问题。

5. 环境

环境是组织以外的一切因素。将环境视为组织的基本要素是因为组织无法与外部世界隔绝,组织与环境的界线难以明确划分。从上述四个基本要素来看,每一个要素都与环境密切相关。

(二)组织传播

上文已经初步介绍了组织的定义,那么什么是组织传播呢?组织加传播就等于组织传播吗?简单来说,组织传播就是组织及其成员进行的信息传播活动,包含组织内传播和组织外传播两部分。

国外学者对组织传播的功能有许多论述,有助于我们更全面地了解组织传播的功能。丹尼尔·卡兹(Daniel Katz)和罗伯特·卡恩(Robert Kahn)指出组织传播的功能有:生产、维持、适应和管理。伯罗主张组织传播有三种功能:生产功能,即完成工作;革新功能,即探索新的行为方式;维持功能,即维持系统运行。

综合上述学者的观点,本书将组织传播的功能归纳成3种:维持组织运转、达成组织目标和协调社会关系。

1. 维持组织运转

维持组织的日常运转是组织传播的重要功能,包含指挥、协调、控制等功能。作为一个整体,组织要井然有序地运转需要管理、协调内部各部门、各岗位,其中,组织传播是完成上传下达必不可少的渠道,在使信息流畅的传达和反馈上发挥着重要作用。

2. 达成组织目标

组织作为一个社会集合体,有其工作目标和工作任务。组织传播可以协调和统筹整个组织,使各部门和岗位既各司其职,又能达成共识,保持凝聚力,为达成组织目标而努力。

3. 协调社会关系

社会关系是人们在生活、生产实践中结成的相互关系的总称。和谐的组织内部人际关系和良好的组织外部社会关系对组织的正常运行和目标达成至关重要。

二、组织传播网络

传播网络是一个动态的概念,它不是固定不变的,可能小到只包括两人,也可能大到覆盖整个组织。组织的传播网络可以根据组织的内外传播简单划分成组织内传播和组织外传播。

(一)组织内传播

组织内部的传播网络由正式网络和非正式网络两部分组成。正式网络是由组织规定、计划的传播渠道。信息沿着正式网络流动时,会受到组织角色关系的影响。正式网络的传播形式可以分为横向传播和纵向传播两种,纵向传播又可以分为下行传播和上行传播。[1]

1. 下行传播

下行传播是指信息从上级流向下一级的过程,它涉及权力的行使。下行传播的信息主要与维持组织的正常运行和实现组织目标有关。然而,下行传播过程中可能会过度依赖书面或电子硬件的传播,导致面对面沟通的不足。此外,信息在传播过程中可能会发生改变,导致理解上的偏差,或者信息本身不明确,缺乏反馈。面对这些问题,管理者需要保持积极的沟通态度,提供准确明晰的信息,促进下级的反馈。

2. 上行传播

上行传播是指组织信息从下级流向上级,通常出于请示、询问、建议、汇报等目的。从管理层的角度来看,上行传播是对下行传播的一种反馈。在上行传播过程中,管理层能够了解下层组织活动的信息,了解员工的情感、需求和观念,接收来自外部环境变化的信息等。然而,上行传播可能会遇到与下行传播相同的问题,例如沟通渠道不畅通,上下级之间缺乏直接沟通,信息经过层层传达而被延迟等。为了促进上行传播,组织应该反对一言堂,鼓励上行传播,保障员工反映问题、提出异议的权利。

3. 水平传播

水平传播,也称为横向传播或平行传播,是指在组织系统中处于同一级别的成员之间的信息流动。组织传播具有指挥和控制功能,主要依赖于上行和下行传播,而水平传播主要起到通报、告知、交流信息的功能。相比于需要经过层层渠道的上下行传播,同级之间的水平传播往往更加平等,效率也更高。水平传播是组织运行必要的条件,能够满足人们分享非工作信息的生活需要和情感需要。

除了正式的传播网络,非正式的传播网络在组织传播中也起着非常重要的作用。非正式传播网络是不由组织规定或计划的传播渠道,其信息流动不是出于组织的理性安排,而是组织中人际互动的结果,具有随机性、偶然性和个人性。在传播风格方面,与正式传播网络相比,非正式传播更倾向于使用面对面的口语传播形式。这种传播方式更加形象生动,有助于传递情感,并使人们通过大量非语言信息来交流情感和思想。在传播速度和范围上,由于没有受到组织规章制度的限制,非正式传播的速度更快,范围更广,具有极强的渗透力。此外,非正式传播网络的信息交流范围也更加广泛自由,不仅涉及组织的工作,还包括成员的个人生活、兴趣爱好等方面,情感表达也更为真挚。

尽管非正式传播网络在一定程度上弥补了组织正式传播的不足,满足了人们对情感的需求,但也可能存在信息失真、传播恶意谣言,甚至泄露秘密等问题。总之,非正式传播既有利也有弊,组织管理者应该为成员提供合理的交流空间,以形成积极健康的环境并增强组织凝聚力,同时也应该采取措施防止谣言、泄密等现象的发生。

---

[1] 张国才:《组织传播理论与实务》,厦门大学出版社2002年版,第103—111页。

(二)组织外传播

组织作为社会系统中的一个中观系统,受到社会中的人们、其他组织机构和其他系统的影响,依赖与社会系统的关系来维持自己的生存和发展,因此组织外部传播网络对组织来说也是至关重要的。组织外传播就是组织与环境之间进行信息交换的过程,可以分为信息输入与信息输出两个部分。

从环境输入组织的信息是组织经营管理决策的依据。信息输入具有监察环境、适应环境、做决策依据的功能。输入的信息经过加工,选取有关的信息作为决策的依据,能够使组织适应环境。

组织也向环境输出信息。信息输出能够影响环境,帮助建立组织的产品和组织整体形象。组织输出的信息主要是关于组织产品、形象的信息,目的是宣传本组织的产品和树立组织形象,沟通和影响社会公众,最终实现组织的目标,增进组织和社会利益。

组织外部传播的信息输入和输出通常有特定部门、特定人员负责,服务于组织目的。北京奥组委于 2006 年开始要求负责其全球公共关系的公关公司每天提供 5 种语言的国际舆情监测,由此解读各国舆论对北京奥运会的关注、争议及期待。这一舆情监测工作成为定期召开新闻发布会、策划系列推广宣传活动的重要基础。

三、组织传播与文化

组织和组织传播研究对于文化的兴趣始于 20 世纪 80 年代,A. 佩蒂格鲁(A. Pettigrew)于 1979 年在《管理科学季刊》上发表的论文《论组织文化研究》,被认为是关于组织文化研究最早的、较有影响的成果。这一时期组织文化研究开始流行有三方面的原因:第一,世界经济逐渐全球化,跨国贸易和跨国公司日益增多,企业和其他社会组织面临更加多样化的文化环境,需要在组织分析中包含更多的文化内容;第二,在面临经济不景气和日本其他经济体崛起的过程中,人们一方面从文化中寻找成功的原因,另一方面也开始探索美国本土企业成功的文化秘诀;第三,不同肤色、性别等弱势群体越来越强烈地要求参与到组织决策中去,使组织管理者和研究者不得不重视组织内部的文化差异问题。[1] 组织文化和组织传播有着密切的关系,本书在此对组织文化进行简单的介绍。

(一)组织文化的定义

国外的学者大多把组织文化看成是组织在长期的生产经营中形成的特定的文化观念、价值体系、道德规范、传统、风俗、习惯以及与此相联系的生产观念。组织正是依赖于这些文化来整合内部的各种力量,将其统一于共同的指导思想和经营哲学之下。[2]

关于组织文化至今没有统一的定义,有代表性的、影响较大的是 E. H. 沙因(E. H. Schein)关于组织文化的定义。沙因在《企业文化与领导》一书中,对组织文化的内涵进行了

---

[1] 谢静:《组织传播学》,复旦大学出版社 2004 年版,第 167 页。
[2] 李成彦:《组织文化研究综述》,《学术交流》2006 年第 6 期。

阐述。他认为,把组织文化看成是组织的价值观、共享的信念、团体规范等反映了组织文化的内容,但都不是组织文化的本质。与这些概念相比,文化体现了以下几个方面的要素①:

(1)结构稳定性。文化不仅仅是组织成员共享的意义,它还定义了组织本身。即使有成员离开组织,文化也能在相当长的时间内保持稳定。

(2)深度。文化是组织最深层次的要素,它难以察觉,也难以把握。

(3)广度。文化涉及的范围很广,渗透到组织生活的方方面面,几乎没有哪个部分的功能或行为能够不受文化的影响。

(4)建模或整合。文化以相对统一的方式将组织生活的各个方面组织起来,使其变得井然有序。

根据这些特征,沙因将组织文化定义为:群体在解决外部适应和内部整合问题的过程中所学习到的、一套共享的基本假设模式,这套模式运行良好,被视为有效,并被作为解决相关问题的正确认识、思维和感觉方式传授给新来者。

(二)组织文化的功能与障碍

组织文化对组织成员、组织的内部事务和外部事务都有影响,可将组织文化的功能划分为内部功能和外部功能。从内部来说,主要是导向和约束功能、凝聚和激励功能,从外部来说主要是区分适应功能。②

1. 导向和约束功能

组织文化为成员营造了一个特定的文化氛围,这对于组织的成功和成员的行为表现具有深远的影响。组织文化所推崇的价值观不仅决定了组织的发展方向,也引导了成员的行为和思维方式。新成员加入组织后,他们需要接受组织文化的指引,通过组织的意识形态、行为模式和其他文化元素来塑造他们的思想、观念、态度、价值观和行为。同时,组织文化也被视为一种无形的约束方式,通过群体意识、社会舆论等方式,对成员的行为产生约束作用。这种约束作用与制度的硬性规定不同,往往通过压力和内化的方式实现。

2. 凝聚和激励功能

当组织成员对组织的价值观、立场和战略目标产生高度的认同后,他们会产生一种归属感,从而更加团结,形成向心力。这种高度的认同感和向心力能够增强组织的凝聚力,激发成员的责任心,让他们对组织保持忠诚。与物质激励的方式不同,组织文化具有激发成员内心高昂情绪和奋发进取精神的效果。这种源自内心的精神能够产生强烈的使命感和持久的驱动力,成为激励员工积极进取、富有创造性地开展工作的源泉。

3. 区分和适应功能

组织文化是组织的独特个性,它具有独特的性质和特征,能够将一个组织与其他不同组织区分开来。鲜明的组织文化更容易在社会公众面前塑造形象,留下深刻的印象。此外,组

---

① [美]埃德加·H.沙因:《企业文化与领导》,朱伟明等译,中国友谊出版社1989年版,第7页。谢静:《组织传播学》,复旦大学出版社2004年版,第169页。

② 张国才:《组织传播理论与实务》,厦门大学出版社2002年版,第120页。

织文化也影响着组织与环境之间的互动方式。组织在选择被动或主动适应环境、开放或相对封闭、积极采用新技术或固守原有技术、追求利益最大化或以满足公众利益为最高准则等方面的决策都受到组织文化的影响。不同的互动方式将导致不同的结果。

上述这些功能反映了组织文化对于组织成员、组织自身乃至社会公众的正面价值,也是组织管理者积极建构组织文化的主要动因。但是组织文化的负面影响也不能忽视,过于稳固、强势的消极组织文化阻碍组织变革创新、阻碍文化多元化发展、阻碍不同文化组织的合作。①

1. 阻碍组织变革创新

组织文化所倡导和坚持的价值观念可能会成为一种束缚,阻碍人们突破现有的框架和习惯,不愿意尝试新的做法和制度。这可能导致组织逐渐变得守旧和落后,无法适应不断变化的环境。对于追求效益的经济组织来说,如何在塑造稳定的组织文化和快速适应之间保持平衡是一个重要的问题。

2. 阻碍文化多元化发展

组织文化通常反映的是组织管理层或部分成员的价值观,但这些价值观可能并不符合所有人的习惯。在强势的组织文化中,其他人的文化习惯可能难以获得认同。这种一元化的组织文化可能使组织缺乏文化多样化的可能性,导致在环境变化中难以适应。

3. 阻碍不同文化组织的合作

随着跨国、跨组织合作和企业并购的增加,不同文化之间的矛盾冲突也变得更加明显。如果不同文化间的交流出现误会和矛盾,可能会导致合作失败。

因此,组织文化的这些负面功能提醒组织管理者要善用组织文化,避免其可能带来的负面影响,使组织文化更好地服务于组织目标。

---

① 谢静:《组织传播学》,复旦大学出版社 2004 年版,第 177 页。

第四章
沟通对象分析

相同的话语,在不同的场景下,可能因沟通对象不同而导致不同的沟通结果。这是由于传授双方的不确定性所导致的。沟通对象的社会属性、过往经历、群体规范、群体压力等因素都可能导致沟通的结果存在差异。人际传播是人与人之间社会关系的直接体现,是一种典型的社会行为,具有很强的社会性。

人总是在比自身更大的社会系统中参与社会生活,个人关于某一特定事物的态度形成、强化和改变总是与自身所处的社会生活有着密切的关系。传播学研究曾经把人际传播视为一种与大众传播类似的传播类型,但是大量的实验和研究表明人际传播比大众传播更具有社会性。大众传播与人际传播之间越来越难以划分出明确的界限,大众传播的信息经常借助人际传播到达更广泛的人群。两级传播理论也证实对特定的媒介信息理解方面,人们对人际传播的依赖程度甚至超过大众传播。

本章将从社会心理学的角度来分析人际传播过程中传播对象的初始态度是如何形成的,并将传播对象视为受到社会关系影响的一部分而非绝对孤立的个体,进而分析个人在群体规范和群体属性的制约下既有态度的强化或改变。

第一节 认知一致性与认知失调论

一致性这一观念贯穿很多学科,理论家们认为,人类通过各种方式追求一致性。这些方式表现在态度、行为之间,也表现在我们如何理解世界方面,甚至体现在人格的发展上。简言之,人们总是试图以我们自己看起来合理的方式组织我们自己的世界,使之有序。认知一致性概念和与之相对的认知失调的概念,可以帮助解释个人关于某一特定事物态度是如何形成的。

一、海德的平衡理论[①]

海德平衡理论由美国社会心理学家弗里茨·海德(Fritz Heider)于1958年提出,该理论主要关注个人如何在自己的认知结构内形成对相接触的人和物的态度,即关注人际关系中的平衡状态,以及这种平衡状态如何影响人们的态度和感情。海德认为,一切事物均由一个个实体(entity)和联系实体之间的关系(eelation)组成,并通过建构模型来阐释其理论,即P-O-X三角形平衡模型。在人们的态度系统当中,存在某些压力使得个人的情感或评价趋于一致,直至达到人的内在心理的和谐状态,即"平衡态";不平衡的状态会形成紧张,并且产生一种力求恢复平衡的力量,让人们转变态度,在此过程中常常遵循"费力最小"原则,尽可能

---

① [美]沃纳·塞佛林、小詹姆斯·坦卡德:《传播理论:起源、方法与应用》,郭镇之等译,中国传媒大学出版社2006版,第135—136页。

少地转变情感因素,使认知组织发生变化直至单元达成协同的平衡态。[①]

海德创建的 P-O-X 三角形模型可以更直观地描述平衡理论,用三角形的三个顶点分别代表认知系统或单元中的认知主体 P,与主体发生关系的另一个对象或个人 O,以及相关的其他对象 X。从认知和产生态度的主体 P 出发,三者之间的关系根据是否认同来使用"＋"或"－"来表示,可形成 4 个平衡态,非平衡态时人们在认知系统中产生的紧张焦虑感使个人的态度达成转变,并趋于和谐与稳定来抵御这种心理不适。[②]

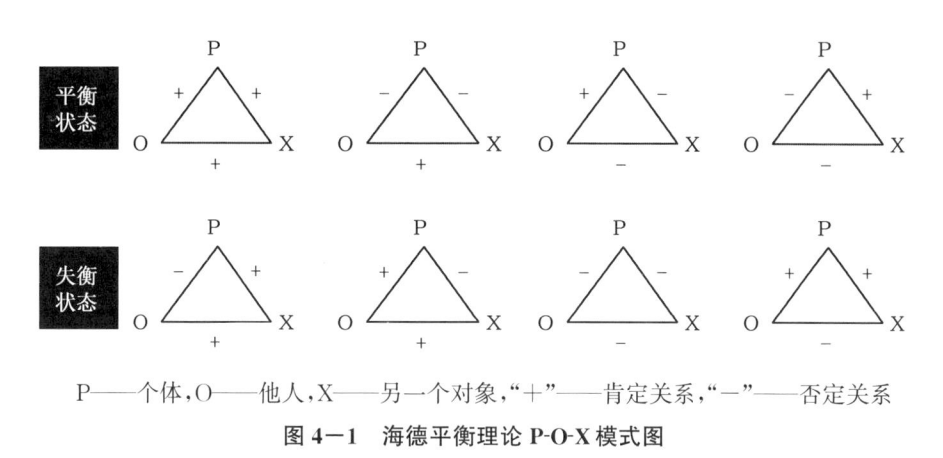

P——个体,O——他人,X——另一个对象,"＋"——肯定关系,"－"——否定关系

图 4-1 海德平衡理论 P-O-X 模式图

在海德的概念中,个人对客体的喜欢程度无法直接表现出来,但这种态度一定是出于两个极端,某种关系不是正面的就是负面的。它还假定了平衡状态是稳定的,不受外界的影响。而不平衡的状态则是不稳定的,会造成心理紧张,这种紧张"只有在状态发生变化、达到平衡时才能得到缓解"。海德的平衡理论解释了个体态度发生改变(或者拒绝态度改变)的原因。由于不稳定,不平衡状态容易向平衡状态改变,由于稳定,平衡状态便会抵制改变。

海德平衡理论的基本假设是情感关系和单元关系趋于保持平衡状态。平衡状态是指实体间的情感关系和单元关系相互融洽与和谐,没有需要变化的压力。也就是说,平衡状态是稳定的,没有变化的压力,而不平衡状态是不稳定的并容易产生心理压力和紧张情绪,这就促使人们去恢复平衡。心理学家尼希米·乔丹(Nehemiah Jodan)用实验证明,相对于不平衡、不和谐的情形,人们更喜欢平衡、和谐的状态。那如何判断三边关系平衡与否呢?具体来说,当三者之间的关系都是正向的(比如喜欢、赞成与合作),或者有一个是正向的,两个负向的(比如讨厌、反对与冲突)时候,三边关系是平衡的;否则就是不平衡的。恢复平衡需要通过改变实体间的关系,比如,P 认为他的朋友 O 不务正业,游手好闲,结果有一天 P 读了一本书,于是 P 的认知结构呈现了不平衡状态,为了恢复平衡,P 可以选择认为 O 其实学识渊博,阅历丰富,或者认为这本书其实并没有那么好,或者认为这本书根本就不是 O 写的。但

---

① [美]沃纳·塞佛林、小詹姆斯·坦卡德:《传播理论:起源、方法与应用》,郭镇之等译,中国传媒大学出版社 2006 版,第 135 页。
② 刘嘉迎:《由失协走向平衡:海德平衡理论视角下网络直播的认知模式及规范》,《视听界》2021 年第 3 期。

是,海德强调,不平衡的情形会产生内在的心理压力以恢复平衡状态只是一种趋势,并不意味着在任何情况下平衡都会得以恢复和实现。除了趋于平衡的趋势外,三角关系还有传递性和对称性的特点。传递性通常会导致产生新的关系。比如,如果 P 喜欢 O,O 喜欢 X,那么对于 P 来说就会产生一种喜欢 X 的心理趋势。对称性是指两者之间关系的互惠性,正如海德所说,"我们希望我们喜欢的人也喜欢我们,倾向于喜欢那些喜欢我们的人,对负向关系也是如此,如果我们不喜欢一些人,那么我们总会倾向于认为他们也不喜欢我们"[1]。

总而言之,海德的平衡理论考虑的是一个人会在自己的认知架构内,组合彼此间对人和物的态度。也就是一个人对与其他人之间的关系,以及与环境之间关系的看法。

海德的平衡理论,与费斯廷格的认知失调理论(稍后阐述)比较近似,但海德十分重视人际关系中的群体压力对个人态度产生的重要作用。例如,一个人对某一认知对象的态度原本是好的,但是他人对该对象的态度是差的,那么这个人很有可能受他人的影响,转而对认知对象持有负面的态度。在日常生活中,平衡理论可以用来解释人们对某一人或物形成初始态度、造成态度改变的因素有哪些。

二、奥斯古德调和理论[2]

奥斯古德调和理论是海德平衡理论中的一种特殊情况。尽管它和平衡理论有些相似,但它着重研究人们对于信息的来源及信息来源所主张的事物的态度。较之于平衡理论,调和理论进行了改进,比如它能预测态度改变的方向和程度。调和模式假设:"参考的判断结构倾向于最简化的模式",因为极端的判断比准确的判断更容易得出,因此,价值判断或者趋向两极,或者产生"一种朝向某极的持续压力"。除了最大程度尽可能简化之外,该理论还假设,非此即彼的思维方式和归类方式相对来说比较简单。人们也会用类似的方法来评价相关的概念。[3]

在调和理论的图示中,一个人(P)接受来源(S)的主张,对这个来源他或者她有自己的态度;这个主张是对客体(O)的,对这个客体他或者她也有自己的态度。在奥斯古德的模式中,P 对于 S 及 O 是否喜欢及喜欢的程度如何,将决定调和状态存在与否。

让我们简述一下该模式,即"信源告诉客体某条信息,基于信源与客体的人际关系链条,信源对该信息所持有的态度在很大程度上会影响被告知方对该信息持有的态度"。例如,A 跟 B 是好朋友(A 与 B 之间的关系是正的),A 告诉 B 自己喜欢 C,B 原本不喜欢 C,但是为了维持与 A 之间的平衡状态,那么 B 可能也会倾向于选择喜欢 C,以达到与 A 之间的调和。

根据调和理论,当改变发生时,它通常朝主导参考结构(prevailing frame of reference)

---

[1] 黄栋:《认知结构平衡理论视角下的三边关系研究》,《太平洋学报》2012 年第 2 期。
[2] [美]沃纳·塞佛林、小詹姆斯·坦卡德:《传播理论:起源、方法与应用》,郭镇之等译,华夏出版社 2004 年版,第 137—138 页。
[3] 薛可、余明阳:《人际传播学概论》复旦大学出版社 2021 年版,第 67 页。

第四章　沟通对象分析

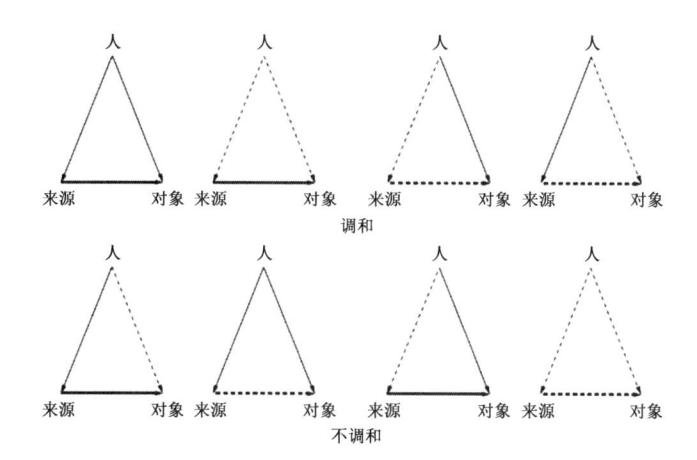

调和与不调和的例子。粗线代表主张,细线代表态度。
粗实线代表对来源表示正向态度的主张,粗虚线代表负向态度的主张。
细实线代表正向态度,细虚线代表负向态度。

图4—2　奥斯古德调和理论模型①

移动并与之进行较多的调和。奥斯古德用语义差异这一测量隐含意义的方法来测量某一个人喜欢信息来源以及其所主张的客体的程度。

其实,平衡与调和理论的定义是相通的。两者皆主张个人对某客体的态度,来自接触该客体的来源对其态度。若两者态度不一致,则会出现不调和状态。

以下这个例子可以用来详细解释奥斯古德的调和理论。珀西·坦嫩鲍姆(Percy Tannenbaum)让405位大学生评估了三种来源②及三种客体③的得分。过了一段时间,这些学生被示以剪报,其中包含以上来源对相关对象的主张。改变的方向由正号或负号表示,而改变的程度以一个或两个正负号表示(见图4—3)。

人对来源的最初态度	来源对客体正向主张时人对客体的态度		来源对客体负向主张时人对客体的态度	
	正向	负向	正向	负向
	人对来源态度的改变			
正向	＋	－－	－－	＋
负向	＋＋	－	－	＋＋
	人对客体态度的改变			
正向	＋	＋＋	－－	－
负向	－－	－	＋	＋＋

图4—3　当来源做出正面和负面的主张时,人们对来源和客体的态度改变④

---

① [美]沃纳·塞佛林、小詹姆斯·坦卡德:《传播理论:起源、方法与应用》,郭镇之等译,华夏出版社2004年版,第159页。
② 三种来源:劳工领袖们、《芝加哥论坛报》和参议员罗伯特·塔夫特(Robert Taft)。
③ 三种客体:赌博、抽象艺术和大学课程。
④ [美]沃纳·塞佛林、小詹姆斯·坦卡德:《传播理论:起源、方法与应用》,郭镇之等译,华夏出版社2004年版,第138页。

总之,奥斯古德的调和论主要用来预言一个传播者的信息在受传者产生态度变化中的有效性,即可以对受传者态度改变的方向和程度方面作出某种预测。①

三、奥斯廷格认知失调模式②

认知失调论又被称为认知不和谐论(Theory of Cognitive Behavior)。这一理论最早由L. 费斯廷格(L. Festinger)在1957年出版的《认知失调理论》一书中首先提出,该理论在社会心理学和传播学研究上都具有十分重大的意义。费斯廷格认为,人具有无限追求认知协调或和谐的倾向,所谓认知一致需要的是一种影响我们行为的强大动力因素。当人们觉察到信念、态度或行为的不一致时,就会有强烈的不安全感(认知失调),从而驱使人们改变态度、减少冲突,以求恢复平衡、均衡或协调的状态。认知失调理论和其他的一致性理论有两个显著的区别:(1)它侧重于一般的认知行为(cognitive behavior)领域的研究,对具体的社会行为方面涉及较少,所以它不是一个有关社会行为的理论。(2)与其他的一致性理论相比,它对心理学研究的影响更为巨大。③

在认知不和谐理论中,所涉及的因素可以是:(1)不相关的;(2)彼此之间是一致的(即和谐的);(3)彼此之间不一致的(即不和谐的)。④ 要素是否一直不存在逻辑关系,虽然在旁观者看来,某种关系在逻辑上可能不成立,但在某个持有相反观念的人看来,这种关系在他的心理上可能是成立的。

为了验证该理论,菲斯廷格与梅瑞尔·卡尔·史密斯等人进行了一项有趣的实验,这也是心理学研究领域中的一个具有重要意义的实验。

费斯廷格招来一批大学生志愿者,让他们做两件极端无聊和烦琐的工作。将二十几只碟子装进一个大木桶里,简单地洗一下后再一个一个地拿出来,然后又放进去,这样不停地拿来拿去,一直重复半个小时。做完后,再接着做另一项工作:记分板上有48个木钉,受试者必须将每根钉按顺时针方向转动四分之一圈,再按逆时针方向转四分之一圈,48颗钉必须轮流转,不能有遗漏,这样一直转上半个小时。

经过一个小时的折磨,受试者已经被这两项烦琐的工作搞得厌烦不已。这时,费斯廷格会告诉受试者:"实验已经结束了,你可以自行离开。"等受试者准备离开的时候,费斯廷格会对他说:"这次实验的主要目的是为了观察一个人对某件工作是否有兴趣以及工作态度是否会影响到这个人完成这项工作的效率。所以,虽然你已经完成了这两项工作,但是为了我们所设计的实验,你可不可以告诉其他人,说这项工作十分有意思,你很喜欢。这样有利于我们的实验研究。"

---

① 邵培仁:《传播学》,北京高等教育出版社2007年版,第350页。
② [美]沃纳·塞佛林、小詹姆斯·坦卡德:《传播理论:起源、方法与应用》,郭镇之等译,华夏出版社2004年版,第143—144页。
③ 项光勤:《关于认知失调理论的几点思考》,《学海》2010年第6期。
④ [美]沃纳·塞佛林、小詹姆斯·坦卡德:《传播理论:起源、方法与应用》,郭镇之等译,中国传媒大学出版社2006年版,第415页。

听完费斯廷格的话后,有的受试者比较配合,会对下一个参加实验的受试者说谎。但是也有受试者不愿意说谎,他们觉得自己有义务把事情的真相告诉下一个受试者。这时,费斯廷格会劝解说:"参加我们这项实验的一个非常重要的研究人员临时有事离开了,这让我们的实验很难继续进行下去,可是我们的实验又不能因此而中断,所以我们需要你去说服另一个受试者参加这项实验。"当受试者听到费斯廷格的诚恳请求后,一般都会配合费斯廷格的工作,用谎言去欺骗下一个受试者,说实验中所安排的两项工作十分有意思。

虽然这些受试者会为了配合费斯廷格的工作而欺骗他人,但是他们并不心安,他们的内心处于一种矛盾状态之中。他们对费斯廷格说:"明明那两项工作枯燥无聊,但我却告诉他人十分有趣。我是一个不喜欢说谎的人,但是我却说谎了。"

费斯廷格为了研究认知失调减少的现象还专门在实验中加入了金钱的引诱,即如果受试者配合他说谎,那么就会获得一定的报酬。一组获得 1 美元,另外一组获得 20 美元。在实验结束后,费斯廷格对这两组获得不同金钱报酬的受试者做了一个调查,以了解受试者说谎时的心理状态。实验者发现,这些获得金钱报酬的受试者与之前的受试者的心态不同,因为他们并不认为自己在说谎,也没有矛盾的心理状态。

费斯廷格对这种现象的解释是,受试者在说谎的时候改变了自己认知失调,从而降低了认知失调的程度,因此才出现了不会为自己的谎话而感到矛盾的现象。此外,费斯廷格还认为,那些可以获得 20 美元报酬的受试者说谎的概率以及对谎言的肯定性会比报酬为 1 美元的受试者大。但是,实验的结果与费斯廷格所预想的正好相反。事实上,不论是获得 20 美元报酬还是获得 1 美元报酬的受试者都说谎了,他们都告诉下一个受试者:"放碟子与转动钉子的工作很有意思。"①

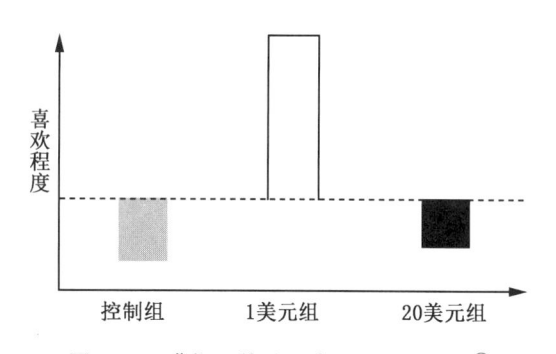

图 4—4 费斯廷格认知失调实验的结果②

费斯廷格等人的实验及结果充分证明,人们从事某种行为的时候,如果这种行为和自己原有的态度相吻合,那他体验到的不和谐感会比较少,改变原有态度的动机就会比较少。但是,如果这种行为和自己原有的态度不吻合,从事这种行为的理由也不充足,那他就会感受到比较强烈的不和谐感。为了减少这种认知失调带来的不和谐感和不适感,人们就会倾向

---

① 参见[美]罗杰·霍克:《改变心理学的 40 项研究》,白学军等译,人民邮电出版社 2018 年版,第 189—198 页。
② 侯玉波:《社会心理学(第四版)》,北京大学出版社 2018 年版,第 125 页。

于改变自己原来的观点。

产生失调的原因:人们为什么会产生认知失调？费斯廷格从以下几方面进行了分析:(1)我们在生活中可能会遇到新的事情或者知道新的信息,面对这些新局面,我们无法完全掌控,这与我们已有的知识、经验和观点产生暂时的失调;(2)日常生活中即时不会出现新的、没有预料到的事情或信息,也依然可能产生失调的现象;(3)逻辑上不一致,文化习俗差异,观点不一样,和过去日常习惯不一样,也会产生失调现象。

失调的程度:并非所有的失调现象都具有相同的失调程度。费斯廷格认为,有以下几个因素会影响失调程度:(1)两个元素之间的失调程度是这两个元素对于个体重要性的一个函数。两个元素对于个体的重要性越大,则它们对个体的失调程度就越大;无论两个元素如何不一致,两个元素都不重要就不会引起严重的失调。(2)一个特定元素与其他元素之间的整体失调程度取决于这一元素处于失调关系的其他元素的加权比例。加权比例是每一相关关系按所涉及元素的重要性比例进行加权。如果极大部分的有关元素同一个行为元素是协调的,那么与该行为元素有关的失调是小的。如果相对于同行为元素协调的元素数目而言,与行为元素相失调的元素数目是大量的,那么整个失调程度是大的。(3)失调的最大程度等于具有最小抵制力的元素对改变的整个抵制程度。当失调达到了这一程度,该元素就会被改变,失调将减少。

减少失调的方法:当失调出现时,会产生一种压力去减少或消除这种失调。费斯廷格认为,要减少失调,有很多不同的方式,具体采取哪种方式取决于涉及的认知元素的类型以及整个认知情境。一般来说,以下是一些可以减少失调的方法:(1)改变行为的认知元素。当行为的某个认知元素与环境元素之间存在失调时,可以通过改变行为的认知元素,使其与环境元素相协调,从而消除失调。例如,如果人们了解到吸烟对健康有害,很多人就会选择戒烟。(2)改变环境的认知元素。虽然改变一个行为的认知元素相对容易,但改变环境的认知元素可能会更加困难。因为这样做需要人们去改变某个认知元素,而这种改变并不总是有效的。在某些情况下,可能需要增加新的认知元素来减少失调的程度。[1]

从费斯廷格的认知失调理论中还可以得出几个比较有趣的结论,特别是在做决定与角色担当方面。

做决定:在做出决策时,不和谐的限制取决于被否决的方面所包含的使其被接受的特征,以及被选择的方面所包含的引起反感的特征。换句话说,决策的困难程度越高,决策后引起的不和谐就越大。与此相关的是,决策的重要性越高,决策后引起的不和谐也越强烈。[2] 不少研究报告都证实了这个假设。

有一位研究者报告说,买了一辆新汽车的人更倾向于关心和阅读关于他刚买的那种车

---

[1] 项光勤:《关于认知失调理论的几点思考》,《学海》2010 年第 6 期。
[2] [美]沃纳·塞佛林、小詹姆斯·坦卡德:《传播理论:起源、方法与应用》,郭镇之等译,中国传媒大学出版社 2006 年版,第 143—144 页。

的广告而非其他广告。① 因为广告一般都是强调他们所推荐的产品的好处的,所以那些买了新车的人往往为了寻求对自己决策的支持而去阅读关于他们刚买的那种车的广告。

有的材料证明一旦作出决策之后,两个方面的吸引力就发生了变化。换句话说,在面对两个方面作决定后,在原先似乎均等的两个方面中,受抉择的那个方面显得比以前更为切合愿望,而被否决的那个方面则比决定前显得更不切合愿望。② 由此,人们作出决策后的过程中,人们的认知改变和态度改变与原来没什么不一样,这样我们就可以把这个过程视为态度改变。

被迫服从:有一个与大众媒介没有直接关联的有趣领域,那就是被迫服从后的态度转变。不和谐理论认为,当人们得知自己将置身于一个他们必须公开表达违心的信念或态度的情境时,他们会感到内心的不和谐。这种情况通常发生在为了获得某种报酬,或者遭到威胁性的惩罚时。然而,有时也可能仅仅因为团体的压力,迫使他们遵从于自己并不赞同的规范。角色扮演就是一个实例。

如果一个人采取了一个实际上并不符合他或她的信念的公开行动,那么可以预期将立即产生不和谐。消除这种不和谐的一种方法是改变个人所持的信念,并遵从于公开行动。为了使一个人采取违背他或她自己的信念的公开行动,所需要的最低限度的压力(对报酬的许诺或惩罚的威胁)就足以引起最大程度的不和谐。不和谐的程度越强烈,消除它的压力也就越大,因此,态度向着公开行动或行为方面转化的可能性也就越大。在为了获得一笔可观的报酬,或者避免威胁性的惩罚的情况下,人们总是能够为他们违背自己意愿的公开行动提供合理的解释。例如,"我是为了那笔钱而这样做的",或者"任何人在这样的威胁下都会做出这样的行为"。③

在寻求和避开信息方面,不和谐论也是令人感兴趣的。这个理论以为人会避开那些足以形成不和谐的信息。

第二节 受众的选择性心理

认知一致性与认知失调理论充分说明了受众对于来自外界的信息是存在一种内在的选择机制的。不调和的媒介信息会造成自身的心理不适,为了避免不适感,受众会对媒介信息加以选择区分后再进行接触。在选择予以注意的信息过程中,受众会只注意消息中那些符合他们世界观的部分,怀疑那些与自己的世界观相左的部分。

---

① Ehrlich, D., I. Guttman, P. Schonbach, J. Mills, "Postdecision to relevant information". *Journal of Abnormal and Social Psychologu*, 1957, 54, pp. 98—102.
② Brehm, J. W., "Postdecision changes in the desirability of alternatives", *Journal of Abnormal and Social Psychology*, 1956, 52, pp. 384—389.
③ [美]沃纳·塞佛林、小詹姆斯·坦卡德:《传播理论:起源、方法与应用》,郭镇之等译,中国传媒大学出版社2006年版,第164页。

一、选择性注意

选择性注意(selctive awareness),又称选择性接触,是指受众接收信息时,注意力总会自然而然地趋向于那些符合自己的观念、态度、志趣及需求的内容,同时忽视或回避那些与自己无关的内容。[1] 社会生活纷繁复杂,而人的时间、精力、注意力都是有限的,个人在接触外界信息时,会对信息进行筛选和过滤,即进行"把关"。

人的心理活动有指向和集中一定对象的倾向。指向是指每一瞬间,心理活动有选择地朝向某一事物,而离开其余事物。集中是指心理活动反映事物清晰和完善的程度。[2] 指向和集中的过程,就是舍弃和选择的过程,在舍弃一些事物的同时,才可能集中于另外一些事物。邵培仁教授认为,受众只注意那些同接受定向、接受期待、接受需要和接受个性等接受图式相吻合的内容,以保持心理平衡。[3]

1. 接受定向

受众在接受信息之前,就存在特定的嗜好和偏好。这些嗜好和偏好会关系到受众在接受信息的过程中关注什么,忽略什么,当这些信息和受众预定的立场相违背时,受众有可能对其进行抵制,或者对其进行歪曲。

2. 接受期待

接受定向会引发受众的接收期待,也就是受众处于一种预备状态中,他会提前使自己处于接收某种信息的状态中。受众接受信息时,他会对信息的风格和性质做提前假设。当他意识到自己能接受到什么,他会用这种意识指导自己去解读他将看到的内容。

3. 接受需要

面对同一信息,不同的接收者会根据自身的需要,作出不同的反映。研究表明,如果被试者处于口渴状态,他们更有可能将模棱两可的图形解释为饮料或与饮水相关的物体。这种影响可能源于人们的需求如何引导他们的注意和认知过程,以及如何将模棱两可的刺激与他们已有的知识和经验进行关联。不同的接受需要,往往操纵和控制着接受者的接受方向和重视程度。[4]

4. 接受个性

受众有不同的个性,不同的个性意味着受众对信息注意与否以及不同的关注程度。细致入微的个性可能更注重细节,对详尽的信息更为感兴趣,爱好创新的个性可能更加倾向于关注前沿和新颖的信息,这种差异性在品牌传播中为企业针对不同个性的受众采取不同的传播策略提供指引。

选择性接触理论与上文论述到的费斯廷格的认知不和谐论本质上是一致的,即个人会

---

[1] 广陵:《传播学的选择性理论》,《新闻爱好者》1996年第7期。
[2] 北京师范大学等四院校编写:《普通心理学》,陕西人民教育出版社1982年版,第254页。
[3] 邵培仁:《传播学》,北京高等教育出版社2007年版,第299—300页。
[4] 邵培仁:《传播学》,北京高等教育出版社,2007年版,第300页。

刻意接触与自己原有态度相吻合的信息,而避开那些与自己不合的信息,从而达到认知的和谐。①

二、选择性理解

选择性理解(selective apprehension)是指受众依据自身的价值体系对接触到的信息作出独特的个性解释,以避免认知的不协调。② 相对于选择性接触,选择性理解是更加坚固的防卫圈,受众对于信息的选择大都以选择性理解为主。李普曼在《舆论学》中指出:"对于所有的听众来说,完全相同的报道听起来也不会是同样的。由于没有相同的经验,每一个人的领会就会有所不同,每个人会按照自己的方式去理解它,并且渗入自己的感情。"

美国传播学者德弗雷在论及选择性理解时,从个性差异、社会类型和社会关系三个方面对其进行了阐释。从个性差异上看,由于兴趣、信念、原有的知识、态度、需要和价值观等这些认识因素上的差异,具有不同认识结构的人们实际上对任何复杂的刺激都会产生不同的认识,赋予不同的意义。从社会类型上看,各具体社会类型中持有其亚文化的成员会赋予某一媒介内容以各不相同的意义。从社会关系上看,社会关系也会影响人们在认识和理解上的选择性,比如有年轻子女的家长对有暴力和色情内容的电视节目格外敏感,其程度就大于无子女的人们。③

如果把原始信息称为"编码",那么受众对信息的理解就是"解码"。相同的信息,经过不同的受众可能会得出不一致的理解和结论。理解是一个复杂的过程,受传者在此过程中对感受到的刺激加以选择、组织并解释,使之成为一幅现实世界的富有含义的统一的图画。④ 这幅图画之所以含义上是"统一的",并且又是"现实的",就在于受传者在理解接受过程中进行了合意性的理解和阐释。邵培仁教授将选择性理解分为创造性理解、歪曲性理解和卷入性理解。⑤

1. 创造性理解

创造性理解是接受者在传播者信息的基础上,被唤醒某些预存的立场,以积极的注意和理解去做一些独创性的解读,这些信息可能是传播者自身也没有意识到的,从而展现了信息所蕴含的丰富性和深刻性,这是对信息非传统性、新颖性的理解和应用。我们说对一些名作名篇常读常新,就是在这个过程中加入了我们不同阶段对其不同的感悟性理解。写作者和读者是一个互动的过程,作品的生命力在读者的创造性理解过程中得到了延伸。

2. 歪曲性理解

歪曲性理解是接受者在接受信息时有意或无意地对信息进行扭曲或变形,这可能涉及

---

① [美]沃纳·塞佛林、小詹姆斯·坦卡德:《传播理论:起源、方法与应用》,郭镇之等译,中国传媒大学出版社2006年版,第144—147页。
② 广陵:《传播学的选择性理论》,《新闻爱好者》1996年第7期。
③ 广陵:《传播学的选择性理论》,《新闻爱好者》1996年第7期。
④ 邵培仁:《传播学》,高等教育出版社2007年版,第301页。
⑤ 邵培仁:《传播学》,北京高等教育出版社2007年版,第301页。

对信息的误解、错误解释,或者是为了达到某种特定目的而故意扭曲事实。歪曲性理解受到个体的态度、信仰、经验等因素的影响,导致信息的不准确传递。歪曲性理解导致信息传递不准确,增加沟通的难度;认知歪曲有可能引起不良情绪,增加焦虑和压力;网络谣言的故意歪曲则可能扰乱社会公共秩序,引发群体性越轨行为。研究歪曲性理解有助于理解信息传递过程中的障碍和变化。

3. 卷入性理解

卷入性理解是受众混淆符号世界与现实世界的区别,把符号世界完全等同于现实世界,对其作出卷入性的反应和理解。① 实际上,受众作为信息的接收主体,应该在信息理解过程中掌握主动性,主动审视和感觉信息,而不是对信息进行消极被动的附和和服从。符号是对现实世界的编码,这过程中加入了编码者对现实世界的认知和动机,这些认知可能与现实世界相符,也可能不相符,如果我们把符号真实当作现实真实,就会导致很多啼笑是非的笑话,如广播剧《火星人入侵地球》造成了现实中群众大规模的恐慌和骚动,或者产生深刻的教训。

三、选择性记忆

记忆是对感受到的信息进行储存的过程。选择性记忆(selective retention)是受众在已经理解的信息中,将那些有意义的、符号需要的、对己有利的信息存储于自己的大脑中。受众在接受和处理信息内容时,有选择地筛选并记忆那些与自己固有观念、兴趣、爱好相符合的部分,表明它合乎自身的认知结构和思维定式,是记忆上的主动筛选和取舍,从而满足自己的需要,达到心理的平衡。选择性记忆可以增强信息的处理效率、塑造个人的认知和态度、增强个人的防御机制、促进群体共识的形成,同时它也可能导致信息处理的片面化和偏见。邵培仁教授认为,影响选择性记忆的因素,主要有主观因素、客体因素和载体因素。②

1. 主观因素

影响选择性记忆的主观因素包括个人的动机、态度、情感状态、认知风格、价值观等。这些因素可以影响人们对信息的注意、编码、存储和提取过程,从而影响他们的选择性记忆。从动机和态度来看,如果一个人对某个话题或事件具有强烈的兴趣或积极的态度,他更可能关注并记住与此相关的信息;从情感状态来看,当一个人处于焦虑、抑郁或其他负面情绪状态时,他可能会更关注并记住与负面情绪相关的信息,当处于积极情绪状态时,他可能更关注并记住与积极情绪相关的信息。从认知风格来看,有些人更倾向于分析细节和全面考虑问题,有些人更倾向于关注整体和忽略细节,不同的认知风格会影响他们对信息的编码和记忆方式。比如,在要求受传者阅读或聆听之后叙述的故事或描述图片的内容时,受传者由于主观上的种种原因,经常会遗漏掉不少细节或只记忆其中的某一部分内容。

2. 客体因素

影响选择性记忆的客观因素包括信息本身的特点、环境刺激、外部压力等。从信息本身

---

① 邵培仁:《传播学》,北京高等教育出版社2007年版,第302页。
② 邵培仁:《传播学》,北京高等教育出版社2007年版,第302—303页。

的特点来看,形象、具体、生动的信息更容易为人们记住,抽象、复杂、枯燥的信息更加难以被记住。信息的突出性和关联性也在人们的记忆中占据重要角色,某些具有独特性或突出性的信息(如显眼的标题、引人注目的图片或一个突出的数字)容易被人们注意到并记住,某些信息与其他信息存在关联或逻辑关系(如某个观点在一篇文章中被反复提及并与文章的其他部分存在紧密联系),人们也更容易记住这些信息。从环境刺激来看,环境中的光线、声音、气味等会产生影响,如在嘈杂的环境中,人们难以集中注意力记忆某些信息。从外部压力来看,笔试、面试或者其他重要场合的压力可能会影响人们对信息的记忆。

3. 载体因素

传播学研究表明,多种传播媒介的综合运用有助于受传者增强选择性记忆的效果和信息传播。[1] 结合多种媒体形式(如文字、图像、音频、视频等),可以提供更丰富、全面、生动和交互性的信息传播体验,从而有助于受传者增强选择性记忆的效果。通过电影、电视、小说、游戏等多种媒介共同讲述一个故事的跨媒体叙事方式可以扩大故事的覆盖面,吸引不同媒介偏好的受众,并提高他们的参与度和记忆效果。视角、听觉、嗅觉、味觉、触觉的多重感官共同传递信息,如在广告中通过视觉呈现产品的图片和视频,如果再通过嗅觉和味觉呈现产品的味道和口感,就可以增强受众的感知和理解。虚拟现实和增强性技术可以提供更加沉浸式和交互式的体验,让受众身临其境地参与到信息的传播中,从而增强记忆。

综上所述,选择性注意、选择性理解和选择性记忆是受传者在接受过程中最基本的内在操作方式,是只可推测而难以明察的接受选择机制。这类内在选择机制的启动、运行和终止,既取决于主观因素和客观因素的各自特点和形貌,也取决于主客观因子之间互感互动的频率和相互贴近、吻合的程度。[2]

总体上看,受众的选择性心理机制充分印证了人类具有不断固化自己原有认知的本能心理取向,正如法国画家兼雕塑家德加(Degas)所说,"人们按照自己愿意看到的样子去看世界"。需要警惕的是,选择性心理机制虽然证明了受众对待外界信息时具有主观能动性,但是过度排斥与自身观念相左的信息也容易使自身的思维逐渐禁锢在特定的圈层里,特别是在大数据技术如此发达的互联网社会,社交媒体的信息个性化推荐机制与用户本能的选择性机制相结合,受众更有陷入"信息茧房"的风险。

第三节 受众研究的理论

从拉斯韦尔提出的线性传播模式(信源、渠道、信息、接收者、效果)出发,"受众"这个词通常被定义为被动接受信息者。郭庆光教授将受众界定为"一对多的传播活动的对象或受

---

[1] 邵培仁:《传播学》,北京高等教育出版社 2007 年版,第 303 页。
[2] 邵培仁:《传播学》,高等教育出版社 2007 年版,第 303 页。

传者",报刊的读者、广播的听众、电视的观众,都属于受众的范畴。[①] 随着传播学研究的深入,受众形态也发生了多种多样的变化。从大众社会理论将受众视为均质无差别的个体,到分众理论开始考察不同社会群体的受众具有不同特点,受众研究理论一直在不断深入和完善。在大众传播中,传媒和受众构成了整个传播过程的两级,对受众进行研究,对媒体产业的发展,及我们理解整个大众传播景图、考察媒介使用效果,都有着重要的意义。

西方代表性受众理论有:(1)个人差异论;(2)社会类型论;(3)社会关系论;(4)社会参与论。以下将对这几种具有代表性的受众理论进行介绍。

一、个人差异论

个人差异论于20世纪40年代由霍夫兰提出,后来由德弗勒作了修正和补充。理论的核心是将受众视为具有差异性的个体,面对大众传媒宣传时,会做出不同的反应。该理论的提出得益于心理学"刺激—反应"模式的发展,从行为主义的角度来阐释媒介信息的接受对象,有力地破除了大众社会理论将受众视为整齐划一的被动信息接受者的观点。从个人差异论出发,社会环境将对个人的成长产生重要的影响,个人的性格、价值观等更多的是由后天塑造的,而不是先天遗传的。因此,不同社会背景中成长起来的、具有不同心理特征的受众面对大众传播信息时,所做出的反应也势必因人而异。[②] 个人差异论的提出使得传播者们开始有了分众的概念,制作精细化的、符合不同人群的传播内容,往往能取得较好的传播效果。

越来越多的电视节目、新闻广播都在逐渐沿着小而精的差异化方向发展。该理论也成为从第二次世界大战前直到20世纪60年代有关受众研究的主导观点,它的局限性在于其所展示的受众与大众传播之间的关系并不全面。[③]

二、社会类型论

社会类型论,又称社会范畴论,是以社会学为基础的理论,强调受众的社会群体的特性差异。这一理论是在个人差异论的基础上演变而来,后者主要强调个体心态与性格的不同。美国社会学家约翰·赖利与蒂尔达·怀特·赖利最早发现分属于不同社会群体的受众会对传播过程和传播效果产生重要的影响。他们在论文《大众传播与社会系统》中详细阐述了社会类型论,从而使受众的群体属性进入传播学研究领域。

社会类型论的核心观点是,受众是可以分类的。尽管每个受传者的个性千差万别,但如果将受众划分到不同的社会阶层中,由于受众在年龄、地区、种族职业、宗教信仰、文化程度等社会属性方面相同或相近,就会形成不同的社会类型。分属于不同群体或阶层的受众,对大众传媒信息的接触与反应有着巨大的差别。因此,根据不同社会群体的受众进行有针对

---

① 郭庆光:《传播学教程》,中国人民大学出版社2011年版,第150页。
② 邵培仁:《传播学》,高等教育出版社2007年版,第284页。
③ 邵培仁:《传播学》,高等教育出版社2007年版,第285页。

性的采写、设计、传播讯息,是提高大众传播效果的有效手段。① 不同社会类型的受众,也会将接受对象锁定在符合自己要求的媒介或栏目上。这一方法被广泛应用于报纸、广播乃至电视节目的制作中,例如,根据地区而制作各个分区版面的报纸,在不同的时间段播放不同的电视节目,都是受到社会类型论影响的传播实践。

当下的社会类型论开始关注主导受众与附属受众、强势受众与弱势受众以及受众同媒介之间的关系本质与互动基础,关注他们因为客观性经济或物质标准所造成的信息不公平和媒介歧视,进而思考信息公平、媒介公正问题。②

尽管社会类型论没有完整描述出大众传播中受众行为有所不同的根据,也没有对受众现象作更深入的分析,但它特别强调了传播过程五要素中"对谁传播"这一关键要素。③

三、社会关系论

社会关系论主要得益于 P. 拉扎斯菲尔德(P. Lazarsfeld)、B. 贝雷尔森(B. Berelson)、E. 卡茨(E. Katz)等人于 1940 年美国总统大选期间在伊里县所进行的一项实证调查。在这次调查中,拉扎斯菲尔德等人提出了几个对传播学发展产生深远影响的理论,其中包括两级传播理论与意见领袖。在此基础上,社会关系论被提出,该理论关注受众的社区、所属群体以及群体压力、趋同心理等心理因素对受众接收和理解信息的影响。它认为,受传者都生活在特定的生活圈中,这种生活圈可能是有组织、有领导的团体,也可能是非正式的、临时的群体,还可能是家庭、邻里等群体关系。④ 只要个人参与社会生活,就一定会或多或少地受到他人观点的影响。拉扎斯菲尔德等人的两级传播研究揭示了大众传媒所宣传的信息并不是直接到达受众,而是要经过意见领袖这一中间环节的传递。因此,受众所接收到的任何信息,都是经过"把关"和"筛选"之后的,而个人所处的社会关系群正是把关的核心要素。

社会关系论纠正了"子弹论"错误地认为大众传媒拥有不可破除的强大影响力的观点,它描述和揭示了大众传媒的信息通过各种中介环节最终到达受众的过程,并阐述了受社会关系的影响,受众面对大众传媒的信息如何做出反应的复杂关系。

四、社会参与论

社会参与论,又称受众互动论、接近权理论,它主张受众有权参与大众传播过程,主动参与信息的传播和生产。它被认为起源于美国宪法赋予公民言论自由和表达的权利。最早明确地提出这一问题的是美国学者 J. A. 巴伦(J. A. Balen),1967 年他在《哈佛大学法学评论》上发表《接近媒介———一项新的第一修正法案》中,提出"媒介接近权"概念。巴伦认为,美国宪法第一修正案规定的"出版自由"所保护的是作为一般社会成员的受众的权利,而不是传

---

① 邵培仁:《传播学》,高等教育出版社 2007 年版,第 285 页。
② 邵培仁:《传播学》,高等教育出版社 2007 年版,第 285 页。
③ 邵培仁:《传播学》,高等教育出版社 2007 年版,第 286 页。
④ 邵培仁:《传播学》,高等教育出版社 2007 年版,第 286 页。

媒企业的私有财产。媒介接近权的核心内容是要求传媒必须向受众开放。[1] 20世纪80年代,我国广播电视界以"实践先行"的策略接受了"社会参与论"的基本观点和做法。[2] 现在为止,世界大多数国家认同和接受了这一理论。

社会参与论的主要观点可以归纳如下:(1)大众传播媒介应是公众的讲坛,而不是少数人的传声筒;(2)公民及其团体既是讯息的接受者,又是讯息的传播者;(3)时代在发展,受众在变化,许多人已不满足消极地当一名接受者,一种试图积极参与报刊的编写、广播电视节目的制作和演播的自我表现欲望正在增长;(4)让受众参与传播,正是为了让他们积极接受传播,因为人们对于他们亲身积极参与形成的观点,要比他们被动地从别人那里得到的观点容易接受得多,且不易改变;(5)参与传播也是受众表达权、反论权的具体体现。[3]

---

[1] 郭庆光:《传播学教程》,中国人民大学出版社2011年版,第160页。
[2] 邵培仁:《传播学》,高等教育出版社2007年版,第288页。
[3] 邵培仁:《传播学》,高等教育出版社2007年版,第288页。

第五章
沟通技巧

沟通广泛存在于人际传播、组织传播和大众传播过程中。群体活动及行为是人类社会发展的产物。人是社会的人，需要与群体产生联系。现代生活中，个体常以沟通的形式与其他社会成员协调意见，达成合意。英国作家萧伯纳曾这样形容沟通的效果："如果你有一种思想，我有一种思想，彼此交换后，你我就各有两种思想，甚至多于两种思想。"毕竟，个人的认知范围与经验体会是有限的。人要想在信息化、知识化的外部世界中适应生存，就必须依赖沟通来获取他人直接或间接的经验，以弥补自身的认知短板，充盈精神世界。

如何定义沟通呢？从词源上看，在英文中，沟通（communication）一词来源于拉丁语词根 common，意为公共、普遍。在汉语里，沟通最早的意思为开通水路，而后逐步衍生为人们思想、情感上的通联。综合学界的界定，"沟通"的定义大致分为共享派与说服派两类，前者强调沟通过程中信息在发送者与接收者间的双向流动；后者则认为沟通过程中的信息传播具有单向性。[①]

沟通是一门科学，也是一门艺术。任何沟通都带有一定说服的目的，期望取得良好的效果。曾有人总结出良好沟通的 6C 守则，即清晰（Clear）、简明（Concise）、准确（Correct）、完整（Complete）、有建设性（Constructive）、礼貌（Courteous）。有效的沟通意味着信息发送者准确、清晰地将信息传递到接收者一方。接收者在理解信息内容后能够及时作出反馈，修正自己的态度或行为。一次良好的沟通体验，在沟通信息发送、传递、接收、反馈等各个环节应有特定的技巧。本章主要从沟通信源、方式和对象差异三个方面来分析沟通技巧及其运用效果。

第一节 信源与沟通方式

沟通是一种传播行为，制约沟通效果的条件和因素既有可能存在于外部环境，也可能与沟通主体自身有关。其中，沟通发起人是传播者，处于整个传播过程的开端，对沟通实际效果的形成有着先导性作用。一般而言，发信者会指出沟通的目的和意义，明确具体的沟通内容、沟通工具及沟通程序，确保交流的有效性。若从信息论视角理解，沟通发起者则是信源，不仅掌控着信息传递渠道和方法，还决定着信息内容的取舍处理。由此可见，信源对沟通的表达和控制发挥着主动作用。结合具体语境并确定信源的特点，一定程度上能够减少沟通的障碍。在此，我们将重点介绍沟通中信源可信度与知名度两大因素所发挥的作用。

一、可信度

在日常沟通中，人们常常感觉到，同一信息内容经过不同人的传播，人们的接受态度可能有所差异。例如，在学校，学生听朋友在传"明天开校运会，学校停课一天"的消息时，他们

[①] 胡文华、张必含：《沟通技巧》，电子科技大学出版社 2014 年版，第 2—3 页。

可能将信将疑;当这则消息经由任课老师传达后,同学们便相信消息是真的。类似的现象可以说明,在沟通过程中,信源的变量是多样的,传播者对信源拥有掌控力,控制着信源的说服或宣传强度。因此,人们在沟通时,会根据经验和知识积累先对传播者本身的可信度(credibility)进行判断,即"接收者对传播者的评价",以辅助辨别信息真伪,评估信息价值。可信度主要包含三个因素:一是传播者的信誉,包括客观、真诚、公平的沟通态度与表达方式,以及接收者对传播者的信誉认知,即其是否值得信赖;二是足够的专业权威性,即传播者是否对所涉领域的知识有所建树,且拥有发言与评论的资格;三是沟通者的相异性,即沟通双方的身份背景、理解能力、兴趣资源的差距是否会影响沟通对象接纳传播者的劝服。

著名传播学者霍夫兰在耶鲁大学执教期间,曾从社会心理学的角度探索劝服性传播的效果。由于霍夫兰的学术生涯与耶鲁大学颇有渊源,以他为核心的研究成果被称为耶鲁研究。《传播与劝服》(*Communication and Persuasion*)是其中的代表性论著。霍夫兰在书中重点讨论了信源可信度与沟通劝服的关系命题。1951年,霍夫兰和韦斯开展了一次实证研究。在实验中,为了避免单个主题的结果偶然性,他们选取了四个在当时为人熟知而富有争议性的问题,分别是:抗组胺药品是否能在没有医生开处方的情况下销售、目前是否能建造一艘实战核动力潜艇、钢铁市场是否对钢铁供应短缺负有责任、电视的普及是否会导致电影院数量减少。他们将每个问题都写成说服性文章,整合至一本小册子中。然后再选出一批实验对象并把他们平均分为两组。两组实验对象在先前已接受了有关四个问题的态度调查。接着,试验对象需要阅读小册子,只是第一组被告知文章出自可信度高的信源,第二组则被告知文章出自可信度较低的信源。例如,调研"核动力潜艇"问题时,霍夫兰告诉第一组,那篇文章的作者是美国原子弹之父奥本海默;而对第二组表示文章摘录自苏联的《真理报》。这个设计的目的是控制变量,让每个对象只看到问题正面或反面的讯息。阅读结束后,实验对象再次接受态度测试,所得数据如表5—1:

表5—1　　　　　　　　　高、低可信度信源导致对象态度改变的净百分比

	高可信度信源	低可信度信源
抗组胺药品不需处方可销售	23%	13%
建造实战核动力潜艇	36%	0%
钢铁供应短缺	23%	-4%
电影院前景	13%	17%

由表5—1可知,除了"电视的普及是否会导致电影院数量减少"的数据有偏差,其他三项均表明高可信度信源导致了较明显的态度改变,即高可信度信源的说服力比低可信度信源强。

1953年,霍夫兰与凯尔曼又选用"如何对待失足少年"命题再次试验,其结果又一次有力证明了信源可信度与沟通说服的强相关性。在实验研究的基础上,霍夫兰等人提出了"可

信性效果"的概念：一般来说，信源的可信度越高，说服效果越大；可信度越低，说服效果越小。①

霍夫兰的这项研究对沟通方式有较大的启发意义。对于传播者来说，促进沟通效果的先决条件是树立良好形象，从而获得沟通对象的信赖与认可。具体来说，有以下方法：

(1)沟通前做好积累与准备。在沟通之前，传播者应做好充分的准备，包括知识储备和了解沟通对象的基本背景。通过事先做好功课，丰富自己的知识面，传播者可以成为所在领域的"内行"，让对方认为他们具有权威和发言资格。

(2)与沟通对象建立信任感。传播者可以通过展现自己的学识和人格魅力来拉近距离，提供一些对方想要知道的信息，让对方从心理上增强对信源的可信度，认可社交价值。

(3)沟通时要用事实说话。在沟通时，传播者应使用事实来说话。在呈现事实时，可以从一般人熟知的、普遍接受的叙述入手。交谈的内容应真实可靠，经得起推敲。不得撒谎或随意联想，否则会失去真诚的态度，降低沟通内容的可信度。

(4)注意沟通的仪态。传播者的仪态是体现其素质与涵养的重要因素。这种仪态涉及仪表和举止两个方面。一方面，传播者应根据沟通的身份和场合选择合适的着装。得体的打扮能够向对方展示自己的专业性和诚意，从而留下良好的第一印象；相反，衣冠不整、不修边幅或奇异的着装可能会让对方觉得不可信赖。另一方面，传播者在沟通时还需要做到举止大方。在演讲或交谈过程中，他们应具备灵活调整语音、语调和措辞的能力，以激发对方的兴趣和参与度。同时，通过使用适当的手势、眼神交流等身体语言，传播者可以增强交流的热情，并赢得对方的信任和亲近。

案例：古代乡贤何以德高望重？

在古代中国，曾有一批人，在当地受人敬仰，在民间充当着上传下达、为百姓与政府服务的角色。他们就是乡贤。

乡贤最早出现在东汉时期。当时汉朝设察举制选拔人才，择优将合适人选分发到各地做官。乡贤是经过举荐的、民间储备的人才，能够补充上级政府人员的结构。后来，到了明清时期，由于参加科举考试的人数过多，官职供不应求。一些通过科举考试却无法做官的秀才、举人，便成了"候补人员"。他们与民间的一些知识分子一起成为乡贤。平日里，老百姓经常请乡贤教书、代写信件，或者调解纠纷。同时，他们还是政府的民间"传声筒"，一些国家权力难以触及的小地方，就让乡贤代为管理。总之，乡贤在百姓心中拥有较高的可信度。

那么，古代乡贤的可信度从何而来？第一，乡贤通常通过了国家或地方的考试，文化水准较高，传播文化信息时权威性较强。而在古代，接受过教育的百姓并不多。对于他们来说，乡贤的说教比较可靠。第二，相较于高高在上的政府官员，乡贤扎根于民间，更具有"乡土气息"，与百姓的身份距离较近。因此，百姓也更加信任他们。第三，一些乡贤凭借自己的学识、德行和与百姓的情感维系积攒口碑，成为民间的精英，甚至被国家、地方认可。此时，

---

① Hovland, C. I., & Weiss, W., "The influence of source credibility on communication effectiveness". *Public Opinion Quarterly*, 1951, 15(4): 635—650.

他们的信誉也随之变高。渐渐地,乡贤就成了德高望重之人。

既然信源的可信度对沟通的劝服效果如此明显,那么有人会问:可信度的劝服时效会是永久的吗?如果不是,它能持续多久呢?同样,霍夫兰等人在上述两个试验中继续探究了该问题。比如,在第一个试验中,霍夫兰在四周后回访了原先的两组实验对象,对四个问题再次进行态度调查。结果出乎意料——不论是对高可信度信源还是低可信度信源,两组试验对象的态度转变程度几乎是相等的。霍夫兰将上述变化趋势绘制成图,如图5-1所示。

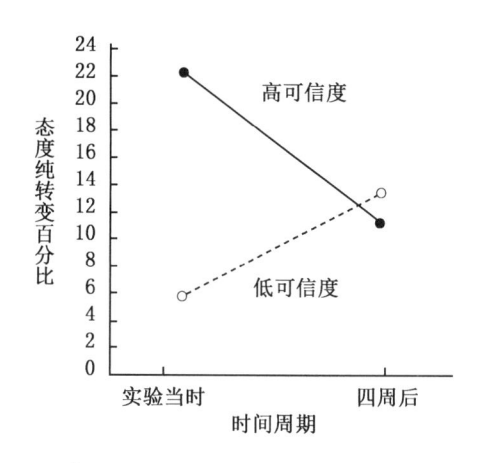

图5-1 高、低可信度信源在四周后导致的态度变化图

由图5-1可知,信源可信度的说服效果并非一成不变。随着时间的推移,高可信度信源的说服效果将逐渐减退,而低可信度信源的说服效果则逐渐上升。霍夫兰等人将这一现象称为"休眠"效果(sleeper effect)。

有关"休眠"效果的形成机制,有两种说法的认可度较高。一种说法认为人脑的忘却机制在起作用。根据艾宾浩斯遗忘曲线,人脑的信息记忆存储量会随时间推移而减少,越是处在次要或边缘地位的信息越容易被遗忘。因此,人们在记忆信息时会记住主要内容,而有关信源等边缘性内容可能会首先被淡忘。生活常出现的"我记得这样一段内容,但我不记得是谁说的了"现象便是这个道理。根据这一说法,低可信度信源发出的信息,由于信源的负影响,内容本身的说服力会如休眠一般暂时发挥不了作用。待信源可信性的负影响衰退后,内容本身的说服力将逐渐恢复。另一种说法则认为,人们并非忘却了信源,而是过了一段时间后,人们对内容的认知有了信源与意见分离的倾向。

对于"休眠"效果,1974年,基列格和格林华德曾设计试验,寻求效果的回证。但他们重复了七次试验都没有达成"休眠"效果,即人们接触一个低可信度信源的讯息,经过一段时间后,态度转变会逐步上升。他们还进一步查阅过去的文献,发现包括霍夫兰与韦斯的研究在内,以往研究并没有证实"休眠"效果。1978年,寇克与福莱出具了一份报告,"最近实施可证明绝对睡眠者效应的有力试验",来说明前述的态度转变。① 目前,"休眠"效果依旧等待考究与证实。有学者认为,由于研究的社会环境很复杂,某些干扰性变数可能无法排除,研究结果的实证性会受到质疑。但无论如何,"休眠"效果都揭示了一个重要道理:信源的可信度在短时间内确实会影响内容传播效果,但从长期效果来看,最终发挥决定性作用的还是内容本身的说服力。

"休眠"效果启示传播者,在沟通过程中,首先要注重信源的质量,凸显内容本身的客观性与真实性,贴近沟通对象的认知兴趣,让他们愿意倾听和了解。毕竟,如果沟通内容缺乏感染力,不能使人心悦诚服,那么就算它来自可信度极高的信源,沟通也始终是无效的。

在此基础上,传播者不能放弃提高信源可信度,即传播者要在个人信誉与专业素养培养方面下功夫,并给予接收者积极的可信度提示,强化他们的信任感。对于可信度较低的信源,沟通内容可能会受低可信度的负面影响,在传播初始阶段说服效率较低。此时,传播者应有耐心,给予接收者一段心理缓冲时间去理解详细内容。只要信息本身富有新意,有理有据,随着时间的推移,说服力将会显露,接收者的注意力将重新回到内容本身。

二、知名度

信源的知名度(reputation)是指信源性质、身份及所携带的内容为社会公众所知悉的范围及程度。耶鲁后续研究证实,与信源可信度的效果类似,信源知名度与传播效果成正比:信源的知名度越高,传播的说服效果越理想;反之亦然。知名度与可信度通常是一体的关系,可统称为"威信"。人们的认知经验认为,高知名度往往意味着信源的专业度与可靠性更强,值得信赖。

有关信源知名度的研究,美国社会心理学家 E. 阿伦森(E. Aronson)曾进行过两项实验。他的实验结果比耶鲁研究更具趣味性与说服力。②

第一项实验是请一些女大学生读几首现代诗人的诗作。阅读结束后,她们可以自由评价诗作的质量。当她们认为某一首诗写得不好时,研究人员则告知她们有人认为这首诗写得相当出彩。不过,他们对一部分女生说作出如此评价的是著名诗人、获得诺贝尔文学奖的T. S. 艾略特,而对另一部分女生说它是出自一位普通的女大学生之口。随后,研究人员让原先参加实验的女生重新评估那首刚才她们都认为写得不好的诗。结果发现,一些实验对象果然改变了先前的看法。在改变者当中,受艾略特影响的人数远多于受那位名不见经传的女生影响的人。

第二项实验是请两组六年级小学生分别听同一个人做的同一个演讲,内容有关算数学习的用途和重要性。不过,研究人员在介绍演讲者身份时有所差异。他们对第一组学生介绍说演讲者是一个从名牌大学毕业的工程师,对第二组学生介绍说他是一位在饭馆洗碗碟的工人。实验结果显示,在改变学生对于算数学习的态度上,工程师的演讲内容劝导作用更强。

---

① 张慧元:《大众传播理论解读》,苏州大学出版社 2005 年版,第 74—75 页。
② 李彬:《传播学引论》,新华出版社 1993 年版,第 194 页。

上述两项实验都表明,威望高的传播者比威望低的传播者更能影响人们的认知。这也进一步证明,知名度高的信源比知名度低的信源在沟通劝服上的优势更明显。在人际或社会的沟通中,为了让他人更加信任某一观点或认可某一服务与产品,人们倾向于让知名人物进行宣传和说服。一些名人、偶像拥有独特的气质和过硬的本领,能够为社会做出贡献,他们在公众中能够很快树立起威信。作为传播者,他们所传递的思想往往被认为有着天然的合理性,更容易被公众接受、采纳,提高信息沟通和交流效率。这一沟通技巧可被解释为传播者的"魅力"(charisma)。随着知名度的积累,他们身后甚至会出现一批追随者和效仿者。在传播心理学上,这类现象称作"名人效应"或"偶像效应"。

案例:毕加索"预支"了自己的知名度

巴勃罗·毕加索是20世纪最伟大的艺术天才之一,他的现代派抽象的画风和炉火纯青的画技令世人仰慕。毕加索一生卖出去很多画,他的画作还被展出在罗浮宫。但在毕加索初出茅庐的时候,他的名气并不大,其作品也没什么人购买。于是,毕加索想了一个办法。他雇了好几位大学生,让他们经常去巴黎的各个画店里转悠。他们在画店打量一番,假装寻找名人的作品,然后询问画店老板:"请问你们这儿有毕加索的画稿吗?在哪可以买到他的作品呢?"他们还向画店老板介绍毕加索名气很大,他的画在别的地方很抢手。没过多久,巴黎的画店老板几乎都听说了"毕加索"这个名字,而且非常期待见到本尊,渴望拥有毕加索的作品。后来,毕加索带着自己的画稿出现了。他的画果然得到了大家的青睐,成了抢手货。而毕加索的名声也从此被树立起来。

故事里,毕加索"预支"了自己的知名度。他让自己的名字依靠流传的口碑积累了名气。人们会因为"毕加索"的高知名度而信赖、追随他。知名度成了毕加索说服画家、自我营销的法宝。当然,毕加索成功的重要前提是他本身画技高超,只不过需要一个契机让世人注意到他罢了。

任何信源的知名度都拥有自身控制的范围。脱离了这一范围,信源便无法在沟通中帮助双方建立起预设的认知情景。信源知名度的维度主要分为两类:一是时间维度,二是空间维度。[①]

时间维度,是指信源身份或其携带内容的传播效力在时间上的维系情况。持续的时间越长,知名度越大,持续的时间越小,知名度越小。例如,中国古代诗词作者在千百年后的今天依旧如雷贯耳,家家户户都听说过的只有李白、杜甫、白居易等大家及作品。有的诗人及作品昙花一现,因普通而不起眼,随着时间的流逝,便渐渐淡出大众的视线,被人们遗忘。

空间维度,是指信源身份或其携带内容的传播效力在地理范围的扩散情况。信源在越广大的地域被人熟知,知名度越大;在越狭小的地域被人知晓,知名度越小。例如,马克思虽

[①] 陈恢忠、郭小林:《公共关系学教程》,华中科技大学出版社2003年版,第250—251页。

是德国的思想家、哲学家,但由于他的思想的影响力,几乎全球的人都知道他,并研究他的思想。华为、腾讯等公司品牌不仅在中国本土享誉盛名,在世界其他国家知名度也比较高,拥有一批稳定的海外消费群体。有的人物或产品服务只在小地方有些名气,外地人鲜有耳闻,想要提升知名度则比较困难。

随着媒介技术的发展,信息传递的时间和空间被压缩。世界逐步呈现出"地球村"的形态,渐渐连成一体。如今,借助网络媒体,人们也能够"不出户,知天下"。此时,信源轻松地突破了时空限制,扩散其知名度,让沟通变得简单而便捷。

信源的知名度与众多因素相关,可以通过人际或社会层面的调查、走访、测试等评估出来。在公共关系学领域,知名度计算公式为:

$$知名度 = \frac{知晓组织的公众人士}{接受调查的公众人数} \times 100\%$$

这说明,一个组织的知名度越高,知晓该组织的人越多,开展活动和扩大影响力也越容易成功。相反,一个组织的知名度越低,知晓该组织的人越少,影响力和号召力也相应受限。[1]

信源知名度在实际运用中很常见——名人巡回演讲、重大学术会议邀请大咖参会发言、广告商拉名人来做广告宣传……传播者的高知名度不仅能赢得社会与业界的认同,还能提升自身的美誉度。在危机传播中,知名人物的良好言行能够体现其所代表的组织、品牌身份的责任和担当,更好地转变受众的消极态度,让危机化险为夷。

综上所述,信源的知名度确实为沟通的一大技巧,但仅有信源的知名度是不够的。一方面,沟通需要有适宜的传播动机。倘若传播者有不良企图,或者沟通动机与个人利益高度相关,那么反而会削弱高知名度所带来的传播优势。另一方面,沟通应以具体内容为核心。真实、客观而优质的对话内容最能俘获人心。如果一个名人所表达的内容不切实际、虚假浮夸,那么任凭他怎么吹嘘,人们也不会信服。此外,还要考虑沟通对象的感受。在沟通过程中,沟通对象会有自己的价值判断与情感趋向,对信息处理存在卷入度的差别。[2] 一项有关社会化媒体信息再传播的研究显示,用户的卷入度对知名度影响有反向调节作用,即用户的高卷入度能够降低知名度这一信息边缘因素的影响。因此,在沟通过程中,传播者要把握运用知名度的尺度,引导沟通对象有效理解信息,避免知名度滥用、误用引发的反感态度。

第二节 沟通方式

沟通交流是人类思想与智慧的外在凝练表达,也是带有说服目的的信息传播活动。如何用有限的信息捕获目标受众的芳心呢?根据不同交流场合和内容的设定,结合交流者的

---

[1] 居延安:《公共关系学》,复旦大学出版社 1989 年版,第 172—173 页。
[2] 付宏:《社会化媒体信息再传播的影响因素内容、信源与卷入度》,《现代情报》2021 年第 11 期。

主观愿望,人们在表达中会形成风格各异的沟通方式。不同的沟通方式的传播效率有所差别。在一次次尝试中,人们会筛选保留适宜的沟通技巧,反复加以运用。良好的沟通方式经过长期的经验积累,在此基础上得以改良完善,最终形成独立的体系。沟通方式的灵活组合与运用,能使听者更容易接收和解读其中的信息,增强他们的交流兴趣,有助于沟通双方关系的深入发展,让整个传播活动更加科学、经济,具有延续的潜力。如今,人类进入信息爆炸时代,传播业态日趋复杂,人们对沟通方式提出了更高的要求。

本节将讨论沟通在内容提示、结论给出方法和基调诉求三方面所呈现的不同传播效果,并总结相应的沟通方式。

一、一面之词与两面之词

任何事物都存在正反两面的对立因素。沟通中,对一项争议性问题进行说服或宣传,究竟从哪一面论证才能让对方信服呢?有人主张,向沟通对象全面展示有利于己方的材料,将自己的观点陈述得饱满而无懈可击,这被称为沟通的"一面之词"。有人主张,对沟通对象"好话歹话"都要说,既摆出对己方观点有益的内容,也适当交代对立一面的看法,这被称为沟通的"两面之词"。事实上,两种沟通方式各有优劣,不能够百分百保证实现预期说服效果。"一面之词"表述,观点明确充分,长驱直入,简洁易懂,但表述的目的性较强,容易给沟通对象带来心理压力,产生逆反、抵抗之感。"两面之词"提供了正反两面的信息,措辞圆润而公平,留给沟通对象思考和比较的空间余地,但表述的内容维度更加复杂,理解难度也增加了。倘若平衡不好正反两面的论证力度或内容占比,则有可能"灭自己的威风,长别人的士气"。

有关一面之词与两面之词的说服效果研究源于战争宣传。第二次世界大战后期,霍夫兰曾以"美国对日本的战争还要持续多久"为题,通过控制变量的实验方法比较两种说服方式。研究人员制作了两种宣传广播——它们的主题结论皆为完全打败日本还需"持久作战",但表达方式有所差异。随后,参与实验的士兵被平均分为三组。第一组为"一面之词"群,他们拿到的广播稿只陈述了对日作战的困难性,如强调日本军队的规模和日本民族的凝聚力不可小觑;第二组为"两面之词"群,广播稿篇幅稍长一些,在提及对日作战的难度的基础上补充了对日作战有利条件的论述,如德国投降后日本已陷入孤立状态。第三组为对照控制群,不提供任何材料提示。

实验结果如表5-2所示:

表5-2　　　　　　　赞同"对日作战需持续一年以上"观点的转变情况

	"一面之词"群	"两面之词"群	控制群
初次调查	37%	38%	36%
接触提示信息后调查	59%	59%	34%

表5-2显示,从整体情况来看,进行宣传与不进行宣传的效果有明显差异。"一面之词"与"两面之词"群赞同"对日作战需持续一年以上"的人数占比分别由37%和38%均上升

至59%,控制群的观点转变情况不明显。由此可见,运用"一面之词"和"两面之词"两种沟通方式都可以有力增强说服效果。但光从实验数据来看,二者说服力孰强孰弱并不能明显区分。

随后,研究人员又从传播对象的属性出发,再次进行数据分析,发现了有意思的现象。

如表5—3,从传播对象的原有态度倾向来看,如果他们原先倾向于反对传播者的观点,那么提出"两面之词"对他们的说服效果要比只谈"一面之词"明显。此时,他们会认为传播者公平考虑了双方的立场,从情理上更加重视传播者的意见。如果他们本来就倾向于赞同传播者的观点,那么只说正面的"一面之词"效果更佳。因为这符合传播对象的心理预期,更能巩固他们原有的认知,促进深度理解。

如表5—4,从传播对象的文化水平来看,对于受教育程度高的人,"两面之词"的说服效果更佳,因为他们的知识经验丰富,思辨能力与理解能力都比较强。倘若只讲一面之词,他们可能会认为传播者宣传存在私心,或不敢面对反面事实,沟通的信任感便会下降。当然,讲两面之词可以对一面有所侧重,并对另一面内容进行分析和驳斥。对于受教育程度低的人,"一面之词"的说服效果更佳,因为如果把正反两面的内容都列举出来,会增加判断的迷惑性,不利于他们坚定地作出意见选择。

表5—3　　　　　　　　　　原有态度与说服方式的关系

	原先反对者	原先赞成者
"一面之词"群	36%	52%
"两面之词"群	48%	23%

表5—4　　　　　　　　　　文化水平与说服方式的关系

	受教育程度低者	受教育程度高者
"一面之词"群	46%	35%
"两面之词"群	31%	49%

注:以上两表的结果均为"净效果",数值计算方式为用实验对象态度的正变化减去负变化。

上述结果表明,无论是一面之词还是两面之词,说服效果不仅与沟通方式的实际运用有关,很大程度上也取决于沟通对象的个性。这也证明了影响沟通态度转变的因素是十分复杂的。应当强调的是,霍夫兰等人研究的出发点是如何使传播对象的态度转向于己方有利,这与宣传方法中的偏向法(card stacking)相吻合。霍夫兰以后,不少学者对"一面之词"和"两面之词"的说服进行深入研究。研究发现,如果是受众熟悉的相关领域知识,对信息加工的卷入度越高,那么两面之词的说服效果越显著。此外,中西方的思维模式也会影响沟通方式的选择。托福里(Toffoli)发现,由于东方人信奉集体主义,一面之词的说服更有效;而西方人信奉个人主义,两面之词更有效。[1]

---

[1] 方建移:《传播心理学》,浙江教育出版社2016年版,第152页。

著名学者帕金森曾总结了与他人沟通的十条最有效法则,其中一条要求人们对待每一个问题时,要同时考虑到它的积极面与消极面,并追求积极的一面。① 这与一面之词和两面之词息息相关。它证明,在实际运用中,两种沟通方式体现了人际交流中的辩证思考,而人们的沟通目标常常是趋利避害的。在新闻传播领域,宣传与报道是媒体与受众间的对话。一面之词与两面之词都常见于媒体的报道策略。如果运用得不好,则可能导致报道内容重点不突出,有失平衡。以前,我国新闻报道惯用"一面之词",传统媒体多选择"报喜不报忧",提防负面舆论失控,偏向宣传风格。进入新媒体时代,原先占据主导地位的主流媒体舆论场受到挑战。人们每天都能从各类平台接收到繁杂的消息,看问题的角度更复杂;"人人手里都有麦克风",可以发表自己的所见所闻。此时,偏向"两面之词"的新闻报道更加客观公正,能启发受众的问题意识,拓展互动思维。近年来,我国媒体对"一面之词"和"两面之词"的取舍有所进步。例如,在2020年后的新冠疫情报道中,我国各大媒体配合国家卫健委等机构,详细报道了新冠疫情的进展。媒体在挑选报道素材时,除了展现人民齐心抗疫、稳中向好的趋势外,也不避讳提及病毒的危险、医疗困境、普通人面临的生活压力等现实问题。在报道疫情负面消息的同时,媒体也有意报道有关疫情科学防治、民生保障、心理健康干预等建设性内容。如此,受众能在正反面的涉疫情报道中,科学认识疫情,了解疫情的动态,并在媒体的正面引导中对抗疫胜利抱有积极、信任的态度。

有关国际传播中,我国媒体常根据不同国家或地区的对华态度生产新闻内容。有的国家或地区在文化价值观上与我国有差异,在看待一些涉华问题时已形成刻板印象,此时,主流媒体如果一味地采用正面宣传策略可能会加剧这种排斥心理。通过客观披露中国发展中存在的一些问题,并运用当地受众能够接受的文化表达方式去化解疑问——这样的"两面之词"往往更有文化接近性,说服效果更佳。

二、传播者给出结论还是受众得出结论

人们组织一次劝服性沟通,尤其在进行演说、营销等活动时,少不了"摆出结论"这一环节。结论在沟通内容里是概括、总结性陈词,凝练了传播内容的精华,也可成为测试受众是否理解沟通要义、评判沟通效果的依据。那么,沟通中的结论由传播者还是受众说出来,哪个更好呢?这涉及两个重要的沟通技巧。

传播者给出结论,是指传播者在沟通中将内容的观点或要义清晰明白地展示给受众,是传播者对结论的明示。受众得出结论,是指传播者在沟通中提供引导性的判断材料,将自己的观点寓于材料中,让受众通过自己的理解间接得出相应的结论,是传播者对结论的含蓄表达。两种沟通方式各有利弊。前者的表达方式直截了当,减少其他杂乱信息的干扰,让受众能够更明确地理解传播者的立场和意图。但观点的直接输出可能会让受众怀疑传播者有说教之嫌,整体沟通风格比较生硬。后者的表达方式较为柔和,给予受众更多思考缓冲的空

---

① 胡文华、张必含:《沟通技巧》,电子科技大学出版社2014年版,第61—62页。

间,让他们有亲自推导、亲自理解得出结论的感觉。如此,受众在心理上会有一定的成就感,从而更加认同传播者的观点,对结论的记忆也更加深刻。但该方式会使沟通主旨更加隐蔽,要求受众拥有较强的理解判断能力,否则,可能会发生理解错位的现象——双方"你唱你的调,我弹我的曲",达不到传播者的沟通预期。

有关两种沟通方式的实际效果,不同学者给出了不同的答案。1952年,霍夫兰和曼德尔以"美国是否应该实行货币贬值政策"为论题,向两组实验对象播放演讲录音。其中,一组的录音内容为"明示结论",另一组的录音内容是"不明示结论"。实验表明,相比之下,当结论明确地传达给听众时,有超过两倍的受试者改变了他们的观点。这说明,由传播者给出结论比由受众得出结论的沟通效果要好。

但是,以弗洛伊德为代表的心理分析家认为由受众得出结论效果更好。美国心理学家理查德·克罗斯曼(Richard Crossman)也表示,最好的宣传应该能让"被宣传的对象沿着你所希望的方向行进,而他们却认为是自己在选择方向。"[1]特别是在文学、艺术传播领域,人们更喜欢循循善诱的叙述方式,由自己领悟出其中的主旨。而这样的作品往往有着更高的人文艺术造诣。

总的来说,沟通中结论到底应该由谁说出,这一选择权在传播者手里。同时,两种沟通方式的选择都不能脱离实际情况而谈。根据现有的研究成果,我们总结出两种沟通方式的一般使用范围。

(1)从沟通内容来看,如果论题或信息比较复杂,则传播者给出结论的效果较好;如果论题或主旨相对简单,由受众得出结论的效果较好。

(2)从沟通对象来看,如果受众的文化层次较低,理解能力较差,或者沟通的即时状态不佳,应当由传播者给出结论,减轻受众的思想负担;如果受众文化水平较高,理解能力较强,或者所涉领域与沟通内容有所重合,由受众得出结论的效果更好。

(3)从沟通情景来看,进行快节奏的沟通时,特别是目的性较强的宣传(且沟通的容错率较小),由传播者给出结论的效果更好;在进行慢节奏的沟通时,例如教学引导,为了增强沟通的互动性,一般由受众得出结论的效果更好。[2]

除了人际交往,两种沟通方式还广泛运用于新闻实践中。在新闻采访与写作中,新闻媒体一向遵从客观报道的原则,但不同的新闻文体存在表达偏向的差异。一般而言,新闻消息应用事实和数据说话,不轻易表露媒体的倾向。受众在阅读中把握事实的逻辑,理解消息表达的主要内容。这就是由受众得出结论。新闻评论则观点鲜明,舆论引导更加突出,由传播者直接给出结论,带有一定的主观色彩。许多媒体机构还对此进行了部门分离,例如,《纽约时报》的新闻编辑部门和社论评述部门是分开的。在广告公关的宣传策略中,针对不同事件和品牌的调性,人们也会权衡表达是否应该明示结论。有研究表明,由传播者给出结论更适用于用途明确的专门性产品,而刺激的模糊性能够鼓励受众自行想象品牌的形象,从而巩固

---

[1] 王绍光:《中央情报局与文化冷战》,《读书》2002年第5期。
[2] 纪殿禄:《说服艺术概论》,辽宁大学出版社2012年版,第337页。

受众的对产品的态度,有助于扩大产品的市场潜力。[1]

三、诉诸情感还是诉诸理性

"晓之以理,动之以情",是人们在沟通之际常用的说服手段,分别对应两种诉求:诉诸情感和诉诸理性。早在两千多年前,亚里士多德便针对这两种诉求提出了自己的见解。他认为,人们在说服时要"有剖析事理的能力,且有识人的本领,能察言观色,把握受众感情,并能运用种种方法来打动这感情"。可见,传播信息时需要理智与感情并用。

那么,这两种诉求是如何产生的呢?社会心理学给出一种解释:一个人的态度并不能先天生成,而是在社会化过程中逐步形成的。人的态度包含三个要素——认知、情感和行为。认知要素是态度主体对于态度对象的感知、理解和评判;情感要素是态度主体的一种情绪体验;行为要素则是个体对态度对象的行为反应,可以是一种行为倾向或行为准备状态。这三大要素存在内在关联,但它们与特定态度的最终形成并非总是一一对应的关系。[2] 基于态度的内部构成,人们提出了理性诉求和感性诉求,并将之运用于沟通劝服中。

诉诸情感,主要通过营造某种氛围或感性的表达来调动人的感情,使人产生情感上增强沟通的感染力。这种沟通方式情感色彩较浓烈,但内容比较浮浅,在逻辑建构方面可能存在瑕疵。诉诸理性,是基于冷静客观的事实、数据,用缜密的论述与逻辑推理,达到以理服人的目的。这种沟通方式更加理性化,但内容比较抽象或呆板,在情感连接方面有所欠缺。

诉诸情感和诉诸理性两种沟通方式多见于西方政治选举或战争宣传等场合。以往的研究曾尝试比较它们的劝服效果差异。1936年,心理学家乔治·哈特曼(George. Hartman)借德国议会选举的机会设计了一次实验。他在竞选前制作了两种册子来号召选民支持某一政党。一种册子采用"诉诸理性"的方法,内容以介绍该政党的纲领政策为主,解释政策的合理性。另一种采取"诉诸情感"的方法来劝告选民投该政党的票,描述了该政党败北后可能出现的社会危机和困境。随后,他将选民分为三个选区,第一、第二选区的选民分别得到了上述两种册子,而第三选区的选民作为对照组,未散发任何册子。最后的选举结果显示,发放了"诉诸情感"册子的选区政党支持率最高,发放"诉诸理性"册子的选区支持率次之,对照组选区支持率最低。哈特曼由此得出结论:诉诸情感比诉诸理性的劝服效果更佳。[3]

部分学者做过类似的研究,有的研究与哈特曼得出的结论相似。有学者认为,从心理学角度来看,有些刺激与情感紧密联系,更容易被头脑接收,从而在编码过程中被充分利用和加工。因而,诉诸情感这一方法能给予沟通对象更多的代入感,引发情感共鸣,对沟通内容产生信任感。此外,有人深入研究情感的唤醒程度对劝服效果的影响。例如,美国心理学家利文撒尔发现,恐惧的情感表达方式往往能激起更多人态度的转变。但每个人的性格不同,

---

[1] 江若尘:《市场营销学》,中国科学技术出版社2003年版,第269页。
[2] 方建移:《传播心理学》,浙江教育出版社2016年版,第132页。
[3] 郭庆光:《传播学教程》,中国人民大学出版社2011年版,第187页。

对恐惧的感知和反应程度也不同,因此需把握诉诸情感而唤起恐惧的尺度。[1]

诉诸情感和诉诸理性两种方法在沟通中究竟哪一种更有效,目前尚未有一致的结论。因为沟通方式的成效最终取决于具体的沟通情景和对象。有些问题只能靠"诉诸理性"的方法来解决,如科学争论只能通过严谨有据的论证来说服对方;有些问题倾向于选择"诉诸情感"的方法,如传教过程中牧师感情充沛的讲道更能引导教徒、感化人心。若论效果维持时长,"诉诸情感"短期效果较为明显,多用于紧急情况下的煽动和说服。但随着时间的推移,情感的作用会渐渐褪去,理性的作用将得到保留。

人是理智与情感并存的个体,进行信息沟通时,若将"诉诸情感"与"诉诸理性"结合在一起,并根据实际情况有所侧重,效果会比单纯的理智或情感劝服要大得多。例如,教师进行教学时,为了让学生掌握枯燥的理论,通常会讲解理论的来源和辩证逻辑,辅之以一些生动活泼的例子。此外,心理学研究表明,由于人的性别、性格、文化水平、社会阅历不同,对理性和情感的接受程度有所差异。总之,无论是道理的说服还是情感的渲染,沟通者选择方法时应当看清问题的实质,了解沟通对象的个性需求,从而完成一次高效的沟通。

案例:尼克松的演讲技巧[2]

1952年,艾森豪威尔竞选美国总统,尼克松是其竞选伙伴。有一天,《纽约时报》突然刊登一则新闻,说尼克松在竞选中秘密受贿。这一丑闻让共和党十分紧张,害怕自己的形象受影响。于是,共和党为尼克松在电台安排了一次为期半小时的讲话,来向全国民众澄清事实。

然而,面对此次讲话,尼克松很镇定。他并没有像以往的政治演讲一样摆事实、讲道理,而是将自己的财务状况公开给选民。在演讲中,他用真挚的语气告诉大家自己的经济情况和生活花费:他家境贫寒,是半工半读念完的大学,后来做律师进入政界。他和妻子平日非常节俭,钱需要花在给儿子补牙齿、修锅炉等琐碎的事情上。自己的儿子还曾因为没钱而买不起皮大衣和小狗……尼克松还告诉听众,自己被提名后,确实是收到了别人送给他孩子的小狗。总之,整个演讲都十分贴近生活,听起来比较可信。

尼克松演讲结束后,有一百万人打电话、寄信给他,甚至还捐给他一些钱。这次演讲为他积累了一大批支持者,让他成了政坛上的明星。可见,尼克松的演讲转化了危机,扭转了对共和党不利的局面。

那么,尼克松的演讲为什么能成功呢?究其原因,是他向听众打了"感情牌",即诉诸情感。在当时比较紧急的情况下,尼克松要解释清楚自己没有受贿,是有些困难的。为了短时间内获得选民的信任,尼克松放弃以理服人,转而以情动人。那些日常的事情情感饱满、贴近民众。听众比较吃这一套,不会认为故事是编的。这个例子说明,在紧要关头,诉诸情感

---

[1] 韩向前:《宣传教育心理学》,军事谊文出版社1993年版,第593页。
[2] 雅瑟:《社交与礼仪知识大全集》,企业管理出版社2010年版,第25—27页。

比诉诸理性的劝服效果要好。因为情感的渲染是一时的,人们更容易快速理解感性的描述,而非理性的论断。

第三节 对象差异与沟通方式

沟通是一环扣一环的信息传播活动。沟通的目的不仅在于行为本身,还注重结果的实现。倘若沟通发起者使尽浑身解数提升信息的质量,改进沟通方式,而到沟通对象这里,他们却难以理解或根本置之不理,那么前期所做的努力则功亏一篑,沟通将以失败告终。《孙子兵法·谋攻篇》指出,"知彼知己,百战不殆。"沟通交流之际,沟通发起者除了明白"自己想要什么",提升自身的信息筛选与传播能力,还应关注沟通对象"想要获得什么",明晰其心理状态和个性需求的差异。然后,沟通发起者从中获得反馈,明确自己适合与什么样的沟通对象交谈,进而修正沟通风格,这才是沟通的良性循环。

本节将从听从性、恐惧诉求和接种免疫三方面分析沟通对象差异,从而设计不同的沟通方式。

一、听从性

任何沟通对象在接收、理解信息时都有个性特征。我们在日常交流中深有体会:有的人愿意接纳他人观点,甚至容易被沟通中的观点牵着鼻子走;而有的人对交流内容无动于衷,整场交谈宛如对牛弹琴。中国台湾学者徐佳士将前者称为耳朵硬,后者称为耳朵软。它们都涉及沟通对象的一个重要特征——听从性(persuasibility),也可称作可说服性。

沟通对象的听从性受到自身内在的多重因素影响。其中,起决定性作用的是自我主观评估,或者说是自信心。自信心程度会影响人的个性倾向,可表现为在沟通中个人的听从性有多大。贾尼斯曾做过一项临床试验,来考察自信心与受众听从性的关系。他以"社会不安感""委曲求全性"和"感情抑郁程度"为测量自信心强弱的指标,设立三个说服主题,分别是评价电影、减少食肉和预防感冒。然后,邀请实验对象参与测试。实验结果表明,那些社会不安感越强、谨慎避免与他人发生冲突以及容易感伤压抑的人(这些表现均指向自信心弱),他们的听从性较高。[①] 反之,他们的听从性较低。贾尼斯由此提出自信心假说(self-confidence hypothesis):个人的自信心程度与听从性密切相关,自信心越强的人,听从性越低;自信心越弱的人,听从性越高。

霍夫兰等人还做了其他实验,他们发现,除了自信心,某些人格特征也会引导个体听从性的偏向。不仅如此,听从性还可能和个人在群体的归属感有关。具体的结论如下:

[①] 郭庆光:《传播学教程》,中国人民大学出版社 2011 年版,第 191 页。

(1)心怀敌意的人比心怀善意的人,更难听取他人的意见。因为他们从心理上会本能地将外界的人或事敌对起来,不愿意接受相关的思想言论,产生排斥或抵触的情绪。有的人甚至具有攻击性,不仅不听从,还会对沟通者进行驳斥、回击。

(2)缺乏想象力的人比富有想象力的人更难劝服。想象力贫乏的人比较呆板,容易钻牛角尖。他们如果在沟通中遇到不同的意见,可能会因无法达成合意而产生分歧。想象力丰富的人思维更灵活,在沟通中一经他人点拨便能举一反三,联想到对方不同观点的合理性,从而对不同的想法持保留意见。

(3)内向的人比外向的人更难劝服。心理学家卡尔·荣格曾将人格分为内倾和外倾两种类型。[①] 内向的人偏向内倾型,他们比较重视个人目的,沉浸于个人的思维准则,但不擅于沟通表达,喜欢将自己封闭起来。如此,交换的信息不太容易与内向的沟通对象产生连接。外向的人偏向外倾型,他们擅长向外界展示自己,社交能力较强,且更重视群体利益,因此更容易追随外界传输的观点。

(4)缺乏主见的人一般更容易被说服。缺乏主见的人对待事物没有坚定的选择,容易人云亦云,随波逐流。与之相对的是有鲜明主见的人,他们中的有些人还可能成为意见领袖,强化自己的观点的同时还会对外界提供信息,施加个人影响,引导其他人认同自己。

(5)具有"社会退却"倾向的人,比较不容易被说服。这类人一般不太合群,也不太愿意相信他人,主观上切断了与外界沟通的渠道,听从性自然较小。

(6)矜持保守的人比开放进步的人更难被说服。前者比较传统,固执己见,很难被外来的沟通内容动摇。后者比较前卫,对新鲜事物怀有好奇心。若在社会交流中遇到合情合理的新选择,开放进步的人更有可能主动尝试。曹禺的作品《雷雨》塑造了周朴园和周冲两个经典角色,对应着上述两个类型的人格。周朴园迂腐顽固,坚守着旧社会的陈规,面对新思想的冲击有些胆怯,却不肯听劝。周冲是开放的年轻人,他主动接受时代的新思想,热衷参与社会变革的活动。

(7)群体生活中的成员更容易受到群体规范和压力的制约,听从性更明显。由于群体的归属关系,成员们的思想和行为可能会被规训趋同。此时,组织传播的影响效果会比外界单一的人际传播或大众传播更明显。后来,学者凯利等人进一步研究了团体对个人听从性的影响,发现团体规范只有在个人意识到自己是团体成员时才会对态度转变有影响。这说明,个体的听从性很大程度上取决于团体身份的认同度。[②]

以上结论总体上具有普适性。若遇到特殊的沟通情景,也不能一概而论。人的听从性是一方面,预存的主观立场、沟通利益权衡和社会环境影响又是另一方面。要想和沟通对象打好交道,把握个性特点是必要的,因为交流者可以有针对性地调整沟通话术,让对方更易接近、愿意通融,使态度转向逐步有利于己方。但仅仅做到这一点是不够的。《鬼谷子》介绍言辩技巧时有言:"故远而亲者,有阴德也;近而疏者,志不合也;就而不用者,策不得也;去而

[①] [匈]约兰德·雅各比:《荣格心理学》,陈瑛译,生活·读书·新知三联书店2018年版,第26—28页。
[②] 胡学亮:《简明传播学》,知识产权出版社2014年版,第143—144页。

反求者,事中来也。日进前而不御者,施不合也。遥闻声而相思者,合于谋以待决事也。故曰:不见其类而为之者见逆,不得其情而说之者见非。"这段话启示我们,沟通还需要参透其背后真正的利益需求,从而达到"得其情、制其术"的目的。[1]

二、恐惧诉求

如果一个人在沟通中接收到威胁的信息,他会产生紧张、害怕的心理,进而会想办法排除威胁,如转变话题或讨论化解危机的办法。这种刺激反应被称为"恐惧诉求"(fear appeals)。恐惧诉求是常见的沟通技巧之一。但问题在于,每个人对恐惧的感知和回应是不一样的,传播者应当如何寻找恐惧的刺激点,把握恐惧诉求的分寸呢?根据习得理论和驱动模式理论,恐惧能引起更多的注意和理解,具有负面的驱动作用,人们会通过转变态度或行为消减恐惧带来的不安状态。然而,恐惧带来的高度情绪紧张会导致自卫反应,受众可能会曲解信息的意义,违背劝服的预期效果。

许多学者希望通过实验探究不同程度的恐惧诉求产生的效果差异。贾尼斯与费希巴赫设计了一次实验。在实验中,他们邀请一部分中学生做试验。实验内容以牙齿保健为主题,分别准备了重度、中度和轻度三种"恐惧诉求"的材料。在重度诉求中,实验向学生们展示了严重损坏的牙齿图片,并恐吓他们说"如果不爱护牙齿,也会遭遇这种情况";中度诉求中对牙齿疾病的描述较为平淡,配上一般牙病的图片;轻度诉求中展示了轻微牙病的X光片。

表 5—5　　　　　　　　　恐惧诉求的强度与行动变化效果

	重度诉求	中度诉求	轻度诉求	对照组
接受劝告	28%	44%	50%	22%
未接受劝告	20%	22%	14%	22%
态度无变化	52%	34%	36%	56%

实验得出的结果是,就"恐惧诉求"唤起的紧张情绪而言,实验对象的心理紧张效果随着恐惧诉求程度的提升而增加。而从实际引起的态度和行为变化效果而言(见表5—5),轻度诉求的劝服效果最佳,重度诉求的效果最差。在这次实验的一周和一年后,贾尼斯和费希巴赫追加了"反宣传"实验,结果显示,轻度诉求效果的持续性和对反宣传的抵抗力都好于前两者。[2]

然而,H. 利文撒尔(H. Leventhal)等人所做实验得出的结果却与贾尼斯的结果相反。他们发现,高恐惧诉求不仅产生了更多的态度转变,对相关行为的发生也有较大的促进作用。不同于贾尼斯,利文撒尔研究恐惧诉求时,特意将认知与情感分开来讨论。他认为,恐惧的唤起和消退属于情感的变化,为"控制恐惧的过程",而人们识别恐惧和危险而提出预防

---

[1] 方鹏程:《鬼谷子:说服谈判的艺术》,安徽人民出版社2012年版,第173页。
[2] 郭庆光:《传播学教程》,中国人民大学出版社2011年版,第188页。

策略,属于认知的范畴,为"控制危险的过程"。当人们进入前者的状态,就会采取措施控制危险。相反,当人们进入后者状态,他们控制的则是自身对于恐惧的不适应感,进而忽视危险。[1]

面对矛盾的实验结果,还有研究者分析指出,沟通者态度变化不仅取决于恐惧诉求的程度,还与其他变量如问题的性质和目标卷入度有关。在低卷入的情况下,恐惧程度与态度改变呈正相关的关系。但有些时候,过度的恐惧会引发心理上的抑制反应,因而削弱信息对人们的影响力。

R. W. 罗杰斯(R. W. Rogers)在前人实验的基础上进一步展开研究。他提出了"恐惧诉求和态度转变的保护动机模式"。该模式系统地研究了恐惧诉求影响态度改变的因素。罗杰斯认为,恐惧诉求运作主要受三个因素影响:一是信息的有害性,二是事件发生的可能性,三是信息描述的保护行为的效力。这意味着,受众在接受恐惧诉求信息时,会按照以上三个标准对其进行衡量。受众是拥有理智的,并不会盲目跟随诉求程度的大小而改变态度,会主动地进行认知鉴定。如果他们认为信息描述的避免危险的方式是有效的,那么人们就有可能做出必要的行为改变。[2]

综合以往研究成果,我们可以发现,恐惧诉求程度与最优劝服效果存在动态对应的关系。在此,我们为运用恐惧诉求提供两点参考建议:

(1)运用恐惧诉求时,应控制恐惧的强度。沟通者应参考对象的年龄、性别、文化水平、阅历特点调整运用恐惧诉求的方式。过轻的恐惧诉求可能无法引起沟通对象的警惕心,而过重的恐惧诉求会加重沟通对象对问题的回避心态。贾尼斯曾认为,恐惧诉求与态度转变间的关系呈倒U形曲线,中等程度的恐惧信息一般能触发最佳的动机水平。这一观点得到学界的普遍支持。但如何找到这一中间位置,则需要沟通者在反复尝试中探索总结。

(2)运用恐惧诉求时,需要沟通者连带提出应对恐惧的有效措施。恐惧诉求本质上是"诉诸情感"的一种方式。沟通对象仅对诉求主题有感性的认知是无法解决问题的。此时,沟通者需要为他们提供理性、具体的解决方法,给予沟通对象战胜恐惧心理的信心,并落实改变行动。提供解决方法时需要理智与情感并用,不能空口无凭或一味调动情绪。

案例:戒烟广告创意中的恐惧诉求[3]

恐惧诉求是广告创作中常见的表现技巧。好的广告应具备关联性和震撼力。而恐惧诉求往往能增强广告的这两大特性,尤其是针对健康推广的内容。以戒烟广告为例,我们常常能在烟品的包装上看到警示话语"吸烟有害健康"或提醒标志(见图5—2)。它们便运用了恐惧诉求来引起烟品购买者的注意,达到劝服吸烟者放弃抽烟的预期传播效果。不过,有的人

---

[1] 李利群:《健康传播运动中的健康风险信息理论研究》,《现代传播》2005 年第 3 期。
[2] Rogers, R. W., "A Protection Motivation Theory of Fear Appeals and Attitude Change", *The Journal of Psychology*, 1975, 91(1), pp. 93—114.
[3] 叶晖、姚可欣:《恐惧诉求广告的传播特性及效果》,《青年记者》2013 年第 29 期。

对如此平淡的警示无动于衷。设计者便会利用更夸张的表达,将吸烟所带来的健康风险展示出来,从而给受众更大的感官冲击。

如图 5—3 所示,这是一幅戒烟创意海报。海报上的男子叼着烟,身子的一半是正常姿态,而另一半却是骷髅的模样。这幅海报宣传戒烟的效果可能会更好,原因在于其运用恐惧诉求的力度更大。一方面,海报以可视化的形式突显了吸烟对身体健康的危害程度,视觉的震撼力更强,劝服效果也更好。与之对比,单纯的文字或抽象标志的提醒逊色不少。另一方面,海报增强了吸烟与危害的因果关联度。海报之所以展现吸烟者一般人身一半骷髅的形象,是为了告诉受众:吸烟可能会引发诸多疾病,甚至让人走向死亡。如此生动的表达方式更能让受众相信烟害的真实性,有的人会因此自觉抵制吸烟。如此,海报的劝服效果就达成了。

图 5—2　禁烟标志 　　　　　图 5—3　戒烟海报

三、接种免疫

"接种免疫"(Inoculation Theory)原本是医学概念。免疫系统是人体的防御系统,用来抵御细菌与病毒的侵入。要增强免疫力,人们通常有两种做法:一是锻炼身体、补充营养,通过增强体质来提高抵抗力;二是接种疫苗,通过注入少量灭活病毒,使免疫系统产生抗体和记忆细胞,调动人体对该病毒的抵抗力,从而预防特定的疾病。后者被称为"接种免疫"。

首先将这一概念引入传播学研究的学者是美国社会心理学家威廉·麦奎尔(William McGuire)。麦奎尔的接种免疫论源自于霍夫兰有关一面之词与两面之词的讨论。从上一节的内容我们已经知道,两面之词比一面之词更能给受众公平感,在正反面信息对比中,他们将更加信任正面信息。贾尼斯等人继而进行了有关新态度抵御改变力量的研究。他们开展了一项实验。实验针对 20 世纪 50 年代颇有争议的问题——俄国五年内能否大量生产原子弹,设计了一面之词和两面之词的信息。开始实验之前,参与对象对问题的原有意见已被记录。然后,他们被分为两组,分别接受一面之词和两面之词的信息。一周之后,每组各有一半的人接收到相反信息的传播,即"反宣传"(反宣传中的内容在先前的两面之词中并未提及)。最后,实验再测试参与对象对争议问题的态度。结果显示,相较于一面之词,两面之词在抵御负面信息后的劝服效果更好。

麦奎尔将该现象与医学的"接种免疫"进行了延伸类比。态度抵抗与打疫苗类似,在沟通交流中,如果预先给沟通对象提供一些被削弱的反面信息,这些反面信息将刺激他们产生与其最初态度一致的反驳观点。于是,当大量的反面信息出现时,他们对反面信息的抵抗程度将更强烈,从而更加坚定原有的态度。接种免疫论认为,人们大多拥有一些未被质疑或挑战的观点。这些观点一旦受到攻击便很容易产生动摇。一般而言,人们要增强态度抵抗的能力,一种方法是多接触支持原有观点的信息,被称为"支持性治疗";另一种方法便是接种免疫。麦奎尔的研究结果显示,接种免疫的抵抗效果要优于"支持性治疗"。

有关接种免疫和态度抵抗的发生机制,国外学者给出一种解释。他们认为,威胁、延迟、驳斥优先性和卷入度是影响接种免疫发挥作用的关键要素。[1] 预防接种后,接收者会对攻击信息感知到威胁。威胁将对劝服性沟通产生阻力,从而促进受众产生抵抗。反驳优先性,是指通过提供证据来反驳态度攻击中的论点,以及让个人通过练习反驳来捍卫自己认定的观点,从而协助预防接种过程。延迟,指的是接种负面信息和接受负面信息攻击间的时间差。有研究认为,接种免疫的最佳效果与时间差有一定联系。卷入度是指态度对象(议题)之于受众的重要性或显著性。相较于高卷入度和低卷入度,接种对中等卷入度的个体的态度抵抗效果最佳。

由于与医学领域有一定渊源,接种免疫研究早期集中运用于没有争议的健康问题传播,如牙齿保健问题、医疗药物的研究等。麦奎尔也曾提出要限制该理论的运用,特别是一些文化真理问题。[2] 但随着理论的深入发展,接种免疫已不再囿于实验室研究,广泛运用于政治传播、健康传播、风险传播等活动,在社科领域焕发生机。

值得注意的是,霍夫兰等人以传播者的视角,研究在沟通中如何改变沟通对象的态度和行为。而麦奎尔提出接种免疫论,是站在沟通对象的立场,讨论如何更好地抵御传播者的宣传或劝服,维持原有的态度。接种免疫论于沟通双方而言都有启发意义。一方面,沟通对象在交流前可事先主动接触相关话题的负面信息,增强心理防线。同时,通过不断的学习和接触坚定先进的、正确的看法。另一方面,沟通发起者应正确看待负面信息的传播。特别是在大众传播中,新闻媒体在引导正面舆论的同时,也应适当介入负面新闻报道,培养公众的抵抗力,进一步强化主流意识。如有负面舆情,相关部门不应避讳,而是主动为公众建立心理预期,让他们知情。

案例　毛泽东:为思想"种牛痘"[3]

《参考消息》原来是中共党内的一份内参,发行量很少,仅供中共党政军领导干部阅读。1957年,毛泽东在一次会议上提到,中央决定扩大发行《参考消息》,使党内党外都能看到这

---

[1] Banas, J. A., & Rains, S. A., "A Meta-analysis of Research on Inoculation Theory", *Communication Monographs*, 2010, 77(3), pp. 281—311.

[2] Compton, J., "Inoculation Theory", *The SAGE Handbook of Persuasion: Developments in Theory and Practice*, Sage, 2013, pp. 220—237.

[3] 易艳:《"种牛痘",传播学免疫论的中国表述》,《新闻界》2012年第12期。

份刊物。"这是共产党替帝国主义出版报纸,连那些骂我们的反动言论也登。……不要封锁起来,封锁起来反而危险。这一条我们跟苏联的做法不同。为什么要种牛痘?就是人为地把一种病毒放到人体里面去,实行'细菌战',跟你作斗争,使你的身体里头产生一种免疫力。"毛泽东认为,适当发行《参考消息》和一些反面教材,让人们看到不同导向的信息,就如种牛痘一般,能够增强群众和干部的政治免疫力。

毛泽东对"种牛痘"的喻证具有一定的前瞻性,与麦奎尔的接种免疫论有异曲同工之妙。只不过,毛泽东是政治家,这一经验是从党的政治宣传实践中总结出来的。

本章从沟通的三大环节出发,重点从信源、沟通方式、对象差异三方面探讨了沟通说服的技巧。每一节的介绍都引入了学者们对相关传播理论的解释和劝服的实证研究。这些研究证明,影响沟通效果的因素是十分复杂的。同时,沟通技巧十分灵活,在运用中并不是非此即彼的关系。在保证沟通过程完整的前提下,人们只有充分了解具体情境与沟通双方的特性,排除传播的干扰因素,才有可能达成交流的目的。本章未能列举完所有的沟通劝服技巧,读者可在阅读和实践中领悟总结,拓展思考。

⑥ 第六章
人际影响效应

人际传播是我们的社会生活中最常见的一种传播与交流模式,面对面的讲话、一对一的书信往来,以及当前互联网时代的网络聊天交流等都属于人际传播的范畴,可以说,人际间的沟通与传播是人类社会生活必不可少的一部分。人际传播通常发生在有着较亲密的社会联系的个体之间,例如家庭、学校、同事等。库利将这种具有亲密关系的社会群体称为初级群体,并认为初级群体是个人自我意识发展的摇篮,在个人社会化的过程中发挥了重要的作用。人作为一种社会化的动物,不可避免地会同身边的人发生各种各样的联系,因此,人际间的信息与观念的交流,会在很大程度上影响个体的观念和态度的形成与改变,对人际传播效果研究,是传播学研究史上经久不衰的话题。

第一节 两级传播理论

在人际传播效果研究史上,具有里程碑意义的有传播流(Communication Flow)研究。所谓的"传播流"指的是:大众媒介发出的信息,经由各种中间环节,最终流向受众的过程,受众接受到的信息,是经由各种中间环节过滤后的信息。构成"传播流"研究的有拉扎斯菲尔德等人的"伊里调查"及其《人民的选择》中所得出的一系列研究成果、卡兹等人的《个人的影响》、罗杰斯的《创新与扩散》以及克拉帕的《大众传播效果》等。"传播流"研究的一系列成果都指向一个结论:大众传播在信息的传递方面发挥着重要作用,而在个人态度、观念的形成与改变方面,人际间接触的影响似乎比大众传播更经常,而且更有效。

一、《人民的选择》

在20世纪初期传播效果研究的早期阶段,大众媒介迅猛发展、广告宣传无处不在,以及第一次世界大战的宣传效应,使人们认识到大众媒介的强大力量,认为大众媒介所宣传的内容对受众有不可抵抗的强大影响力,就像子弹射入身体、药剂注入皮肤一样,会立即对受众引起直接的反应。"魔弹论"和"皮下注射论"盛极一时,这对于提升传播学在社会科学中的地位是有利的,但它本质上是一种唯意志的观点。首先,它过分夸大了媒介对受众的影响,将大众传媒的传播过程视为一种简单的直线传播,忽视了影响传播效果的各种客观因素,如传播对象、传播方法等。其次,这种观点将受众视作没有主观能动性的客体,只能被动接受大众传媒的信息,违背了人的主体性原则。

进入到20世纪40年代,大众传播效果的研究进入到有限效果论时期,学者们开始研究大众传媒是否真的对受众具有无孔不入的效果,"魔弹论"的效果观逐渐被摒弃。这个时期,社会调查法和心理实验法普遍应用于传播学研究领域,学者们开始对大众传播效果的产生过程和制约因素进行实证考察。比较有代表性的研究是拉扎斯菲尔德等人的伊里调查。

为了研究大众传媒的宣传活动对受众投票行为的实际影响,1940年美国总统大选期间,传播学经验研究大师、政治传播学者拉扎斯菲尔德等人在美国俄亥俄州进行了一次实证调查,由于是在伊里县进行的,所以又被称为"伊里调查"。之所以会在美国的众多州县选择伊里县,是因为自从美国实行总统选举制开始,该县实际参与了每一次全国性的投票,并且该县较小的规模能够对访员进行密切的监督,人口相对稳定,经济构成相对简单,也没有特殊的利益集团对政治施加重要影响。总的来说,伊里县是进行该项研究的代表性地区[①]。本次研究的内容与结果是传播学经验研究历史上的一座里程碑,至少在研究方法和理论两方面有着开创性意义。在研究方法上,伊里调查采用的是实地调查法和固定样本追踪法。在理论上,本次研究的结果集中呈现在《人民的选择》这一研究报告上。首先,这一研究报告提出了两级传播理论和意见领袖这些重要概念,其次,它提出了一系列对传播学研究影响巨大的理论假说,包括政治既有倾向假说、选择性接触理论等。

一种新的研究方法—固定样本追踪法[②]

早在1938年,拉扎斯菲尔德就对固定样本分析法有所钻研,并在《公共舆论季刊》上发表了题为"'固定样本'作为一种测量舆论的新工具"(The 'Panel' as a New Tool for Measuring Opinion)的论文。在此之前,拉扎斯菲尔德把它运用到女性受众杂志的研究上。直到1940年,逐渐成熟的固定样本分析法才被运用到像伊里调查这样的大型研究上。

让我们先简要了解一下该调查的技术设计。如图6—1所示。

时间表	5月	6月	7月	8月	9月	10月	11月
		共和党代表大会	民主党代表大会			选举	
访问次数	1	2	3	4	5	6	7
访问的固定样本	总体民意测验(3 000人)	中心组600人	中心组600人	中心组600人	中心组600人	中心组600人	中心组600人
			对照组A 600人	对照组B 600人		对照组C 600人	

6—1 固定样本设计与访问时间[③]

1940年5月,调查研究在伊里县选取3 000人作为访问对象接受定期访问,选取的标准是这3 000人能够在整体上代表该县,其中起关键作用的变量是年龄、性别、居住地(城/乡)、教育、籍贯、是否有电话、是否有汽车。调查小组的成员由12~15名经过专门培训的本地访员组成,主要为女性。

---

① [美]保罗·拉扎斯菲尔德等:《人民的选择》,唐茜译,中国人民大学出版社2011年版,第3页。
② 所谓固定样本调查,即是通过科学的研究,选定固定的调查对象,并在一定期间内施以反复数次的调查,用以测量被调查者在一段时间内发生的变化以及发生变化的原因。该方法最早见于拉扎斯菲尔德等人于总统选举期间在伊里县进行的对选民态度的影响因素调查过程中。
③ Paul F. Lazarsfield, Bernard Berelson, and Hazel Gaudet, *The People's Choice: How the Voter Makes Up His Mind in a Presidential Election*, New York: Columbia University Press, 1984, p. 4.

通过分层抽样,从测验组选取4个600人的样本组作为"固定样本"(社会调查中两次或多次调查样本),每个样本组和其他组都非常匹配,实际上成为整个测验组和伊里县本身的微缩样本。这一特殊调查设计的目的,是为了对重复访问的效果进行评估和控制。需要注意的是,调查的目的在于研究投票结果随时间推移的形成过程。这种重复间断观察的程序,通过每个月进行调查来实现,随着选举的进行,反复访问同一个人。这是一个绝妙的想法,因为这样就可以在决定投票之前、决定之时和决定之后,访问每个被调查者的投票意向。这样,在每一阶段,都可以把大众传播的政治宣传与选民的政治行为联系起来。唯一的问题就是重复的观察可能会影响被研究者的投票过程。有人推测说,那些在7个月间被反复访问的选民与不被访问或只受过一次访问的人相比,可能会做出不同的决定,或对问题的看法也会不同。

固定样本设计的巧妙之处就在于,它可以发现这种反复的访问是否影响,以及在什么程度上会影响选举的决策。大致的想法是把其中的一个600个样本组成的固定样本作为"中心组"(main panel),从5月到11月期间每个月访问一次。另一个600人的固定样本(控制组A)在第三个月(7月)时进行一次访问。然后将一些关键变量的结果与中心控制组相对比,看有无差异及差异程度。

正如图6—1列出的,在第四个月(8月)对控制组B也进行同样的操作。最后在10月再访问控制组C,同时也访问中心组。总体来看,有600人每个月都会接受访问,从5月到11月,共被访问了7次。其他的3个各600人的固定样本作为控制组,分别在7月、8月和10月被访问。对中心组的最后一次访问在11月竞选刚刚结束时进行。

最后的结果显示,对配对的控制组的访问结果,与中心组的访问结果几乎没有差别。也就是说,反复的访问看上去没有对每个月都被研究的选民的行为产生明显的影响。这一发现打消了人们的怀疑,访问本身不会影响中心组的决策和行为。虽然这一程序比较昂贵,但是这些加以控制的额外访问,提供了大量的例证,为今后许多问题的研究提供了理论基础。[1]

固定样本技术最重要之处,是它可以对特定的个人在竞选期间进行长期纵向跟踪,从他或她逐渐对竞选产生兴趣,到开始关注媒体的竞选宣传,受到他人的影响,做出决定,动摇或改变立场,一直到最终投票。普通的一次性调查不可能提供这种跨时间的数据。实验也有同样的局限性,因为在同一个实验对象身上反复进行实验非常之困难。在实践过程中,作者得出结论:在实践过程中,固定样本设计的作用举足轻重,主要表现在以下几个方面:

其一,社会地位会对投票产生什么影响?其二,党代表大会和提名是否会对人们产生作用?其三,宣传报道的直接或间接影响有哪些?其四,不同的宣传媒介是否会有不同的效果,例如传统媒介和新兴媒介?其五,生活环境是否会成为影响人发展的重要因素?其六,影响人们投票的时效性、判断性、关键性、决定性因简言之,投票意向是如何形成的?人们为什么要那样投票?[2]

---

[1] [美]洛厄里、德弗勒:《大众传播效果研究的里程碑》,刘海龙等译,中国传媒大学出版社2004年版,第70页。
[2] [美]保罗·拉扎斯菲尔德等:《人民的选择》,唐茜译,中国人民大学出版社2011年版,第5页。

总的来说,固定样本方法的主要贡献在于:[①]

(1)我们能知道所选的样本中谁是态度转变者,并且研究他们的特征。

(2)能够积累整个研究过程中一次又一次访问的信息。

(3)当受访者在两次访问的间隙发生了态度的转变,我们就可以捕捉到促使态度发生转变的具体因素。例如,是宣传的有效性还是受到了其他的影响。

(4)从统计学上来说,重复访问的方法能够形成一个连续的时间段,这大大有助于因果分析。

(一)政治既有倾向假说

调查者根据被访问对象的社会属性(例如性别、年龄、居住地、宗教信仰、经济地位等)建立了一个政治既有倾向指数(Index of Political Predispositions),即 IPP 指数,并以此来研究受访者投票的决定方式,该指数中最具决定性因素的变量有三个,分别是 SES(Socioeconomic Status,即社会经济地位,是由职业水平、受教育水平、收入水平所综合决定的人在社会中的阶层)、宗教信仰和城乡差别。由于这些工作都是在 11 月前进行的,当时并不知道选民实际上会投票给共和党还是民主党,其基本假设是:通过这些变量可以预测投票结果。这个指数把选民分为 6 大类:(1)坚定的共和党员;(2)普通共和党员;(3)容易动摇的共和党员;(4)容易动摇的民主党员;(5)普通民主党员;(6)坚定的民主党员。例如,如果某人是一个富裕的新教农民,他或她就被划入第(1)类。另一方面,如果一个人是住在杉德斯基的新教劳工,那么就属于第(6)类。其他的中间类别的划分主要决定于 SES 和其他决定性因素的组合情况。

事实证明,IPP 指数与投票意向相关性很大。图 6—2 显示了这种关系。[②]

IPP 指数分析的结果揭示,投共和党票的人大多原来就是共和党的支持者,而投民主党票的大多原来就是民主党的支持者。根据这一结果,拉扎斯菲尔德等人认为,人们在就政治问题进行决策之际,这种决策的性质并不取决于一时的政治宣传和大众传播,而是基本上取决于人们既有的政治立场和态度,他们把这个观点称为"政治既有倾向"假说。

政治既有倾向假说的提出对于破除早期的大众受众观(即将受众视作没有主观能动性的个体)起到了重要的作用,有力地证明了大众传播的宣传行为并不对受众的决策行为起唯一决定性作用,受众原有的社会属性会对决策行为产生重要影响,受众研究正式进入到传播学研究的视野。

在对 IPP 指数进一步分析的基础上,拉扎斯菲尔德等人还发现:人们的政治既有倾向在很大程度上影响他们的媒介接触行为,该发现在后来被总结为选择性接触理论(详见第四

---

① [美]保罗·拉扎斯菲尔德等:《人民的选择》,唐茜译,中国人民大学出版社 2011 年版,第 5—6 页。
② [美]洛厄里、德弗勒:《大众传播效果研究的里程碑》,刘海龙等译,中国传媒大学出版社 2004 年版,第 72 页。

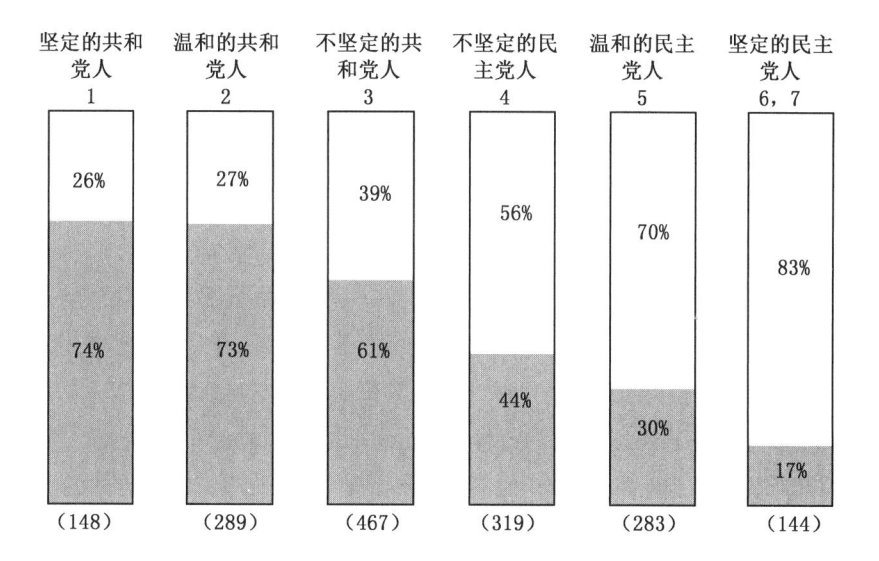

坚定的共和党人	温和的共和党人	不坚定的共和党人	不坚定的民主党人	温和的民主党人	坚定的民主党人
1	2	3	4	5	6,7
26%	27%	39%	56%	70%	83%
74%	73%	61%	44%	30%	17%
(148)	(289)	(467)	(319)	(283)	(144)

图 6—2 既有政治倾向和投票规律[①]

章)。在对选民的媒介接触行为进行分析后发现,原本对共和党感兴趣的选民只接触了共和党的宣传,而那些原本就支持民主党的选民只接触了民主党的宣传。这是出于一种选择性接触心理机制。换言之,每个人的注意力都是有限的,因此非常具有选择性。总的来说,关于选择性接触理论的发现说明了受众不是不加区别地对待任何传播内容,而是更倾向于"选择"那些与自己的既有立场、态度一致或接近的内容加以接触。很明显,这种"选择性"接触活动的结果,更可能在加强原有态度的方向上起作用,而不是导致它的改变。[②]

二、意见领袖

随着伊里县的访问一个月一个月地推进,研究者们越来越明显地意识到,还有一种影响人们投票决定的力量在最初的研究计划中没有给予足够的重视。拉扎斯菲尔德等人发现了一个意外收获,即意见领袖和两级传播理论。

为什么信息的流动是两级而不是简单的一级?首先与我们上文所论述到的受众的媒介接触形态与既有的政治倾向有关。受到社会属性、兴趣和个人爱好等等因素的制约,受众会主动屏蔽掉部分媒介信息。例如民主党的支持者会选择性地只关注民主党竞选人的政治宣传,并在大众传媒的宣传活动中进一步强化既有政治倾向。这在一定程度上证明了受众对媒介所传播的信息并不是简单的刺激—反应模式。其次,与意见领袖和普通受众的差异也有关,这里提出一个非常重要的概念——意见领袖。

拉扎斯菲尔德和卡茨等人给意见领袖做了这样的定义:意见领袖指的是通常活跃于人

[①] Paul F. Lazarsfield, Bernard Nerelson, and Hazel Gaudet, *The People's Choice: How the Voter Makes Up His Mind in a Presidential Election*, New York: Columbia University Press, 1984: 26.

[②] 郭庆光:《传播学教程》,中国人民大学出版社 2011 年版,第 178 页。

际传播过程,媒介接触较为频繁,媒介使用能力较强,经常为他人提供意见建议,并对他人施加个人影响的人物。这些人接触了大量的竞选信息,而那些媒介接触度、知识水平和兴趣度较低的人,会从意见领袖这里获得信息和建议。意见领袖把从媒体得来的第一手信息,连同自己对其意义的独特解释一起传播给其他人。因此,研究者认为,"观点经常从广播和印刷媒体流向意见领袖,然后再从他们流向不太活跃的人群"。

卡兹和拉扎斯菲尔德等人总结出的意见领袖具有以下基本特征[①]:

(1)意见领袖与被影响者之间的关系通常是平等的,而非上下级关系。换句话说,意见领袖不一定是身居高位的人物,相反,他们是我们生活中熟悉的人,如亲友、邻居、同事等。正因为他们是人们所了解和信赖的人,他们的意见和观点就更具有说服力。

(2)意见领袖并没有集中于特定的群体或阶层,而是广泛地分布在社会的各个群体和阶层中。每个群体都有自己的意见领袖,他们与被影响者之间维持着横向传播的关系。

(3)意见领袖的影响力一般分为"单一型"和"综合型"。在当代都市社会中,以"单一型"为主,即个体只需在某一特定领域具备深厚专业知识或在群体中享有一定声望,便可在该领域扮演意见领袖的角色。然而,在其他不熟悉的领域,他们可能会回归到普通的受影响者身份。例如,一个具备丰富时事政治知识的人可以在相关问题上为他人提供指导,但在流行文化或时尚领域则可能转变为接受他人引导的角色。相比之下,在传统社会或农村社会中,意见领袖通常以"综合型"为主,例如有声望的家庭或家族会对当地社会产生广泛而深远的影响。

(4)意见领袖的社交范围广泛,拥有较多的信息渠道,对大众传播的接触频度高、接触量大。他们能够及时获取各种信息,并有能力向周围的人传播这些信息。

拉扎斯菲尔德等人最初只考察了意见领袖在政治问题领域中的作用,后来在和卡兹、罗杰斯等人在《个人的影响》和《创新与扩散》的进一步研究中,他们发现,意见领袖不仅存在于政治领域,在生活、购物、时尚领域也同样活跃着一大批意见领袖,对大众传媒所宣传的内容起到推进或阻碍的作用。并且,在不同的行为领域和不同的媒介类型中,各种意见领袖的媒介接触习惯是有差异的。例如,公共事务的意见领袖会更多接触外界的来自国际或者大城市的媒介,而电影领域的意见领袖则对国际新闻没有多大的热情,地方性报道或者国内报道基本能够满足其媒介接触需求。

总之,不同领域意见领袖在接触媒介过程中会有所侧重,但总体上意见领袖会接触更多媒介信息。[②] 根据有关意见领袖的集中性数据分析,我们可以为不同领域内的意见领袖大致描绘出这样的肖像[③]:

(1)购物领域内的意见领袖。他(她)们一般是已婚的家庭妇女或与邻居和朋友社交关系比较紧密的人。购物意见领袖均匀地分布在社会各阶层中,如奢侈品领域和日用品领域

[①] 郭庆光:《传播学教程》,中国人民大学出版社 2011 年版,第 189 页。
[②] 王霞:《"两级传播"理论的三大发现》,《传媒论坛》2018 年第 12 期。
[③] 张国良:《20 世纪传播学经典文本》,复旦大学出版社 2003 年版,第 231—232 页。

均存在意见领袖。购物领域的意见领袖一般在各阶层内部流动,即使有跨阶层的影响流,也未必是自上而下的影响流占据优势。各年龄层之间的影响流,由年长者流向年轻者占据优势。在购买丈夫和孩子用品时,家庭成员间的互动比较显著。

(2)时尚领域内的意见领袖。她们集中于年轻女子特别是社会活跃的年轻女子之中。这和社会地位关系比较大,地位较高的女子更有机会成为意见领袖,但地位不是唯一的决定因素。在时尚领域,影响流通常发生在属性相近的妇女之间,尤其是在年轻、社交活跃、中上层社会地位的妇女之中,这种影响关系最为频繁。

(3)公共事物内的意见领袖。社会地位高的妇女更有可能成为影响者。社会地位在这一领域占据重要优势。在这一领域,影响流明显表现为自上而下的跨阶层社会流动,在跨年龄层的社会流动中,更多的是年长者影响年轻者。社交在公共事物领域也扮演着重要角色,同时,丈夫或父亲具有重要作用。

(4)电影观赏领域中的意见领袖。她们更多地集中于未婚女子之中。这一领域影响流与时尚领域具有相同倾向,从擅长这一领域动态的年轻女子流向年长的妇女。在电影观赏领域,社会地位不具有作用。

尽管不同领域的意见领袖在接触媒介的过程中有自己的侧重,发生影响的作用机制也不完全相同。但从整体上来说,每个领域都有自己特定的意见领袖,意见领袖的素质和其社会地位、媒介接触形态紧密相关。

三、两级传播

有关"意见领袖"的重大发现证明了大众媒介的信息并不是直接到达普通受众,而是先到达意见领袖这一中介,最终流向普通受众。人们直接从其他人那里获得大量的信息,并受到直接的影响。不管何时,只要受访者汇报他们最近接触政治传播的情况,他们总会提到与朋友、亲属等讨论问题,这要比听收音机看报纸杂志频繁得多。面对面讨论所产生的政治影响,要比调查者预想的要重要得多。直到实际研究开始了很久以后,人际影响的重要性才被认识到,这是调查过程中出现的意外收获。因此,研究中并没有建立正式的假设来测量这一现象。但是在调查者们认识到人们之间频繁地谈论选举,这种人际交流对选民的投票决定起着关键的引导作用后,他们马上修改了他们正在进行的调查,竭尽全力地收集人际信息流及其影响的数据。调查者做出的这个假设在很多年里一直对大众传播研究的走向产生重要的影响,他们把这称之为"两级传播"(Two-step Flow of Communication)。

两级传播的提出是《伊里调查》项目中最为重要的成果,从整个传播学的发展历程来看,"两级传播"理论有三个方面重要的贡献。[①]

首先,是破除了魔弹论下孤立无援的受众观,发现了受众的主观能动性。

其次,提出了大众传播过程的两级传播流,即"信息流"和"影响流"。大众传媒的信息首

---

① 王霞:《"两级传播"理论的三大发现》,《传媒论坛》2018年第12期。

先流向意见领袖,再由意见领袖流向下一部分不太活跃的人群。这也是两级传播理论的核心观点。

最后,在传播效果研究史上开启了"有限效果论"的范式,发现了人际传播的潜在影响力。

虽然两级传播理论在传播学研究史上占据非常重要的地位,但是该理论无论从哲学背景还是研究方法设定上都具有一定的局限性。

对两级传播理论的批评[1]:

(1)由于两级传播理论是在研究中意外发现的,拉扎斯菲尔德等人最初没有预料到人际关系的重要性,因此,这项研究资料中关于两级流动传播的内容记载得最不周全,理论本身长时间内处于一个不断更正的过程。沃纳·赛佛林指出:"两级传播模式的批评主要来自其最初的揭示不够充分。"事实的确如此,从最初的伊里调查,到后来的罗杰斯等人的多级传播研究,两级传播的各种假设先后在调查中不断被修改、证实,这在很大程度上影响了人们对它的判断。

(2)许多研究表明,虽然人际传播在加强或改变受众的态度方面具有强大的力量,但在新闻报道扩散层面,大众传播的范围远大于个人信息源。这意味着,人际传播更多地影响人们"怎么想",而大众传媒则在最大程度上影响人们"想什么"。

(3)早获得信息者更多地依赖于媒介信源,而迟者则往往依赖于人际信源。这说明了早获得信息者和迟者在获取信息来源上的不同行为。

(4)最初的模式把传播划定为两级,但实际上程序可能更多或更少。然而,如上所述,哥伦比亚大学的研究者在迪凯特研究中已发现有必要调查更长的(指两级以上)影响链,在新药推广研究中已沿着这条思路探索。这表明研究者们已经开始意识到传播过程的复杂性和多样性,并开始探索更复杂的传播链。

对两级传播模式的批评主要在于其原先的解释不够充分。但是研究者们在后来的研究中不断扩展并充实了这个模式(如卡兹《个人的影响》、罗杰斯《创新与扩散》等),这正是科学研究累积的结果。

《人民的选择》评价[2]

《人民的选择》是大众传播研究史上最重要的研究之一。《人民的选择》之所以在大众传播史以及实证研究的历史上占据如此重要的地位,主要是由以下原因构成:

第一,它开创性地使用了固定样本追踪的方法。即实现了横向的调查对象与纵向的调查时间之间的相结合。社会行为是在一段时间而不是某一个静止的时间点发生的,因此,单纯对固定对象展开单次的调查,所得到的结论并不具备代表性。

---

[1] [美]沃纳·赛佛林等:《传播理论:起源、方法与应用》(第四版),郭镇之等译,华夏出版社2000年版,第233页。
[2] [美]洛厄里、德弗勒著:《大众传播效果研究的里程碑》,刘海龙等译,中国传媒大学出版社2004年版,第84—85页。

而如果分别研究属于不同年龄段的样本,以代表不同的过程和阶段,又会造成许多新的问题。为了克服这一局限,拉扎斯菲尔德等人在《伊里调查》所采用的固定样本追踪法则在追踪相同的受访者的过程中克服了这些局限和不足。虽然不能保证反复访问永远不会影响受访者,但是固定样本设计仍然是进行纵向调查的主要方法。

第二,它充分地揭示了选民既有的社会属性会对最终的投票结果产生重要的影响,大众传媒的政治宣传并没有起到想象中那么强大的力量。调查结果清楚地表明,大众传媒的政治宣传会激活由社会类别关系决定的潜在既有政治倾向,同时强化受社会属性限制而较早做出的决定。社会属性产生选择性影响,这在理论上非常重要,但是在那个时代却得不到重视。激活效果和强化效果研究中认为,这些是媒介的主要影响。如果和那些对第一次世界大战宣传的批评中所说的媒体效果相比,这些影响真的非常有限。宣传战史研究使大家相信:狡猾的政客可以用报纸或广播随意改变和控制大众的政治行为。批评家们最担心的,就是通过这种方法巧妙地操纵和控制大众社会,这将把一个民主国家变成一个法西斯国家,甚至更糟。然而,《人民的选择》表明,这种程度的改变是绝对不可能的。媒介影响并不是无所不能,能完全直接地改变无助的受众。相反,它们的效果是有限的,这与具有高度选择性的受众在人口统计方面的特点有关。少数的意见领袖选择性地接受媒介影响;而大多数人根本不怎么接触媒体宣传。结果造成人际渠道产生的影响比媒体的影响更大。

"两级传播"虽是调查中的意外收获,却激发了新一代研究者们的想象力。简言之,人们发现,大众传播并没有想象中那般无孔不入的强大力量,受众的既有社会属性、人际交流领域中的意见领袖,都会对大众传播的效果起到一定的制约或扩大作用。甚至在某些方面,人际传播的效应要高于大众传播。这些都迫使传播学研究的理论家们开始重视社会关系、人际联系的重要性。

总体来讲,《人民的选择》仍然是社会科学史上最成熟的调查研究之一。在大众传播理论的发展中,它的地位无可争议。它迫使传播理论学家们重新思考大众社会的概念、媒体影响无所不能的观念、社会属性的作用以及人际联系的重要性。在大众传播研究的历史中,没有哪个研究能有如此大的影响。

第二节　创新扩散理论

一、创新的扩散

美国农村社会学家罗杰斯在 1962 年深入调查农村中的新事物的采纳和普及过程后,发表了《创新的扩散》研究报告。该报告研究了社会进程中创新成果是怎样为人知晓、得以推广的,提出了"创新的扩散"理论,报告对大众传播和人际传播的作用进行比较,对"两级传播"理论做了重要的补充。

罗杰斯把创新定义为:当一个观点、方法或物体被某个人或团体认为是"新的"时候,它就是一项创新。创新的定义和它是否为客观上的新、是否为第一次使用等关系不大,个体对它的反应决定它是否属于创新,如果人们认为它是新颖的,它就是创新。①

扩散是指创新在特定的时间段内,通过特定的渠道,在特定的社会系统中传播的过程。②显然,扩散的四大要素分别是:创新、沟通渠道、时间和社会系统。罗杰斯把传播看作双向趋同的过程,而不是某一个人为了达到某种效果进行单向、线性输出的过程。有关创新的信息里,新奇的观点赋予扩散特定的气质,使扩散带有不确定性,因此扩散是特殊类型的传播,所包含的信息与新观点有关。扩散还是一种社会变革,是社会系统的解构和功能发生变化的过程。当新的观念出现后,人们扩散、采用还是拒绝它,都会带来不同的结果,社会也随之发生变革。

(一)创新—决策的过程

研究创新扩散问题的学者早就意识到,个人对创新作出决策并不是一瞬间的行为,它是在一段时间内发生的一系列的动作和行为。创新—决策过程实质上是创新接受者的信息搜集和处理行为,主要有认知、说服、决策、执行和确认 5 个阶段。③

1. 认知阶段

个人(或其他决策单位)知道了创新的存在,并了解到它的功能。创新—决策过程是从认知阶段开始的,当个人或其他决策单位面对一项创新并了解其功能时,认知阶段就开始了。需求和创新观念在认知阶段有重要地位,对于二者谁先谁后的问题却没有明确答案。对于某些特定创新来说是需求在先,好比要对付一种农作物害虫,要生产一种新杀虫剂,但对其他许多新想法而言,则是创新产生需求,如流行服饰、电子产品等。

2. 说服阶段

个人(或其他决策单位)对创新形成喜欢或者不喜欢的态度。关于说服的定义,有些学者认为是某些机构尝试使信息接受者的态度发生改变,变成其期望的状态,而罗杰斯所说的说服是指个人态度的形成或改变,这种改变未必是特定机构预设的结果。在说服阶段,个人会主动寻找有关创新信息,确定哪些信息是可信的,同时进一步决定如何诠释获得的信息,由此发展出对创新的一般性认识。而创新认知的属性,如相对优势、兼容性和复杂度在这一阶段会变得特别重要。

3. 决策阶段

个人(或其他决策单位)作出接受或拒绝创新的选择。大部分人会根据自己的实际情况试用创新,这种小规模的局部试验,是创新—决策中相当重要的部分。在试用后,只要能证明它在某种程度上有绝对优势,试用者就会作出接受的决定。免费提供试用品是促进创新快速扩散的方法之一。例如,1930 年前后,美国艾奥瓦州玉米新品种的推广人员给进入决

---

① [美]E. M. 罗杰斯:《创新的扩散》(第五版),唐兴通等译,电子工业出版社 2016 年版,第 14 页。
② [美]E. M. 罗杰斯:《创新的扩散》(第五版),唐兴通等译,电子工业出版社 2016 年版,第 7 页。
③ [美]E. M. 罗杰斯:《创新的扩散》(第五版),唐兴通等译,电子工业出版社 2016 年版,第 175 页。

第六章 人际影响效应

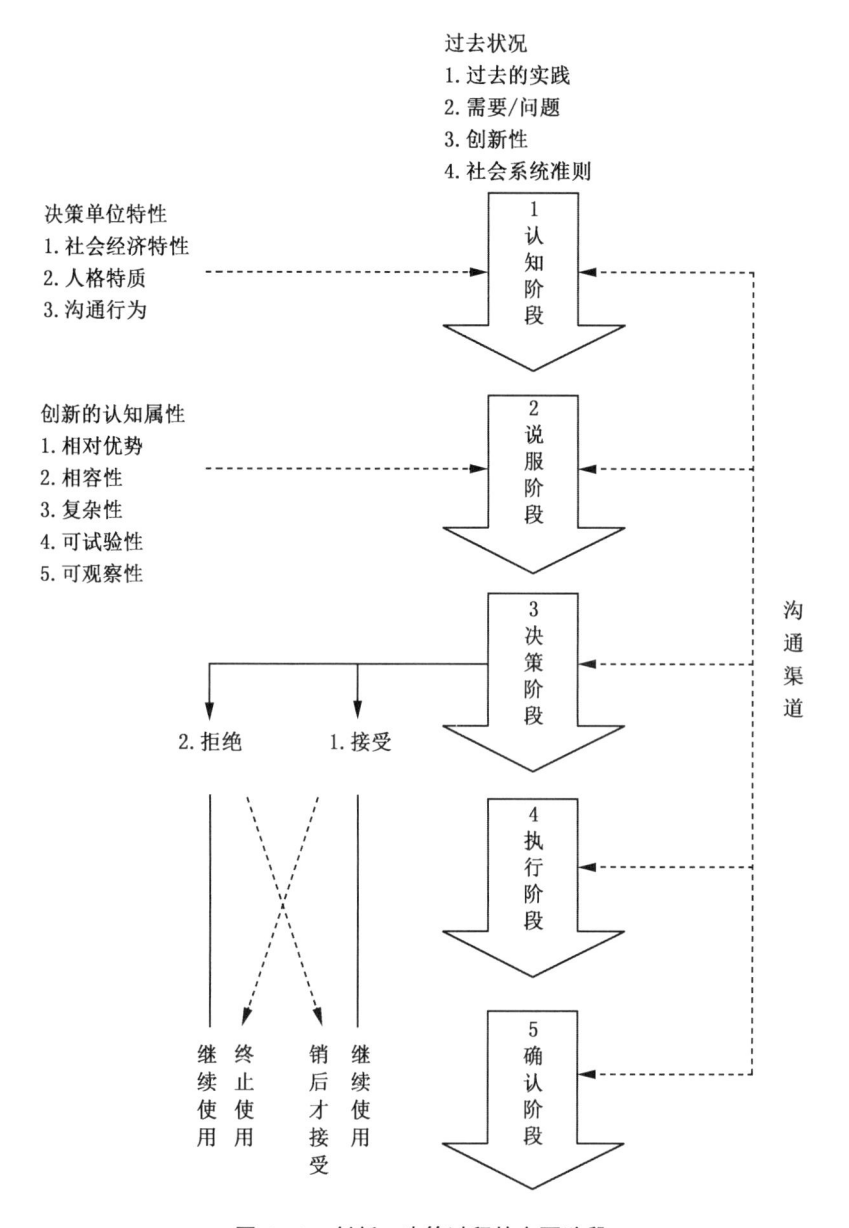

图 6—3 创新—决策过程的主要阶段

策阶段的农民免费提供一小袋新种子,通过农民的亲自试验,说服他们接受新品种。

4. 执行阶段

个人(或其他决策单位)将创新投入使用。对个人而言,即使在执行阶段,创新结果依然存在某种程度的不确定性,因此在执行阶段也会出现主动寻求信息的行为。执行阶段可能会持续相当长的一段时间,直到新观念内化成个人生活的一部分才宣告结束。此外,对创新的接受并不意味是完全复制和模仿,在执行阶段还可能出现"再发明"的现象,即试用者对创新进行改变和改良。

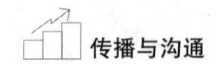

5. 确认阶段

个人(或其他决策单位)对此前采用的创新—决策寻求进一步的确认,如果出现与先前矛盾的信息,可能会更改之前的决策。人们在决定接受创新之前会寻找信息,而在接受之后仍在寻找信息。在确认阶段,个人或某些其他决策单位如果接触到与该项创新相冲突的信息,他会通过寻求信息来对已作出的创新决策给予肯定,或者会转变先前的决定。

(二)创新的属性

有些创新从推出到广泛采用只花了数年时间,有的创新却迟迟得不到采用。许多扩散研究的重点在于考察创新中人的差异,明确不同接受群体的特征,罗杰斯认为创新的属性对预测人们对创新的反应更为重要,他将创新的属性归纳为以下 5 种。[1]

1. 相对优势

相对优势是指创新相比被取代的现有观念或技术优越的程度,通常是以经济利益、社会声望或其他方式来衡量的。某项创新可被社会系统内成员感知的相对优势与该创新的采用率成正比。

2. 兼容性

兼容性是指创新和目前的价值体系、过去的经验以及潜在采用者的需求相一致的程度。把创新的名字和定位与以前的事物相联系是使创新更具兼容性的重要途径。创新推广人员经常忽视采用者已有的乡土知识系统,然而这种系统却提供了个人理解创新的一种方式。社会系统内成员感知到的某个创新的兼容程度与该创新的采用率成正比。

3. 复杂性

复杂性是指创新被采用者认为理解和使用创新的相对难度。对创新的采用率来说,复杂性可能不如相对优势或兼容性的影响那么重要,但是对某些创新来说,复杂性是创新被接受的重大障碍。创新被感知的复杂性与创新的采用率成反比。

4. 可试性

可试性是指创新可以在有限的基础上被试验的程度。通常可以做阶段性试验的创新,相比那些不能进行试验的创新,会更快地被人们接受。个人试用是以个人方式来诠释创新,以检验它是否符合自己的需求。对创新的尝试可以消除个人对它的不确定性。创新的可试性与它的采用率成正比。

5. 可观察性

可观察性是指创新成果能被其他人看到的程度。某些创新的成功显而易见,很容易被传播出去,而有些创新则很难被觉察,很难向他人描述。一项创新成果的可观察性与它的采用率成正比。

---

[1] [美]E.M.罗杰斯:《创新的扩散》(第五版),唐兴通等译,电子工业出版社 2016 年版,第 239—271 页。

案例：手机的普及[①]

手机这项创新是在1983年首次向美国消费者推出的，在接下来的10年间销量高达1.3亿台，在下一个10年中，其扩散速度更为惊人，全球销量达11亿台之多。2002年，芬兰有75%的民众拥有手机。第一个主要市场是商务人士，他们购买手机的目的是节省时间；第二个主要市场是1994年开始使用的家庭人士，他们的购买原因是为了方便社交，能和家人亲友随时保持联络；再后来就是一般个人，他们期待一种新的生活方式。

随着手机价格的下降，再加上机身变得小巧轻薄，手机的采用率逐渐攀升，慢慢走进了大众的口袋与皮包中。

（1）相对优势。商务人士使用手机最大的好处是，他们可以避免错过客户的约会或处理一些突发状况，一周至少可以节约2个小时的时间。节约时间对于生活在大城市中的人来说非常重要，因为经常要面临交通拥堵的问题，手机的可移动性让使用者不受地点的限制，即使在开车途中也可以通过耳机来打电话。使用手机的另一个好处是，当汽车出现故障抛锚或遇到紧急状况时，当事人可以用手机与外界联系，这也正是许多男性为他们妻子和孩子购买手机的原因。

（2）兼容性。手机与已有的电话系统相连，而且允许使用者拨打普通电话。因此，在手机扩散的早期阶段，不用特别规划如何去积累手机使用的关键群体。手机的名称也相当平易近人，没有生涩的技术字眼，塑造了亲和力的形象。后来，市场上手机的色彩、款式、大小都很多样化，并且有个性化的铃声，消费者可以自主地从众多款式中做出选择。

（3）复杂性。从使用者的角度来看，手机和一般电话的操作毫无差别，使用者无须学习任何一个新的实用技能。在20世纪90年代后期，当短信作为一种传输文本首先在日本青少年中流行时，收发短信的技巧在很短的时间内就被学会了。在芬兰，收发短信也相当流行，不爱说话的芬兰人用短信来沟通。因此短信功能提高了手机在芬兰的兼容性。

（4）可试性。在20世纪90年代早期，出租车通常配有手机，这给很多人提供了使用这项创新的机会，通信服务商也提供免费使用一个月的优惠，来鼓励消费者试用。此外，向周围的家人朋友借用手机也十分便利，这些途径为芬兰人试用手机提供了便捷。

（5）可观察性。手机在餐馆、酒吧、汽车以及其他公共场所中的普遍使用，有助于刺激潜在客户的购买意愿。不论是视觉上所见，还是听觉上听见手机铃声的响起，这项创新的可观察性都很高。

二、创新的传播渠道

不同的传播渠道在创新—决策构成的各个阶段中扮演着不同的角色。传播渠道是指信息从来源处传送到采用者受众所使用的方法和手段。罗杰斯把传播渠道分为人际传播与大

[①] [美]E.M.罗杰斯：《创新的扩散》（第五版），唐兴通等译，电子工业出版社2016年版，第277页。

众媒体传播,以及本地性传播与世界性传播。[1] 这些传播渠道在让人们认知创新、说服个人改变对创新的态度方面,扮演着不同的角色。此外,早期采用者和后期采用者的传播渠道也截然不同。

大众传播渠道是通过大众传播媒体,如电台、电视和报纸等传递信息,它能够把一个人或一些人的信息传递给很多人。这些大众传播媒体可以将信息快速传递给大众,创造知识和传播信息,并在一定程度上改变受众的成见。然而,顽固观念的形成和改变,通常是由人际关系渠道完成的;在面对个人的反抗或冷淡情绪时,这类渠道相当有效。

在创新—决策过程中,大众传播渠道在认知阶段相对比较重要,而在说服阶段人际沟通渠道较为重要。[2] 在每个阶段如果使用不合适的沟通渠道,会延长个人接受创新的时间。然而,在现实中也存在一些特殊情况,在某些特定情况下,大众媒体渠道会取代人际沟通渠道促使个人接受创新。另一方面,创新也可以完全由人际沟通渠道传播。美国参考文献管理软件 Endnote 的设计师在美国加州伯克利大学教职员俱乐部对这个新产品进行了示范,该软件迅速在美国多所大学的教职员内得到传播,设计师很快收到了来自新泽西州普林斯顿大学的订单。但这些情况仍然是少数,大部分的创新扩散过程表明,大众传播在认知阶段较为重要,而人际沟通在说服阶段较为重要。

在创新—决策过程中,世界性沟通渠道在认知阶段比较重要,而在说服阶段,本地性的沟通渠道较为重要。世界性沟通渠道是指个人与被研究的社会系统之外的联系。人际沟通渠道可以是本地性的,也可以是世界性的;大众传播渠道几乎是世界性的。根据在 10 个国家进行的 23 项创新扩散的综合研究显示,不管在发达国家还是发展中国家,世界性沟通渠道在认知阶段都比说服阶段重要。

案例:四环素的创新—决策过程[3]

创新—决策过程的五大阶段,有助于我们对不同沟通渠道的角色有所了解,而四环素在伊利诺伊州医学界的传播研究就证明了这点。四环素是一种新型抗生素,由于副作用小,在医学界迅速扩散开来。在推出后 2 个月内已有 15% 的医生采用,4 个月之后则增加到 50%,17 个月后成为医生处方上的主要药物。

对于创新的认知,很少人是主动从传播渠道获得的。个人主动需求创新的相关信息,通常基于以下条件:(1)他们知道创新的存在;(2)个人知道哪些来源和渠道能提供创新信息。创新的不同传播渠道和来源的相对重要性,某种程度上是视它对潜在采用者的价值而定的。科尔曼及其同事在调查时发现,有 80% 的医生最开始是从药品企业那里得知四环素的(57% 来自药商零售人员,18% 是药厂广告信函,4% 是药局期刊,还有 1% 是医学期刊广告)。

对新药物的认知来自商业渠道,但是出售四环素的药品公司在医生看来并不是可靠的

---

[1] [美]E. M. 罗杰斯:《创新的扩散》(第五版),唐兴通等译,电子工业出版社 2016 年版,第 214—216 页。
[2] [美]E. M. 罗杰斯:《创新的扩散》(第五版),唐兴通等译,电子工业出版社 2016 年版,第 225 页。
[3] [美]E. M. 罗杰斯:《创新的扩散》(第五版),唐兴通等译,电子工业出版社 2016 年版,第 210 页。

来源和渠道。在创新—决策过程后期的说服和决策阶段,医生同行间的人际关系网络成为这个新药物较为重要的传播渠道和来源,而企业的重要性则大减。医生们更倾向依靠自己的经验或同伴来获得对创新的评估性信息,即在说服阶段,药品企业的可信度远低于医学界的同事。

科尔曼等人总结说,制造商、医学院和教学医院在推出新药物之前已经完成和通过一系列的试验,但对一般的医生来说还是不够的。专家级的教授活动不能代替医生们自己对新药物的试验,但与医生们同等水平的同行们的日常试验却能代替他们的试验。

为什么在体系中最早接触创新的人,通常会试探性地尝试呢?最主要的原因就是传播过程中的不确定性。即便大部分四环素的创新先驱者已经充分了解到有关创新的科学实验结果,这些信息仍无法消除他们对使用效果的不确定感。因此,创新先驱者必须亲自对创新做实验,以进一步确认创新符合自己的情况。创新的后期采用者却可以从同行使用创新的大量信息中获益。事实上,到了后期采用者使用创新时,创新的不确定性已经大大减少,他们不再需要亲自试验了。

三、创新采用者的类型

同一社会系统内的不同个体不会同时接受一项创新,他们对创新的接受会呈现出时间上的先后顺序,因此罗杰斯按照个体接受创新的时间先后将创新采用者分成了五类。[①]

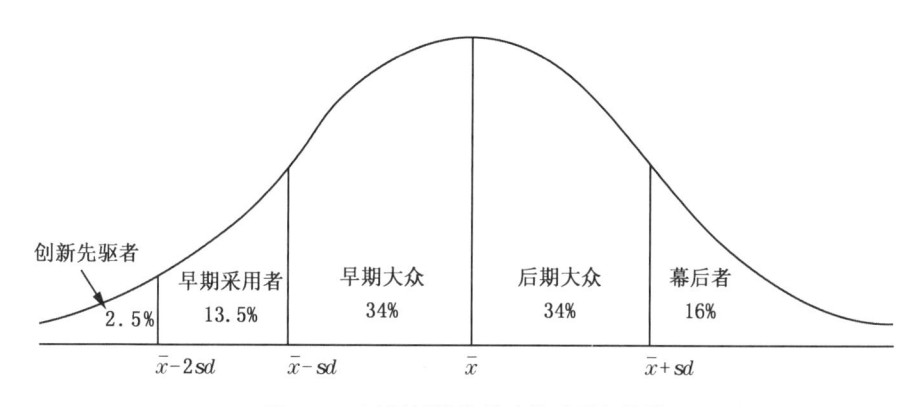

图6—4 以创新性为基础的采用者分类

创新先驱者 2.5% | 早期采用者 13.5% | 早期大众 34% | 后期大众 34% | 幕后者 16%

$\bar{x}-2sd$ $\bar{x}-sd$ $\bar{x}$ $\bar{x}+sd$

(一)创新先驱者

创新先驱者最突出的个性是具有冒险精神。他们对新思想有浓厚的兴趣,这种兴趣可以促使他们超越当地的交际圈子,去大都市发展更为广泛的社交关系。尽管创新者之间在地域上来往不便,但是他们之间的沟通和友谊却很常见。成为创新者,必须具备足够的财力以应付创新可能产生的损失,拥有一定的技术并运用这些技术,有能力应付创新的不确定性。尽管创新者不一定受到系统内其他成员的尊重,但是他们在创新—决策过程中举足轻

---

① [美]E. M. 罗杰斯:《创新的扩散》(第五版).唐兴通等译.电子工业出版社 2016年版,第281页。

重。他们可以获取并引进创新,启动创新在系统内的扩散,是新思想纳入系统的"把关人"。

(二)早期采用者

相比创新先驱者,早期采用者是与地方社会系统联系更加紧密的人群,与其他类别相比,他们也更能把握舆论导向。早期采用者会因为既成功又谨慎而赢得同伴的尊重,成为社会系统内许多成员效仿的对象。潜在采用者往往从早期采用者那里获得有关创新的信息和意见,早期采用者被看作是加快创新扩散的当地传播者。

(三)早期大众

早期大众是社会系统内比普通成员略早接受创新的群体,他们不断与同伴相互作用,相互影响,但很少能成为系统内的观念领导者。早期大众在作出接受创新决策之前,需要更多的时间来考虑。他们位于早期采用者和晚期采用者之间,在人际关系网中有承上启下的作用。早期大众也是5种采用者中人数最多的类别,约占系统成员总数的1/3。

(四)后期大众

后期大众是系统内比普通成员更晚接受创新的人群。他们接受创新可能是出于经济利益的考虑,也可能是因为周围越来越多的人接受创新,对他们造成了压力。他们对创新总是保持小心翼翼和怀疑的态度,只有系统内大多数成员接受创新之后,他们才会跟随。这个类别和早期大众一样约占整个系统的1/3。

(五)落后者

落后者是社会系统中最晚接受创新的群体。在5种采用者中,落后者对创新的看法最为狭隘,他们交往的对象大多是具有传统价值观的人,在决策过程中往往将过去作为参考对象,对创新和创新推广人员持怀疑态度。

四、创新的结果

创新结果是指接受或拒绝创新之后,个人或社会系统发生的某种改变。大部分扩散研究到了决定接受创新时,便宣告完成,创新的结果并没有得到充分研究。这是因为,推广企业往往假设创新是必然为采用者带来有利的结果,而这个假设本身就是一种偏见。另一方面,一般研究方法比较适用于创新性研究,而不太适用于创新结果的调查,创新结果是很难预测的。

(一)创新结果的分类

为了加强对创新结果的了解,可以从三个角度来分析:合意的与不合意的、直接的与间接的、可预料的与无法预料的。[①]

1. 合意的与不合意的

令人合意的结果是指创新为个人或社会系统带来了有效的反馈,而不令人合意的结果

---

① [美]E. M. 罗杰斯:《创新的扩散》(第五版),唐兴通等译,电子工业出版社2016年版,第467页。

则刚好相反,它对个人或社会系统没什么作用,甚至会为系统全体成员带来不利的影响。有些创新会给社会系统有利但却对某些个人不利的影响,比如近几十年来"神奇"稻米和小麦新品种在印度和其他国家导致"绿色革命"。农作物产量提高、农民收入增加,以及让百姓享受到价格低廉的农产品,但同时"绿色革命"也造成了农业人口的减少,间接造成失业问题。大部分创新都会同时造成合意和不合意的结果,很难简单分割。

2. 直接的与间接的

在文化体系不同的要素之间,往往存在复杂及看不见的学习,因此,当系统中的一部分发生变化时,常会产生连锁反应,这就是间接影响。直接的结果是指采用或是拒绝创新造成个人或社会的改变;间接结果也是创新的直接结果引起的变化。马达加斯加某个部落推广水稻的人类学研究报告显示,当地游牧民族过去在干旱地区种植稻米,收成之后,就会迁移到另一个地方去。后来他们采用湿地稻米耕种法,土地开始私有化,社会贫富差距变大,家庭取代原来的部落,于是部落的统治方式也随之改变。这种湿地稻米耕种法不仅产生了直接的结果,也对他们的部落文化产生了深远的影响。

3. 可预料的与不可预料的

可预料的结果是指创新造成的改变是社会系统成员所了解和期待的。无法预料的结果是创新造成的改变是社会系统成员无法了解的,也不是他们所期待的。大洋洲伊尔荣特原住民部落的传统敬老观念,因引进钢斧而瓦解。过去,石斧象征着权力,唯有成年男子才能拥有,妇女和孩童使用时需要向他们借用。西方传教士为了改善居民生活,引进了钢斧,并一视同仁地把钢斧送给男人、女人、儿童,由于钢斧比石斧更好用,石斧很快就消失了。因为长者不太相信传教士,因此年轻男子比成年男子更擅长使用这个工具,这导致原来受人尊敬的长者要反过来向妇女和年轻男子借用斧头。

此外,创新推广人员引进创新时所密切的互动对象不同也会影响创新的结果。如果推广人员接触到的是社会系统中较为贫穷和教育程度低的人,而非社会上的精英,那么创新带来的好处会向这些人倾斜。相反,如果推广人员接触更多的是社会系统中社会地位较高和教育程度较高的人,推广的创新就会加大社会的贫富差距。

(二)社会贫富差距扩大

通常,创新的扩散会使原来的社会贫富差距扩大,原因如下[①]:

(1)创新先驱者和早期采用者对新想法的态度都很积极,也会主动寻找创新技术或事物。他们通常拥有较多资源,较有能力接受高成本的创新,而后期采用者一般不具备这种能力。

(2)专业推广人员通常会把精力集中在创新先驱者和早期采用者身上,期盼得到意见领袖的支持,把创新信息传递给他们的跟随者。但是,在大多数的人际关系网络中,保持联络的成员属于相似的社会类别,具有相近的社会地位。因此,在社会系统中的人际沟通网络里,创新的扩散通常是横向的,而不是纵向的。

---

① [美]E. M. 罗杰斯:《创新的扩散》(第五版),唐兴通等译,电子工业出版社2016年版,第483页。

(3)因为较其他成员更早接受创新,创新先驱者和早期采用者会获得意外利润,这使得他们与后期采用者的经济差距进一步扩大,早起采用者越来越富有,而后期采用者的获益相对较少。

创新不可避免地会使社会贫富差距扩大,但是希格与莫迪(Shingi & Mody)和罗林(Roling)等人提出,如果推广单位努力地对其进行阻止,是可以使社会系统中的贫富差距缩小,或者至少不会使差距扩大。

(1)对社会上层来说是多余的或是没用的,或是对他们没有好处的信息,推广单位可以提供给下层民众。虽然这些信息的内涵与向社会上层传达的一样,但其设计、方法以及呈现形式都应该有所改变,推广机构可以根据社会下层的特征,如教育程度、交流习惯等来定制传播信息。例如,美国社会的下层民众大多是电视迷,对平面媒体的重视程度不如中上阶层,那么推广机构就应重视电视媒介。

(2)推广人员可以把优先接触的对象由原来的创新先驱者和早期采用者改为后期大众和落后者。一般来说,后期采用者很少会主动向专业推广人员寻求创新信息,但是如果推广人员主动、直接地与他们接触,且创新能够符合他们的需求,通常能得到正面的反应。

(3)上层民众获得创新评价信息的机会更多,如果是异质传播,下层民众会快速了解到上层民众的创新经验,并且很快加以实践。但是大多数社会中,上层民众和下层民众的交流发生得不多。因此推广人员应该在下层民众中找到意见领袖,与他们形成密切互动,通过同质性的传播网络传递创新信息,促进创新的推广。

(4)组建社会团体、组织也是缩小差距的重要策略。把下层民众集合起来,变成一个个小组,让他们一起学习和讨论创新信息,推广人员在他们进行决策时提供帮助支持。这样的团体能够赋予他们在经济、社会和政治方面的力量,为下层调动足够的资源来开展高成本的创新。

案例:希格与莫迪评估"上限效应"[①]

希格与莫迪和罗林等人提出结论:只要扩散人员经过一定的努力,是可以使社会体系中的贫富差距缩小,或者至少不会使差距扩大。

印度政府为每个村庄都提供了电视机,所有农民都可以无条件地观看这个电视节目。希格与莫迪借此评估了"上限效应"。他们在农业电视节目推出前,针对其播出内容进行分析,确认其中包含了21项有关小麦和马铃薯种植法的创新信息。这些信息对于已经采纳创新的大农场主来说是多余的,但对普通农民来说仍然有用。

调查发现,大农场主因为已经知道了这些农业创新信息,当看到这些节目时,一般不会继续观看。普通农民则非常喜欢观看这些电视节目,因为农业信息对他们来说是新鲜的。在电视节目播出前后,希格和莫迪通过个人访谈评估农民对农业知识的了解,结果显示,由于"上限效应",大农场主和普通农民之间的差距缩小了。

---

① [美]E. M. 罗杰斯:《创新的扩散》(第五版),唐兴通等译,电子工业出版社 2016 年版,第 493 页。

第七章
大众传播

加拿大著名传播学家、媒介环境学派的马歇尔·麦克卢汉(Marshall McLuhan)曾说:"我们不知道是谁发现了水,但我们很确定那不是鱼。"因为鱼完全沉浸在水中,所以意识不到水的存在。人与大众传播的关系恰似鱼与水,大众媒介已经完全融入了普通人的日常生活,以至于人们往往感受不到它的存在。大众传播对于人类社会的意义也如同水之于鱼。在现代社会,大众传播的普遍影响和重要作用使其成为最重要的信息传播系统。本章我们介绍大众传播的基本概念与特征,大众媒介的历史演进过程,以及大众传播对个人与社会的影响。

第一节 认识大众传播

此前我们已经讨论了人的内向传播、人际传播以及群体和组织内部的传播结构和信息流动现象,接下来,我们将大众传播视为一种同其他传播类型共同存在又彼此不同的过程,抓住大众传播的信息发布者、接收者和讯息等一般要素的特殊性质和意义,逐步认识并把握大众传播的本质。

一、大众传播的定义

什么是大众传播?这个问题的答案容易与报纸、杂志、广播、电视等媒介联系起来,与之相关的信息传播活动通常被认为属于大众传播的范畴。确实,大众传播的概念是在20世纪初针对印刷书刊、广播、电视和电影等大众媒介的兴起而创造的。但若将大众传播作为社会科学领域的重要考察对象,则需要有一个更加科学严谨的定义。

如果理解了施拉姆所描绘的大众传播模式图景,再回到关于什么是大众传播的问题,相信会有一个更清晰的思路。国内多位学者从主体、客体和本体的角度给出了各自的界定,代表性界定如下:

"大众传播由一些机构和技术所构成,专业化群体凭借这些机构和技术,通过技术手段(如报刊、广播、电影等)向为数众多、各不相同又分布广泛的受众传播符号的内容。"[1]

"大众传播是职业工作者(记者、编辑)通过机械媒介(印刷媒介、电子媒介)向社会公众公开地、定期传播各种信息的一种社会性信息交流活动。"[2]

"大众传播是特定的社会集团通过文字(报纸、杂志、书籍)、电波(广播、电视)、电影等大众传播媒介,以图像、符号等形式,向不特定的多数人表达和传递信息的过程。"[3]

"大众传播是专业化的媒介组织运用先进的传播技术和产业化手段,以社会上一般大众

---

[1] [英]丹尼斯·麦奎尔,[瑞典]斯文·温德尔:《大众传播模式论》,祝建华译,上海译文出版社1987年版,第7页。
[2] 刘建明:《宣传舆论学大辞典》(第一版),经济日报出版社1993年版,第290页。
[3] 沙莲香:《传播学:以人为主体的图像世界之谜》(第一版),中国人民大学出版社1990年版,第145页。

为对象而进行的大规模的信息生产和传播活动。"①

"大众传播是职业化的传播机构利用机械化、电子化的技术手段向不特定的多数人传送信息的行为或过程。"②

从上述定义可以看出,大众传播被认为是一种面向社会普罗大众的信息传播活动。这种信息传播活动的主体有时被描述为某一群人——"记者、编辑等职业工作者",有时则是某类组织机构——"特定的社会集团"或"专业化的媒介组织"。在这里,我们认为以专业化的组织机构作为大众传播活动的主体更加恰当,也与20世纪初期开始陆续出现的专业化出版社、报社、杂志社、广播电台、电视台等大众媒介组织发展更加契合。提到大众传播(mass communication),就不得不提与之关系密切的大众媒介(mass media)概念,从诸多定义中我们能够发现大众媒介通常包括印刷媒介(如报纸、杂志、书籍)和电子媒介(如广播、电视、电影),以这些大众媒介为传播介质也被认为是大众传播活动的重要标志。

综上,我们对大众传播做出如下界定:大众传播是专业化的组织机构通过印刷媒介、电子媒介等大众媒介,规模化、批量化地向社会公众传播信息的活动。

二、大众传播特点

基于上述定义,大众传播区别于其他类型的传播活动有哪些特点?我们可以依次按照传播过程的各个要素来把握这个问题。

(1)大众传播中的传播者是从事信息生产和传播的专业化媒介组织。

例如,出版社、报社、杂志社、广播台、电视台、音乐影像制作公司、互联网公司等,都是在某种垂类信息生产和传播领域的专业化组织机构。这些专业化媒介组织有些作为商业机构,以营利为目的,例如西方国家的一些电台、电视台、电影公司等以及目前国内外知名的互联网厂商。还有一些是不以营利为首要目的,而是向社会公众提供公共文化和信息产品的公共事业机构,例如我国的广播电视体系等。

(2)大众传播是运用先进的传播技术和产业化手段大量生产、复制和传播信息的活动。

大众传播的出现和发展,离不开印刷技术、电子技术和网络技术的进步。汤姆·斯丹迪奇(Tom Standage)在《从莎草纸到互联网》一书中提到,到公元1500年,大约1 000架印刷机在欧洲的250个大小城镇轰鸣,总共印出了大约1 000万册书。③ 古登堡印刷机的发明意味着思想可以比过去任何时候都更加迅速地得到复制和传播。后来,电子通信技术使广播、电视能够远距离大量即时地传播信息,计算机技术、互联网技术、数字化技术和多媒体技术更进一步地提高了大众传播活动的规模、速度和效率。

(3)大众传播具有公众性和开放性,对象是社会上的一般大众(即"受众")。

根据大众媒介不同,受众的类型多样、范围极广,书籍报刊读者、广播听众、电视电影观

---

① 郭庆光:《传播学教程》(第二版),中国人民大学出版社2011年版,第99页。
② 张国良:《传播学原理》(第三版),复旦大学出版社2021年版,第16页。
③ [美]汤姆·斯丹迪奇:《从莎草纸到互联网:社交媒体2000年》,林华译,中信出版社2015年版,第三章。

众、互联网用户都属于受众的范畴。受众的概念又具有模糊性,社会上不同人口学结构和社会经济地位的一般大众只要接收大众传播的信息,就是受众的一员。大众传播的这种特性也意味着它对社会的影响力相比其他传播形式更加强大。英国传播学者丹尼斯·麦奎尔(Denis McQuail)在《大众传播工具社会学》一书中指出,大众传播工具的受众"从整体来说为现代社会所独有"。他们是"由共同利益联结起来,按照相同的行为方式从事活动,并且容易接受推动以达到共同目的的个人的总合",而所涉及的个人"彼此并不相识,只有有限的相互作用,都各行其是,只是松散地组织在一起,或者说没有组织"。①

(4) 大众传播的信息具有商品和文化的双重属性。

以报纸为例,从经济学的角度来看,报纸是商品,报纸通过市场流通到广大读者手中,读者花钱买报或订报,这是一种典型的商品交易行为。从新闻业发展史来看,将报纸作为商品,按照商业原则办报,也是新闻业的巨大进步。李良荣在《新闻学概论》中梳理了不同国家和地区对待大众媒介及媒介产品双重属性的态度。他指出,在欧盟,"视听政策试图保护对社会、文化、政治的优先考量,它是建立在多样的'高质量'的电视服务、在民主社会里推动多元主义的基础之上"。在中国,"社会效益第一,经济效益第二"是党和国家反复强调、必须坚持的媒体运行的基本方针。②

(5) 大众传播中的传播者和接收者之间的关系并不平等,属于单向性很强的传播活动。

美国社会学家查尔斯·赖特·米尔斯(Charles Wright Mills)在《权力精英》(*The Power Elite*)一书中指出,大众传播媒介具有两个重要的社会学特征:第一,极少数人能与大多数人交流;第二,受众缺乏有效的方式来回答。互联网进入主流大众媒体使传播变成了一个双向的过程。③ 回复电子邮件和在聊天室回复信息改变了米尔斯对大众媒体的定义。互联网拥有广泛的受众,同时产生了大量的传播者。报纸、广播、电视、电影等传统大众媒介的信息传播活动单向性很强,信息的内容和形式完全由传播者决定,受众有选择接触的权利,并只能通过有限的、滞后的反馈形式(如读者来信、热线电话等)进行反向信息交流。当然,随着网络传播的兴起,各种基于互联网尤其是Web2.0的大众传播活动,使得传播者与受众的双向互动更加便捷迅速。

(6) 大众传播是一种制度化的传播,在传播者和接收者之间存在制度化安排的介入。

大众传播与社会制度的关系密切,考虑到大众传播的巨大社会影响力,各个国家都有各自的大众传播制度和政策体系,作为社会制度的一部分而存在。丹尼斯·麦奎尔归纳了大众媒介被期望为公共利益提供的典型服务包括:"对维持公共秩序和国家安全的支持,对民主进程的支持,提供高质量的文化内容,履行国际义务"。④

---

① 刘建明:《宣传舆论学大辞典》,经济日报出版社1993年版,第291—292页。
② 李良荣:《新闻学概论》(第七版),复旦大学出版社2021年版,第147页。
③ Mills C W, Wolfe A. The power elite. Oxford University Press,2000. Retrieved from https://www.oxfordreference.com/display/10.1093/oi/authority.20111128201009669.
④ [英]丹尼斯·麦奎尔:《麦奎尔大众传播理论》(第五版),崔保国、李琨译,清华大学出版社2010年版,第136页。

【典型案例】

人际传播与大众传播都是日常生活中随处可见且重要的传播形式,两者之间存在诸多因素差异,改变了两种传播过程的根本性质。请通过比较"与朋友面对面聊天"这一典型人际传播场景和"电视节目制作与播放"这一典型大众传播场景,发现传播过程中各因素的差异。

人际传播:与朋友面对面聊天　　　　大众传播:电视节目制播

表7—1　　　　　　　　人际传播与大众传播的特点比较[①]

	人际传播:与朋友面对面聊天	大众传播:电视节目制作与播放
信息	高度灵活、可变	大量复制的、机械制作的、同时发送的　不灵活、不可变或变化有限的
传播者	通常相互认识,可以根据自己的想法、价值取向与喜恶来对信息进行编码	专业化媒介组织(如节目制作公司、电视台等)
接收者	通常相互认识,可以根据对朋友的了解对信息进行解码	庞大的受众群体,通过人口统计方式了解,不能根据所有受众的期望、需求和口味去制作节目
反馈	即时性、直接	延后、推理性(例如,收视率数据)
结果	更灵活,更个人化,更具冒险性、挑战性或实验性	受到传播情境中各个因素的限制

比如,人际传播中反馈的快速、即时与直接,让传播的参与者们可以用多种方式自由地冒险与实验。传播的双方之间通常相互认识,可以根据自身意愿和对对方的了解更仔细地梳理和组织信息。因此,人际传播常常与个人有关,甚至可能具有冒险性和挑战性。相反,大众传播因技术制约导致参与者之间存在难以逾越的距离,反馈又太过滞后,无法迅速修正错误的或不受欢迎的传播。另外,大众传播由于庞大的受众群体,难以做到人人满意的个性化。

---

① 表格改编自[美]斯坦利·J·巴兰:《大众传播概论:媒介素养与文化》(第8版),何朝阳译,中国人民大学出版社2016年版,第7页。

第二节　大众传播的产生与发展

大众传播的产生与发展和大众媒介联系密切,而大众媒介的产生和发展则与人类社会的政治、经济、文化、科学、技术等的发展水平密切相关,是现代科学技术发展到一定阶段的产物,并随科学技术的日益发展而不断变化和完善。随着社会的发展,印刷媒介、电子媒介、网络媒介依次出现,并同时共存在我们今天的日常生活中,它们相互配合,取长补短,共同发挥大众传播媒介的作用。

一、印刷媒介与大众传播

随着社会发展,人类对信息交流的需求量越来越大,仅以口头方式进行的人际传播已不能适应社会发展的需要。印刷媒介是指通过印刷方式向社会公众传播信息的中介物,例如书籍、刊物、报纸、图片等。[①] 在所有的大众传播媒介中,印刷媒介是最古老的一种。它的产生、发展和变化与印刷技术的发展紧密相关。

（一）古登堡印刷术

从口语时代进入文字时代,文字书写之于信息传播的重要意义显而易见。马歇尔·麦克卢汉在《古登堡星汉璀璨》中指出,从公元前5世纪到公元后15世纪,书籍都是手抄的,因此在西方世界的书籍史中只有大约三分之一是印刷史。在东方,公元600年中国便开始使用雕版印刷机,11世纪40年代,我国的毕昇发明了胶泥活字印刷术,提高了印刷速度。朝鲜在13世纪开始使用一种简单的金属活字印刷术。1450年,德国人古登堡制成了世界上第一台手摇金属活字印刷机,使印刷品的大量生产成为可能。

印刷术的发明不仅是一项单独的技术,而且是一道中世纪技术和现代技术的分水岭。约翰内斯·古登堡(Johannes Gutenberg)是一位金匠和冶金家,他利用铅模代替木活字或泥活字,发明了更加持久耐用、能够灵活组合信息的金属活字印刷术。印刷商们很快看到了古登堡发明的巨大商业潜力,第一部古登堡版的《圣经》诞生于1456年,书页边缘的插图为手绘,文字内容则为机器印刷而成。到15世纪末,印刷技术已在欧洲十几个国家流行,2 000万册《圣经》被印刷出来。大规模印刷对宗教、文化和社会思想产生了深远影响。

麦克卢汉认为,印刷术与电影有很多相似之处,印刷术就像把读者置于电影放映员的位置。读者以恒定的理解作者思维运动的速度移动眼前的一行行印刷文字。与抄本文化相比,印刷书籍的阅读者处于一种与作者完全不同的关系。印刷术逐渐让高声朗读变得毫无意义,并加速了阅读动作,直到读者感到被作者所"掌控"。印刷品是第一批大规模生产的产

---

① 刘建明:《宣传舆论学大辞典》,经济日报出版社1993年版,第301—302页。

图 7—1　被拍卖的古登堡版《圣经》残片①

品,所以印刷品是第一批统一而可重复的"商品"。活字字模的组装线为生产这种如科学实验般可重复的、统一的产品提供了可能性。②

《连线》杂志主编凯文·凯利(Kevin Kelly)是技术论的支持者,他在 2008 年的一篇杂志采访中将古登堡印刷术视为推动新闻、科学、数学和法律发展的技术变革:

技术变革会影响文化。很久以前,文化围绕的中心是口头语言。口语技能如记忆、背诵和修辞等,所形成的我们对历史的尊重,模糊、华丽且很主观。然后,大约 500 年前,口头表达被技术所倾覆。古登堡改进的金属活字印刷术,把书写提升到文化的中心地位。文本因为可廉价而完美地复制,成为变革的动力和稳定的基础。随着印刷业发展而来的,是新闻、科学、数学文库和法律。③

(二)图书

在古登堡印刷术普及后的大约三个世纪以后,随着技术提高和社会、文化、经济等必要条件完善,图书才成为一种主要的大众媒介。从媒介发展的历史角度看,图书是第一种大众媒介,既能提供信息又能提供娱乐和文化价值,在个人发展和社会变化中发挥着不可替代的作用。传播学者斯坦利·巴兰(Stanley J. Baran)总结图书的意义和价值包括:(1)图书是社会和文化变革的动力。(2)图书是重要的文化宝库。(3)图书是回望历史的窗口。(4)图书是自我提升的重要源泉。(5)图书是消遣、逃避和个人反思的极好途径。(6)与那些被消费广告支撑的(电视、广播、报纸、杂志)或被极力促销的(流行音乐和电影)媒介相比,图书的购买和阅读是更加个性化的个人活动。(7)图书是反应文化的镜子。④

随着数字化和网络化的大趋势,图书受到了来自电子书、智能手机、平板电脑和电子阅读器、网络阅读平台等技术和产业变革的巨大冲击,图书产业正在被重构,人们的阅读习惯

---

① The Guardian: Fragment of Gutenberg Bible expected to top ＄500,000 at auction. http://theguardian.com/books/2015/jun/11/fragment-of-gutenberg-bible-expected-half-million-dollars-auction-new-york.
② [加]马歇尔·麦克卢汉:《古登堡星汉璀璨:印刷文明的诞生》,北京理工大学出版社 2014 年版,第 219 页。
③ Kelly K, "Becoming screen literate", *New York Times*, 2008, p. 21.
④ [美]斯坦利·J·巴兰:《大众传播概论:素养与文化》(第 8 版),中国人民大学出版社 2016 年版,第 48—49 页。

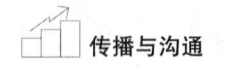

也正在被重塑。

【调查数据】

纸质书消亡了吗?

数字化时代,人们的阅读习惯和方式发生了巨大的变化。于是有人担心:人们越来越不爱看纸质书了吗?数字阅读是否会代替纸质书?最终纸质书会不会消失?关于这些问题我们也许可以通过全民阅读调查数据来探寻答案。

由中国新闻出版研究院组织实施的第十九次全国国民阅读调查在我国162个城市对42 456个居民展开调查,其中成年人样本占到总样本量的74.5%,获得以下主要发现:[①]

(1)2021年我国成年国民包括书报刊和数字出版物在内的各种媒介的综合阅读率为81.6%,其中图书阅读率为59.7%,报纸阅读率为24.6%,期刊阅读率为18.4%;数字化阅读方式(网络在线阅读、手机阅读、电子阅读器阅读、Pad阅读等)的接触率为79.6%。成年国民数字化阅读倾向明显,越来越多的中青年人成为数字化阅读的主体。

(2)2021年我国成年国民人均纸质图书和电子书阅读量均较上年有所提升,纸质图书的阅读优势仍然明显。2021年我国成年国民人均纸质图书阅读量为4.76本,人均电子书阅读量为3.30本。2021年我国成年国民中,有11.9%的国民年均阅读10本及以上纸质图书,有8.7%的国民年均阅读10本及以上电子书。

(3)2021年,我国城镇居民的纸质图书阅读量为5.58本,农村居民的纸质图书阅读量为3.76本。

(4)2021年,有45.6%的成年国民倾向于"拿一本纸质图书阅读",有30.5%的成年国民倾向于"在手机上阅读",有8.4%的成年国民倾向于"在电子阅读器上阅读",有6.6%的成年国民倾向于"网络在线阅读",有7.4%的成年国民倾向于"听书",有1.5%的成年国民倾向于"视频讲书"。

(5)在传统纸质媒介(图书、报纸、期刊)中,2021年我国成年国民人均每天读书时间最长,为21.05分钟。

从目前的数据来看,纸质书阅读仍是不可或缺的。大多数读者对纸质书有着长久的习惯和认同。纸质书爱好者认为,阅读纸质书所收获的真实性、满足感、沉浸感等体验和独特的收藏价值都是数字化阅读无法给予的。

(三)报纸

在古罗马时期,已经出现了具有时效性信息发布功能的《每日纪事》(*Acta Diurna*),用于记载当日的元老院集会议事内容。我们今天所谈的报纸通常被认为起源于17世纪左右的欧洲。根据我国新闻学者李良荣的考证和划分[②],从16世纪到18世纪,报纸经历了从无到有,从少到多,从简单到复杂,从模仿到独创的大致三个阶段。

---

① 中国新闻出版研究院:《第十九次全国国民阅读调查主要发现》,中国全民阅读网,2022—4—23,https://www.nppa.gov.cn/nppa/contents/280/103913.shtml。

② 李良荣:《新闻学概论》(第七版),复旦大学出版社2021年版,第86—89页。

第一，手抄新闻阶段。手抄新闻是古代社会书信新闻的延续。最早在意大利的威尼斯兴起，因此也被称为"威尼斯公报"。手抄新闻的编、写、发行基本由一人完成，是个体的职业新闻工作者。在17世纪初叶，手抄新闻流行到欧洲各地，到17世纪末逐渐消亡。

第二，新闻书阶段。这一阶段的新闻书采用铅字印刷，发行量大，但基本上是不定期的，中间间隔时间很长，时效性低。新闻书没有固定的订户，主要靠在市场上像图书一样公开售卖。当时的图书印刷商习惯在自己印刷的图书中附带这种新闻书进行销售。典型代表如：

(1)1588年，奥地利人艾青氏印刷出版了新闻书，每年两册，系统地刊登过去半年内欧洲、近东各国的重大政治、军事、商业事件。

(2)1620年，荷兰人在阿姆斯特丹开始印刷新闻书，报道德国和欧洲大陆其他国家的政治、军事、商业等新闻。

(3)在英国，1611年出版的《西班牙新闻》、1625年出版的《德国新闻》《英国新闻》均是新闻书。

第三，周刊(周报)、日报阶段。这一阶段之初的周刊(周报)还是书本形式的，后来逐渐出现了印刷速度更快的单页两面印刷形式，这使得个体劳动无法跟上印刷速度，采访、编辑、排版、印刷、发行的整个出版过程需要一批人分工协作。于是，报纸正式成为资本主义企业，并催生了新闻行业。典型代表如：

(1)1663年，德国莱比锡出版了《莱比锡新闻》，最初为周刊，后来改为日刊，被认为是世界上最早的日报，但它仍是书本形式的。

(2)1665年11月16日，英国出版了世界上第一个采用单页两面印刷的周报——《牛津公报》(Oxford Gazette)，不再是过去的书本样式，有利于加快印刷速度，提前发行。英文中newspaper(报纸)一词就是源于《牛津公报》。

(3)1702年，英国伦敦出版《英国每日新闻》，这是一份四开小张、两面印刷的日报，是现代日报的始祖。

到了19世纪，美国与欧洲一些大城市的社会环境和人口特征促使现代报纸诞生的时机成熟。1833年9月3日，本杰明·戴(Benjamin Day)发行的《纽约太阳报》(The Sun)是世界上第一份"便士报"("Penny Press")。该报的口号是："它(指太阳)照耀着每一个人。"[①]为了吸引广大读者，该报专门报道当地发生的趣闻，例如犯罪、事故、名人逸事等。为了推销报纸，该报雇用报童在街上出售，每份只卖一美分，不久便引起轰动，每天销售量可达8 000份。三年后该报的日销售量达到3万份。随后，在法国、英国等国家的各大城市也陆续出现了便士报。这种便士报是大众报纸("Popular Press")的先驱，特点是面向社会各阶层的普罗大众发行，尤其是中底层人民，区别于过去服务于精英阶层的"严肃报纸""高级报纸"。这类报纸的出现，打破了以前政党报纸以演讲、政论或重大政治经济新闻为主的尊严，使报纸不再局限于上层社会和知识阶层，对于普及文化是有重要意义的；但是它们以营利为目的，

---

① 刘建明：《宣传舆论学大辞典》，经济日报出版社1993年版，第111—112页。

因而又总是使文化停滞在低层次上,产生了对社会不良的影响。

图7-2 1833年9月3日,首份"便士报"《纽约太阳报》(The Sun)的首刊首页

二、电子媒介与大众传播

随着电报的发明和使用,人类开始使用电子传播媒介。根据刘建明主编《宣传舆论学大辞典》的定义,"电子媒介"是传播媒介的一种类型,通过电波形式传播和接收信息的中介或

装置,如无线电广播发射机、接收机、电视发射和接收设备、录音机、录像机等。[1] 电子媒介通过电波形式传递信息,因此信息传播速度非常快,每秒钟可达 30 万千米。同时,由于电波的穿透力强,电子媒介传播距离远,无线电广播可以跨国界、洲界;卫星电视直播可以使远隔千万里的观众犹如身临其境,同步看到事件发生、变化的场面。通过录音、录像装置,还可将广播和电视传递的信息储存起来,随时备用。因此,电子媒介的大众传播活动突破了时间和空间的限制。随着电子媒介的兴起和普及,极大地影响着人们的思想和行为,改变了人们的生活方式和交往方式,对社会产生巨大的影响。电子媒介应用于大众传播领域的典型代表是广播和电视,20 世纪初无线电广播进入了实用阶段,1920 年在美国匹兹堡建立了世界上第一座无线电广播电台。无线电广播克服了人际传播的空间限制。20 世纪 30 年代电视诞生了,使电子传播媒介发展到了一个新的阶段。[2]

(一)广播

无线广播作为最早出现的电子大众媒介,经历了一百余年的发展。伴随无线通信技术、录音技术的发展,无线广播从军事应用走入寻常人家,成为一种"家用设备"。KDKA 是美国第一个领有营业执照的商业广播电台,也被公认为世界上第一个商业电台,标志着广播事业的正式诞生。KDKA 广播电台的雏形是一位电气工程师的兴趣产物。1920 年 9 月 30 日,美国电器制造公司西屋公司(Westinghouse)的一名工程师弗兰克·康赖德(Frank Conrad)在自家车库发送无线电广播,被不少邻居收听到。在公司的鼓励下,广播设备被搬到公司,加大功率播放使更多的人能收听。10 月 7 日,宾夕法尼亚州匹兹堡的实验性电台 8XK 获得了美国商务部颁发的广播营业执照。11 月 2 日,KDKA 广播电台首次进行商务无线广播,播送当时美国第 29 任总统沃伦·哈丁(Warren G. Harding)竞选结果的节目。随着美国无线广播事业的不断发展,美国全国广播公司(NBC)、哥伦比亚广播公司(CBS)、美国广播公司(ABC)三大广播网陆续成立,形成了美国广播以营利为本,由商业性私有企业主导而非政府控制的基本特征。在发源地美国,广播在 1929—1939 年经济大萧条期间迎来了黄金时代,人们从需要花钱购买的留声机和唱片转向免费的广播节目,有收音机的家庭从 1930 年的 1 200 万户上升到 1940 年的 3 000 万户,广告收入也从 4 000 万美元上涨到 15 500 万美元,这个数字在第二次世界大战结束时进一步上涨到 31 000 万美元。在经历数十年的蓬勃发展后,20 世纪 50 年代广播在与电视的竞争中败下阵来。

相比而言,我国广播事业发展较晚。国内学者李良荣梳理了中国大陆地区广播媒介诞生之初的情况。[3]

(1)1923 年初,美国记者奥斯汀利用华商资本在上海外滩开设"中国无线电公司",呼号为 ECO,1 月 24 日正式播音,播送音乐和新闻,被认为是中国第一家广播电台。

(2)1928 年 8 月 1 日,国民党政府在南京开办的"中央广播电台"开始播音。

---

[1] 刘建明:《宣传舆论学大辞典》,经济日报出版社 1993 年版,第 300 页。
[2] 刘建明:《宣传舆论学大辞典》,经济日报出版社 1993 年版,第 291 页。
[3] 李良荣:《新闻学概论》(第七版),复旦大学出版社 2021 年版,第 90 页。

图7—3　1920年11月2日，KDKA电台在播放美国总统选举节目

(3)1940年12月30日被定为中国人民广播事业创建纪念日，这是由于这一天延安的新华广播电台开始播音，呼号为XNCR，发射功率约为300瓦，这是中国共产党创办的第一个广播电台。

尽管起步较晚，但我国广播事业发展迅速。新中国成立之初，我国广播电台只有49家，到1978年发展到93家。改革开放40多年间，广播电视快速发展。截至2021年年底，全国共有广播电台、电视台、广播电视台等播出机构2 542家。①

(二)电视

电视发展经历了机械电视和电子电视阶段。1884年，俄国科学家保罗·尼普科夫(Paul Nipkow)发明的尼普科夫圆盘(Nipkow disc)能够将可视景象转换为电子信号进行传输。1925年，英国发明家约翰·贝尔德(John L. Baird)运用机械圆盘传输动态图像，1928年，贝尔德成功将电视图像从伦敦传送到纽约的哈茨代尔。1929年，英国广播公司允许贝尔德的公司开展公共电视广播业务。严格来说，机械电视并不属于电子媒介。真正的电子电视采用电子技术把图像从摄像机传输到接收器上，在1927年由年仅20岁的菲洛·法恩斯沃思(Philo Farnsworth)发明，他向公众播放了若干职业拳击赛的影像片段、一部电影的几个场景以及其他若干图像。

20世纪三四十年代，电视开始逐渐成为一种大众传播媒介，到了20世纪50年代电视迎来黄金时期。20世纪50年代末，美国电视台数量达到559家，90%的美国家庭拥有电视。随着电视技术的发展，电视产业更加成熟，盈利模式不断创新，电视台、观众和广告商等参与主体处在不断的成长和变化之中，电视媒介的内容走向丰富多元。针对电视节目的收视率

---

① 国家广播电视总局：《2021年全国广播电视行业统计公报》，2022—4—25。

分析甚至发展成一个独立的研究领域和产业。20世纪60年代见证了电视媒介在深入改变社会意识与行为方面所拥有的强大政治性力量,例如1960年的美国总统候选人尼克松与肯尼迪的竞选辩论,1963年的肯尼迪遇刺及葬礼,1969年的阿姆斯特朗登月行走,都通过电视向社会民众播放。

在我国,改革开放之后电视事业发展迅速。1958年5月1日北京电视台成立,不久改名为中央电视台,正式开始播出电视节目。1973年,开办彩色电视节目。[①] 在经历数十年的发展后,到2018年底,全国拥有广播电台、电视台、广播电视台等播出机构2 647家,是1949年的54.02倍、1978年的18.64倍。广播电视节目制作能力大大提高,全国有节目制作经营机构近2.7万家,是1978年的189.45倍,从业人员97.90万人,是1978年的5.44倍;全年电视节目制作时间357.74万小时,是1982年550.37倍。广播电视播出能力日益增强,公共电视播出1 925.0万小时,是1982年的211.18倍。[②]

【业界观点】

三网融合

三网融合指的是电信网、广播电视网和互联网相互渗透、互相兼容,并逐步整合成为统一的信息通信网络,在现阶段三网融合主要是指高层业务应用的融合。自1996年以来,世界各国先后开始推进三网融合的进程,很多发达国家已经实现了各种形式、不同程度的融合,在这方面我国的起步较晚。2005年10月"十一五"规划建议中提出,未来五年内要加强宽带通信网、数字电视网和下一代互联网等信息基础设施建设,推进"三网融合",健全信息安全保障体系。2010年,国务院常务会议决定,加快推进电信网、广播电视网和互联网三网融合,并明确提出了推进三网融合的阶段性目标:2010—2012年重点开展广电和电信业务双向进入试点;2013—2015年,总结推广试点经验,全面实现三网融合发展。

三、互联网与大众传播

互联网(Internet)自诞生以来,逐渐成为一种强大的传播媒介,人际传播、组织传播、群体传播或大众传播活动都有可能在互联网上发生。同时,互联网融合了人类社会几乎所有的媒介,报纸、杂志、广播、电影、电视等都在互联网上重新以数字化、网络化的形式重生,并且延伸出新的特征。

(一)互联网的出现与发展

关于互联网的起源,学术界的观点不一致。美国传播学者斯坦利·巴兰归纳了比较流行的两种观点,"命令和控制说"和"分权说"。[③] "命令和控制说"认为互联网是冷战产物,建设目的是在核攻击中保护国家安全,防止当时的美国军队的信息传递不会因为某一地区遭

[①] 李良荣:《新闻学概论》(第七版),复旦大学出版社2021年版,第92页。
[②] 张君昌、张文静:《新中国70年广播电视发展成就与经验启示》,《传媒》2019年第20期。
[③] [美]斯坦利·J.巴兰:《大众传播概论:媒介素养与文化》(第8版),何朝阳译,中国人民大学出版社2016年版,第211—212页。

敌军攻陷而受扰。媒介历史学家丹尼尔·西伦特(Daniel J. Czitrom)按此逻辑将互联网的起源与"军事和反文化、命令和控制的需要"相关联。尽管"命令和控制说"几乎被普遍接受为事实,但也有学者认为以自由通信、分享和交换信息为特征的全国甚至全球互联网,能够帮助人们更加了解、关注和参与政府行为,能够实现真正有效的信息互动,甚至能够颠覆人类大脑的思维方式。

通常我们把使用某种媒介的人称为"受众"(audience),但对于互联网的使用者则更习惯使用"用户"(user)这个词。互联网用户既是信息的受众又是信息的创造者、传播者,他们可以在浏览互联网内容的同时创造和传播内容,通过电子邮件、论坛、微博等各种各样的形式进行信息交流。互联网创造了一个使得所有人都有机会成为记者、播音员、解说员、评论家、摄影师、视频制作者等专业化身份的空间。目前互联网用户规模极其庞大,相应的网络基础设施也更加完善,越来越多的人成为离不开网络的"数字原住民"(digital natives)。

【调查数据】

据中国互联网络信息中心(CNNIC)发布的第49次《中国互联网络发展状况统计报告》(以下简称《报告》)显示:

(1)截至2021年12月,我国网民规模达10.32亿,较2020年12月增长4 296万,互联网普及率达73.0%,较2020年12月提升2.6个百分点。

(2)截至2021年12月,我国手机网民规模达10.29亿,较2020年12月增长4 298万,网民使用手机上网的比例为99.7%。

(3)截至2021年12月,我国农村网民规模达2.84亿,占网民整体的27.6%;城镇网民规模达7.48亿,占网民整体的72.4%。

(4)截至2021年12月,我国网民使用手机上网的比例达99.7%;使用电视上网的比例为28.1%;使用台式电脑、笔记本电脑、平板电脑上网的比例分别为35.0%、33.0%和27.4%。

(5)截至2021年12月,我国IPv6地址数量为63 052块/32,较2020年12月增长9.4%。我国域名总数为3 593万个。其中,".CN"域名数量为2 041万个,占我国域名总数的56.8%。

(二)网络传播特点

与传统大众传播相比,基于计算机和互联网的大众传播具有一些新的特点,通常包括交互性、即时性、海量信息、多媒体、个性化、超文本等。其中有很大一部分特征来源于网络传播区别于人际传播、群体传播等其他传播类型的特征,而非基于网络传播独有的特点,此处不再展开。

传授关系的交互性特征一般被认为是网络传播的最重要特征,也是最具差异化的特征。陈力丹(1998)[①]将网络传播划分为四个方面,分别是:(1)个人对个人的异步传播(例如电子

---

① 陈力丹:《大众传播理论如何面对网络传播》,《国际新闻界》1998年Z1期,第84—90页。

邮件);(2)多人对多人的异步传播(例如电子公告牌,BBS);(3)个人对个人或对不确定的多人的同步传播(例如在线闲谈);(4)多人(包括团体)对个人、个人对个人、个人对多人的异步传播(例如各种接收信息的活动)。他指出前三种情况属于不同时态的交互传播,只有最后一种情况才更接近传统大众传播过程中的"受众"概念,但此处的"受众"是主动寻找信息的。国内学者卜卫(1998)指出①,与传统大众媒介传播方式不同,网络传播不是媒体向接收者传递消息的单向传播,而是二者之间的交互性传播。一方面,媒体作用于用户,如传递信息;另一方面,用户也作用于媒体,如用户可对网络信息进行加工、处理、修改、放大和重新组合等。对传统的报纸、广播、电视,用户只能在有限范围内选择看或不看,但对网络信息,用户不仅可以在较大的甚至无线的范围内选择信息,还可以通过计算机操作改编传输内容和传输形式。以报纸为例,受众无法对纸质报纸进行任何加工或者直接交流,但用户可以通过信息检索功能对网络报纸进行内容的筛选和个性化定制,或是通过网站提供的"反馈"功能对新闻报道发表意见。网络传播的交互性赋予了用户选择信息的权利和对信息使用结果控制的权利,这些都是传统大众传播无法提供的。

【业界观点】

移动互联网时代来临,万维网会消亡吗?

2010年,《连线》杂志刊登文章《万维网已死,互联网永生》("The Web Is Dead. Long Live the Internet")②,认为由于应用程序这种更简单、更时尚的服务形式出现,万维网(World Wide Web)在诞生二十年后走向衰落,人们从搜索信息转向直接获取信息。文章作者之一克里斯·安德森(Chris Anderson)指出:"过去的几年中,数字领域一个最大的变化就是从开放的互联网向半封闭的网络平台过渡。这些平台使用互联网进行数据传输,但不通过浏览器显示。它们的兴起主要是受到了iPhone等移动计算模式的推动。它们不受HTML语言规则的束缚,Google也没办法抓取它们的数据。"对用户而言,这些网络平台更有用且更容易使用。对企业而言,也更容易在这些网络平台上获取商业利益。两方面的原因共同推动了越来越多的人放弃了浏览器,转而使用移动互联网应用。如图7-4所示,万维网(Web)究其根源也不过众多互联网应用中的一员而已,如今万维网上传输的数据还不到互联网总流量的四分之一,并且呈现萎缩趋势。那些占用流量较大的应用包括P2P文件传输工具、视频等,很多应用都是封闭的,而且通常使用专用网络。

2014年,《连线》杂志刊登文章《网络没有死》("The Web Is Not Dead")③,提出与前文相反的观点。作者内森·马图斯卡(Nathan Matuska)认为网络(Web)并没有死,事实上它还活着并且在成长。人们通过移动设备访问信息的方式并没有扼杀网络。相反,这场移动互联网的革命帮助网络呈指数级增长。他给出了以下理由支撑他的判断:

---

① 卜卫:《互联网络对大众传播的影响(上)》,《国际新闻界》1998年第3期,第5—11页。
② Chris Anderson, Michael Wolff, "The Web Is Dead. Long Live the Internet", *Wired*, 2010-8-17, https://www.wired.com/2010/08/ff—webrip/.
③ Nathan Matuska, "The Web Is Not Dead", *Wired*, 2014, https://www.wired.com/insights/2014/02/web—dead/.

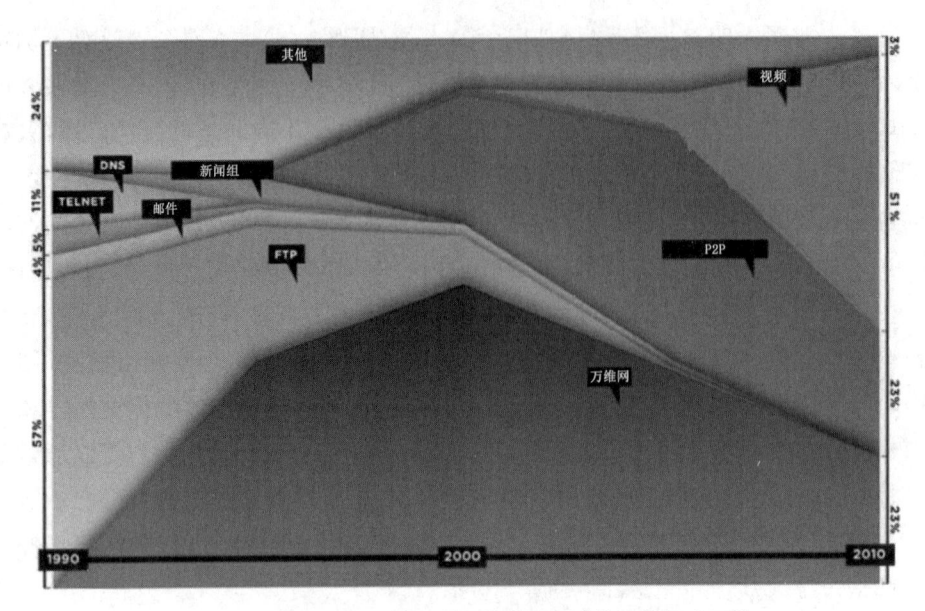

图 7—4　万维网(Web)在美国互联网领域的比重正在下降

应用程序是通往网络的门户(gateway),被数百万人使用;

移动设备市场份额正在飙升,人们越来越多地使用移动设备访问互联网;

整体网络流量正在上升;

安全的移动购物正在爆炸式增长;

网络是活跃的,并且发展良好。

以上两篇文章距今都已超过十年,如今我们已经浸入了更广阔的移动互联网世界。根据中国互联网络信息中心(CNNIC)发布的《第 50 次中国互联网网络发展状况统计报告》,截至 2022 年 6 月,我国网民规模为 10.51 亿网民使用手机上网的比例达 99.6%,远远高于使用台式电脑、笔记本电脑、电视和平板电脑上网的比例,后几种方式分别占 33.3%、32.6%、26.7% 和 27.6%。事实上,自 2010 年以后,伴随移动互联网的飞速发展,我国手机网民数量增长强劲,手机网民占整体网民的比例从 2010 年 12 月的 66.2% 跃升到 2022 年 6 月的 99.6%。[①] 人们一方面享受着移动互联网设备与应用所带来的便捷,另一方面也受到诸如碎片化阅读、手机成瘾等问题的困扰。基于 www 网址访问的万维网和移动互联网在此消彼长的竞争之后似乎迎来了一种均衡共存,各自作为不同的广阔信息世界入口存在着。

---

① 中国互联网络信息中心(CNNIC):《第 50 次中国互联网网络发展状况统计报告》,2022—8—31,第 86—87 页,https://www.cnnic.cn/NMediaFile/2022/0916/MAIN1663312359252H1J8O7CGR2.pdf.

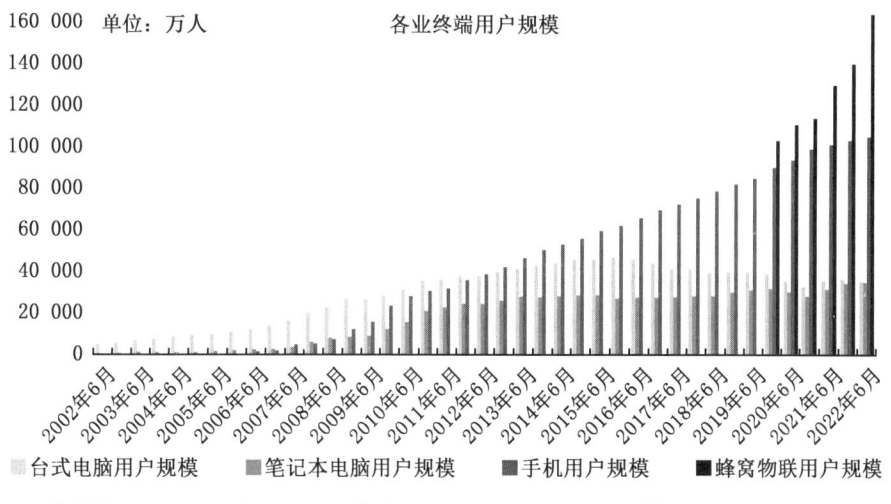

```
160 000  单位：万人           各业终端用户规模
140 000
120 000
100 000
 80 000
 60 000
 40 000
 20 000
      0
```
2002年6月 2003年6月 2004年6月 2005年6月 2006年6月 2007年6月 2008年6月 2009年6月 2010年6月 2011年6月 2012年6月 2013年6月 2014年6月 2015年6月 2016年6月 2017年6月 2018年6月 2019年6月 2020年6月 2021年6月 2022年6月

■ 台式电脑用户规模　■ 笔记本电脑用户规模　■ 手机用户规模　■ 蜂窝物联用户规模

资料来源：CNNIC 中国互联网络发展状况统计调查，工业和信息化部。

图 7—5　中国互联网各类终端用户规模

第三节　大众传播的影响

大众媒介对个人的影响涉及生活的多个方面，有些是不易察觉或潜移默化的，其中最显见的影响是现代社会中的人普遍会花费大量时间在大众媒介上，无论是图书、广播、电视、电影或互联网等媒介中的一种或多种。当我们每天除去睡觉以外的时间有四分之一甚至三分之一花在媒介上时，大众媒介就极大地占据了个人生活，这对个人生活方式无疑具有重要的影响甚至塑造能力。这种影响有正向的，同时也有不可忽视的负面影响，因此需要从两个角度权衡。

一、大众媒介与个人生活

美国传播学者威尔伯·施拉姆（Wilbur Schramm）用数字描绘了 20 世纪七八十年代美国家庭在日常生活中与大众媒介的密切联系，尤其是花在电视、报纸、广播等大众媒介上的时间之多。[1]

（一）电视

1979 年秋，98％的美国家庭拥有电视机，每家每天平均开电视机的时间是 7 小时。这就是说，每年电视机开着的时间长达 2 500 小时以上，相当于 100 多个 24 小时的日日夜夜，睡

---

[1] ［美］威尔伯·施拉姆，威廉·波特：《传播学概论》（第二版），何道宽译，中国人民大学出版社 2010 年版，第 216—217 页。

觉和不睡觉的时间都包括在内。一个人在这样的情况下生活10年,等于是有整整3年是在看电视。当然,开电视的时候,任何家庭成员都不可能一直在看电视。成年人每天看电视的时间可能平均3小时,儿童平均多看1个小时。即使是这两个数字,如果乘上365天,那也是很可观的……到高中三年级时,(儿童)每人每年看电视的平均时间至少已经有15 000个小时。

(二)报纸

每年9月至次年4月,每晚8点至9点,大约有1亿美国成年人读报,每人读报的时间平均每天约30分钟。换句话说,1亿美国人每天读报时间加起来花费了大约7 000万个小时。

(三)广播

将近99%的美国家庭拥有收音机,90%的美国汽车装有收音机。听收音机的时数不清楚,但估计1亿美国人每天用在这上面的时间共约1.5亿小时。

各种大众媒介占据了人们的大量时间,其中电视的使用时间是最多的,而这种情况不止发生在美国,当时日本及欧洲等发达国家也同样如此。日本几乎家家都有电视机和收音机,且有订阅报纸的习惯。日本儿童看电视的时间甚至比美国儿童还要多,但日本男性看电视的时间比美国略少。欧洲国家里各年龄段的人看电视时间少于美国。在当时,包括中国在内的第三世界国家,由于当时电视机尚未普及且文化程度较低,对大众媒介的接触时间明显较少,受到大众媒介的影响也较小。

"沙发土豆"(couch potato)

20世纪70年代,"沙发土豆"一词开始出现在美国报纸和漫画上,用于描绘那些花很多时间躺在沙发上看电视的人。1993年,"couch potato"一词被收入《牛津英语词典》,用于指那些"花费大量闲暇时间看电视或录像带的无所事事的人"。显然,这是一个含有批评意味的负面词汇。久坐不动的生活方式容易导致健康问题。一直以来都有科学研究表明这类人群中肥胖、心血管疾病、糖尿病等发病率更高。

资料来源:https://www.dreamstime.com。

来到21世纪,世界各地的人们与互联网这一新兴媒介的联系相比于传统大众媒介更加紧密。《连线》杂志在2010年的一篇文章中描绘了当代年轻人深度沉浸在互联网丰富应用中的一天:[1]

早上起床你打开身边的iPad查收邮件——这是一个应用;吃饭的时候登录Facebook、Twitter和《纽约时报》——三个应用;上班路上用智能手机听播客——又是一个应用;工作的时候,用RSS阅读器阅读信息,用Skype和即时通信软件聊天——又是很多应用。下班回家,你做饭的时候用Pandora听音乐,吃过晚饭用Xbox Live打游戏、用Netflix看流媒体电影。你这一整天都在上网⋯⋯

如今的互联网及智能设备已经取代了当年的电视媒介,成为人们花费大量时间的传播媒介。人们出于便捷、廉价、不可替代的产品或服务、安全感或控制感等各种客观和主观需求而接触和使用网络媒介。但面对一些用户产生的过度依赖甚至成瘾倾向,"低头族""手机僵尸"(smartphone zombie)在中西方社会语境中成为新的流行词汇,来描述新的媒介对于人们的过度影响。有媒体报道[2],2012年以来随着移动互联网和智能手机的流行,各国民众玩手机的时间开始明显增加。德国数据统计互联网公司最新调查发现,巴西人每天花在手机上的时间最多,平均每天近5小时;中国以每天3小时位居第二;排名第三到第八位的是美国、意大利、西班牙、韩国、加拿大、英国,每天玩手机的时间也都超过了2小时;法国、德国相对较短,约1.5小时。英国移动技术顾问托米·阿霍宁调查发现,人们平均每6.5分钟就会看一眼手机,如果按每天清醒时间为16小时计算,一天大约要看150次手机。手机媒介对个人的影响不局限于成年人,也包括儿童甚至婴幼儿。一项针对1 000名0—5岁婴幼儿父母的调查显示,幼儿智能手机使用率为80.4%。

这些被大众媒介占据的时间并非凭空而出,而是以缩减其他活动时间为代价的。在电视的黄金时代,两位美国学者调查发现20世纪60年代的美国人与30年前没有电视时相比,在以下方面所花的时间大大减少:睡眠、饮食、阅读、去电影院、听收音机、参加体育活动和比赛、闲谈、开车兜风、跳舞和去教堂。[3] 同时期另一项涵盖了欧洲、拉美多个国家和美国的大规模调查也发现,电视机拥有者在以下活动中的时间均减少了:睡眠、外出社交、听收音机、读报、做家务、旅行、读书、闲谈。[4] 因为看电视而受到挤压的个人活动不仅限于其他媒介的接触和使用,也包括一些真实世界中的人际交往、休闲娱乐或文化活动。这提醒我们,在互联网和移动设备盛行的今天,被媒介所侵占的其他活动时间又会是多少呢?

---

[1] Chris Anderson, Michael Wolff, The Web Is Dead. Long Live the Internet. *Wired*, 2010-8-17, https://www.wired.com/2010/08/ff-webrip.

[2] 张冕:《每天看手机3小时 中国人沉迷手机全球第二》,人民网—生命时报,2017-6-25,http://health.people.com.cn/n1/2017/0625/c14739-29360532.html.

[3] Robinson J P, Converse P E, Szalai A, "The impact of television on mass media usages: A cross-national comparison", *The Use of Time: Daily Activities of Urban and Suburban Populations in Twelve Countries*, The Hague, Mouton, 1972, pp. 197—212.

[4] [英]丹尼斯·麦奎尔:《麦奎尔大众传播理论》(第五版),崔保国、李琨译,清华大学出版社2010年版,第239—240页。

大众媒介对成年人的生活方式产生了影响,对未成年人尤其是儿童而言也不例外,而且这种影响可能更加深远。长期以来,学术界一直在开展大量针对儿童大众媒介(尤其是电视)接触及互动的研究,丹尼斯·麦奎尔总结了这些研究所发现的大众媒介对儿童的有益和有害影响(表7—2)[1]。尽管可能存在其他众多影响因素共同促成了这样的媒介"效果",但不难看出,媒介暴力与犯罪内容对儿童的影响构成了学术研究和大众社会文化领域的普遍担忧和恐惧。

表7—2　　　　　　　　　　大众媒介对儿童的正负面效果

正面影响	负面影响
• 提供社会互动的基础 • 对外部世界的认知 • 对亲社会态度与行为的学习 • 教育效果 • 帮助形成身份认同 • 发展想象	• 愈发与社会孤立 • 减少在家庭作业上花费的时间与精力 • 愈发被动 • 减少游戏与运动时间的替代作用 • 减少阅读时间 • 破坏家长权威 • 早熟的性知识与性体验 • 不健康饮食与肥胖 • 对自身形象的忧虑及由此导致的神经性厌食症 • 抑郁倾向

二、大众媒介的正面影响

在大众传播发展的早期阶段,人们对它寄予厚望,看待大众媒介对个体和社会的影响时持乐观态度,尤其是在政治功能方面。以报刊媒介为例,美国政治学家詹姆斯·布莱士(James Bryce)在1988年出版的《美利坚合众国》一书中认为它是理性舆论形成的重要推动力,主要基于报刊的以下三个功能:(1)作为时间的报道者和讲解员;(2)作为政治主张的代言人;(3)作为反映社会上读者一般意见的"风向标"。报刊的三大功能使社会舆论超越分散的个人意见之和,经过传播结晶成为合理的、理性的公众舆论,而这种舆论在民主政治进程中发挥了主导作用。类似的乐观期望在互联网兴起之初也曾经出现,英国政治学家约翰·基恩(John Keane)在1992年就称当时新兴的微电子媒介技术为"潜在的民主技术"。道格拉斯·凯尔纳(Douglas Kellner)在1998年提出互联网中产生了新的"公共领域"(public spheres),他指出在网络论坛、在线聊天室、网页的大量讨论话题中,一种松散的、非正式的公共话语得以形成,理性的批判意见可以在传播中完善,互联网具有推动民主进程的潜力。[2]

除了对政治生活的影响,大众媒介还常被认为在人的社会化过程中发挥了重要作用。社会化是自然人成长并进入社会成为社会人的过程。自出生以来,人们必须学习知识和社会规范,理解自己的社会身份以及与他人的社会关系,目标是实现社会融入。社会化贯穿人的一生,相对而言幼年时期更加重要。刚刚诞生的婴儿仿佛一张白纸,在成长过程中的社会

---

[1] [英]丹尼斯·麦奎尔:《麦奎尔大众传播理论》(第五版),崔保国、李琨译,清华大学出版社2010年版,第398页。
[2] 陈红梅:《互联网上的公共领域和群体极化——整合视野的思考》,《新闻记者》2015年第5期。

化受到来自父母、家庭成员、邻近的人以及媒介等多个因素的共同作用。直观地看,儿童在媒介上花费的时间有助于增长见闻、拓宽视野、学习各种成长经验和人际交往经验。更进一步来看,以电视为代表的大众媒介不同于家长、学校等角色,媒介更容易以娱乐化内容吸引儿童,营造一种宽松的、自由的、无训诫和负担的环境,有时更有利于儿童在潜移默化中吸收信息和知识。一项20世纪70年代在洛杉矶开展的调查显示,受访的几百名学龄前儿童中有四分之三的人相信"在电视新闻中看到过的就一定是真的"。[1] 不难想象,学生在收看电视新闻时,不仅直接接触到新闻报道的事件,同时也在简介中了解到被放大的政治,并潜意识地对电视媒介产生了信任。此外,大众媒介对儿童社会化的积极作用也可以通过代际间的间接传播实现,即通过传递给父母或其他家庭成员的信息,间接地影响儿童。

三、大众媒介的负面影响

提到大众媒介的负面影响,最吸引社会公众和政府关注的莫过于媒介暴力与真实暴力之间的关系。一方面,在20世纪60年代的美国社会暴力行为明显上升;另一方面,以电视为代表的大众媒介正处于黄金时期,因此大众媒介对暴力、犯罪及攻击行为、反社会行为以及犯罪行为的描绘与现实世界中的真实行为之间的因果关系受到社会和研究者的双重关注。一种朴素的观点是银幕暴力会导致真实的暴力和攻击行为,此观点一直以来吸引了大量的研究试图予以验证。早期的研究集中在电视暴力方面,认为媒介暴力在某些情况下对人们产生某种程度的影响,这实际上属于一种有限效果理论。在20世纪60年代末期,美国卫生部(The Surgeon General)成立电视与社会行为研究科学顾问委员会(Scientific Advisory Committee On Television and Social Behavior),开展了一项历时两年耗资百万美元的项目,该研究的最终结论是:电视内容充满了暴力,儿童面对暴力内容的时间日益增长,观看暴力娱乐内容会导致攻击行为的增加。[2] 这项立场明确的报告向美国国会建议,当机立断对电视暴力采取行动。随着新的媒介不断出现,类似的观点和研究也随之出现,例如近年来年轻人的肆意暴力行为就被认为与互联网、电子游戏或流行音乐有关。

关于大众媒介暴力效果的理论假设有多个来源,沃特勒等人采用三个基本理论模式来描述学习与模仿电视暴力的过程,在此基础上,麦奎尔又进行了补充,这些理论依次是:

(1)阿尔伯特·班杜拉(Albert Bandura)提出的"社会学习理论"。核心观点包括:驳斥了媒介暴力能够降低人类在攻击冲动的宣泄(catharsis)功能,认为媒介暴力若以被惩罚或禁止的形式呈现,那么会产生降低模仿该行为的可能(抑制功能);引进了替代性强化(vicarious reinforcement)的概念,即观察到的强化会在自己的实际行动中得到同样的强化;提出环境刺激(environmental incentives)机制,即现实世界的激励能够引导观察者不去消极地替代

---

[1] Hoffman H R, Lyle J, "Explorations in Patterns of Television Viewing by Preschool-age Children", *Television in Day-to-Day Life: Patterns of Use*, 1972, 4, pp. 257—273.

[2] Lowery S A, DeFleur M L, "Television in the lives of our children: The early years", *Milestones in Mass Communication Research*, 1995, pp. 239—263.

性强化自己习得的行为。

(2)伯考维茨(Berkowitz)提出存在一种"优先"效果。当人们观看暴力时,暴力通常会"优先"于其他想法或标准,这导致了人际间使用暴力倾向的增加。

(3)休斯曼(Huesmann)提出的"剧本理论"认为,剧本告诉人们如何对事物作出反应,因此社会行为受到"剧本"的控制,电视暴力被"编码"在剧本中,因此具有进攻性的剧本会导致真实的暴力行为。

(4)麦奎尔在上述三种模式的基础上,补充了关于"麻木"的机制。观看大众媒介的暴力内容造成了一种普遍"麻木",由此放松了对暴力的禁令,放宽了对暴力的容忍程度。

【经典阅读】

班杜拉的波波玩偶实验(Bandura's Bobo Doll Experiment)

1961年,加拿大裔美国心理学家阿尔伯特·班杜拉(Albert Bandura)进行了一项有争议的实验,研究新形式的行为——特别是攻击性行为——是如何被学习的。该实验及其后续研究被称为波波玩偶实验,因为在实验过程中使用了波波玩偶作为辅助材料。实验表明,儿童会模仿成人的攻击性行为。这一结果支持班杜拉提出的社会学习理论,该理论强调观察学习对行为的影响。

传统的学习观:"刺激—反应"的条件反射机制

在班杜拉的实验之前,条件作用在行为主义的学习观中占主导地位。在19世纪90年代,苏联生理学家巴甫洛夫发现,狗可以通过经典条件反射学习新的行为。当一个单一的刺激与一个特定的事件反复配对时,例如在喂食时间的铃声响起时,狗就会对这个声音做出反应(分泌唾液)。行为学家斯金纳进一步发展了巴甫洛夫的理论,提出了操作性条件反射,即强化导致学习新的行为形式。班杜拉认为这种条件反射的观点是一种简化主义,即人类的学习是一种对刺激获得新"反应"的简单过程。相反,他把注意力转向了孩子们的模仿行为。

班杜拉等人的三次实验

1961年,班杜拉等人设计了一个实验,参与者将观察一个成年人对一个波波娃娃玩具的暴力行为。[①] 这种玩具在20世纪60年代很流行,以小丑的形象为特色,被推倒时可以自我矫正。实验是在斯坦福大学进行的,班杜拉当时在斯坦福大学担任教授的教职。参与者是在斯坦福大学托儿所上学的孩子,他们被分成了几组。其中一组的孩子被安排在一个房间里,在这个房间里,他们目睹了一个成年人以攻击性的方式打一个波波娃娃。后来他们有机会自己玩娃娃。研究人员发现,观察到大人对玩具有暴力行为的那组孩子,如果有机会的话,自己也更有可能对玩具采取暴力行为。这些发现表明,学习不仅发生在个人因自己的行为受到奖励或惩罚时,也发生在他们观察另一个人表现出暴力行为时——这个过程被称为观察学习。

1963年,班杜拉进行了第二次实验,重复了先前研究的许多内容。然而,他们并没有直

[①] Bandura A, Ross D, Ross S A, "Transmission of aggression through imitation of aggressive models", *The Journal of Abnormal and Social Psychology*, 1961, no. 3, p. 575.

接观察成年人的暴力行为,而是观看了一段波波娃娃被打的视频。与1961年的实验一样,那些观看了一个人有攻击性的电影的参与者比对照组的参与者更有可能对玩具采取暴力行为。研究表明,通过电影或电视间接接触暴力行为可能导致行为被模仿的方式与亲身观察到的行为类似。

1965年,班杜拉测试了斯金纳用来鼓励和阻止行为的强化类型(操作性条件反射)是否会影响一个目睹第三方因其行为而受到奖励或惩罚的观察者的行为。[①] 班杜拉向参与者播放了一段影片,在影片中,一个人再次打败了玩具。其中一组观看被试者的行为以食物奖励的方式得到强化,而第二组观看被试者因暴力行为而受到批评的视频。研究人员发现,观看了被给予积极强化的视频的孩子更有可能自己随后表现出暴力行为。这种替代强化的过程表明,学习不仅通过直接观察发生,还通过人们消费的媒体发生。

社会学习理论

1977'年,班杜拉根据以前的实验研究,概述了他的社会学习理论,试图解释社会互动对学习的影响。根据班杜拉的理论,一个人可以观察周围人的行为。在年幼的时候,这些人主要由父母或主要照顾者、兄弟姐妹和后来的同学组成。孩子也可以观察电视和电影中虚构人物的行为。班杜拉认为,通过观察学习,个体可以模仿他人的行为。此外,当一个人看到另一个人因为自己的行为而受到惩罚或奖励时,即使他们自己的行为没有直接得到强化,他们对该行为的评价也会进一步受到影响。

7—6 波波娃娃实验中,儿童攻击波波娃娃的行为

---

① Bandura A,"Influence of models' reinforcement contingencies on the acquisition of imitative responses",*Journal of Personality and Social Psychology*,1965,no 6.

与媒介暴力问题类似,大众媒介引发的负面问题清单还常常涉及到:大众媒介描述的吸毒和酗酒是否增加生活中的吸毒和酗酒?大众媒介是否会促成性别或种族等刻板印象?这类问题揭示了大众媒介的潜在风险,但也都存在两面性,每一个用于论述大众媒介具有负面影响的论据,亦可成为规避问题,使媒介产生好效果的依据。大量研究表明,大众媒介所呈现的合作、建设性解决问题或其他各种"好"的亲社会行为所产生的效果,更愿意被人们尤其是儿童所模仿。

第八章
控制分析

大众传播活动发生在特定的社会制度环境中,传播学领域的控制分析(control studies)主要研究各种社会制度和制度因素在大众传播活动中的作用。社会制度,是指在特定的社会活动领域中围绕一定目标形成的具有普遍意义的、比较稳定的和正式的社会规范系统,包括政治制度、法律制度、经济制度、文化制度等。① 严格来说,这里所说的制度既包括媒介组织所处的社会外部制度,也包括媒介组织的内部制度。本章按照微观控制、中观控制、宏观控制的演进逻辑,依次介绍把关人理论、新闻生产中的社会控制和媒介规范理论等代表性理论观点,讨论社会制度因素对于传媒机构及其信息生产、加工和传播活动的控制和影响。

第一节 把关与把关人理论

一、把关人理论的提出

(一)把关的提出

"把关人"(gatekeeper)这个概念最早由美国社会心理学家库尔特·勒温(Kurt Lewin)在1943年写的《饮食习惯和方法改变背后的力量》一书中提出,源自勒温在第二次世界大战期间对于动物内脏饮食习惯变化的宣传研究,主要揭示了在家庭主妇对端上餐桌的食物的把关作用,并提出了"渠道理论"。1947年,勒温发表《群体生活的渠道》一书,其中论述到:在群体传播过程中,存在着一些这样或那样的把关人,只有符合群体规范或者把关人价值标准的信息内容才能进入传播渠道。勒温提出的"把关人"概念建立在"渠道理论"基础上,以食物进入家庭餐桌的过程为例,由于事物的运动必须通过渠道,而渠道不是平坦光滑的,其中存在不少关卡,因而也就存在"把关人"。勒温的"把关人"概念主要针对人,尤其是个人,例如家庭主妇。在作为心理学家的勒温看来,影响把关效果的主要是人的心理因素,研究"把关人"实际上就是研究导致把关人作出某一决定的心理因素,也就是探析隐藏于"关"的开闭行为中的各种因素。

(二)大众传播过程中的把关

在大众传播过程中,把关人是指在大众传播活动中对信息的流通具有取舍的最后决定权的传播者。② 根据施拉姆的观点,在信息流通过程中,大众媒介对信息起着"过滤器"和"放大器"的作用。所谓过滤,就是对信息进行挑选并决定取舍,只有经过过滤筛选的信息才能发表。放大,就是对筛选出来的信息由把关人进行加工与放大。广大受众接触到的都是经过筛选和放大的信息。在信息传播过程中,每经过一个人,就如同经过一道关口,处于每一道关口的人,即为把关人。从广义上说,教师、资料员、书店营业员等都是信息传播路径上的

---

① 郑杭生:《社会学概论新编》,中国人民大学出版社1987年版,第253页。
② 刘建明:《宣传舆论学大辞典》,经济日报出版社1993年版,第309页。

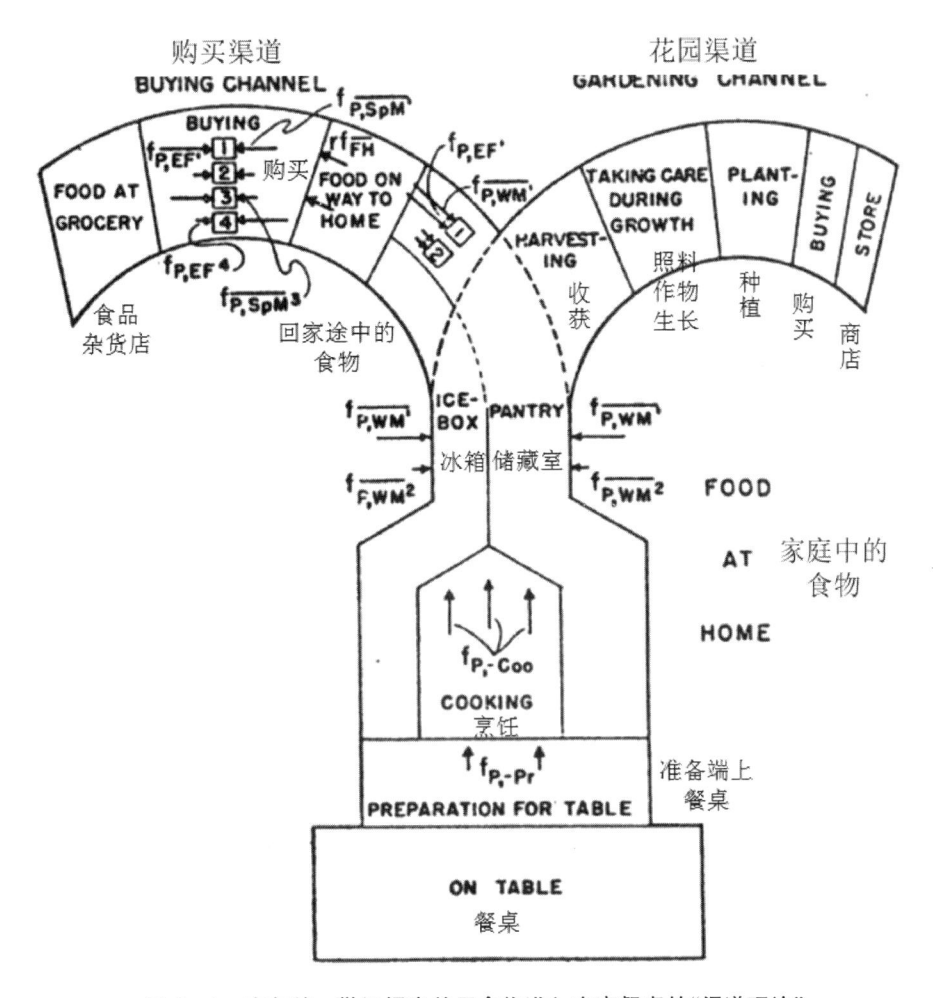

图 8-1 库尔特·勒温提出关于食物进入家庭餐桌的"渠道理论"

把关人。从宏观角度看,把关人未必是自然人,也包括一定的传播体系,如电台、电视台、报社等;从微观角度看,把关人是体系中各个环节上的个人,如记者、作者、编辑、导演、导播、播音员、节目主持人、电影和电视制片人、技术工作者等。他们程度不同地起着把关的作用。把关人在处理和过滤信息时,最少要受三方面的制约:(1)受众的愿望和需要;(2)媒介决策者的决策;(3)国家法律和社会道德伦理的规范。把关人因职务的不同,站在不同的通道口去处理信息。传播学认为,信息传递过程中的周折,是一种普遍的、必然的现象,形成这一周折的原因即是在传者与受传者之间存在把关人。"把关"并无贬义,其作用是消极还是积极,全看把关人如何把关,他们的工作要受到受众的检验。

新闻机构中的记者、编辑承担着选择新闻的责任,因而也是把关人的一种。以新闻生产的把关过程为例,在记者采集的和从各种电讯机构收到的大量材料中,需要筛选出一小部分供公开传播,并且需要决定信息通过什么形式、什么渠道和在什么时间公开传送出去。审定传播内容,使公开与受众见面的信息符合把关人的观点、立场和价值观念。在阶级社会中,新闻传播事业具有阶级性,把关人是特定的阶级立场和阶级利益的体现者、代表者,他们要根据本阶级的观点、标准、利益对传播内容进行选择、过滤和把关。

在新闻媒体中,编辑起着至关重要的作用。他决定将发布什么样的新闻,哪些新闻不应该发布。新闻频道每天都会收到来自世界各地的新闻,频道有自己的道德和政策,再通过编辑发布或播出新闻。在某些情况下,编辑将根据政策规定拒绝发布某些新闻内容。让我们来看一个具体的编辑部案例(图8-2):一个国际新闻频道在一天之内收到大量新闻,例如得克萨斯州斗牛(N1),国际恐怖问题(N2),联合国讨论(N3)和对国际社会的宗教虐待(N4)。新闻频道的有限容量无法向受众传播所有这些新闻内容,因为它可能会影响频道的公共政策声誉。在新闻生产过程中,由编辑和总编辑决定新闻,扮演了把关人的角色。新闻信息的把关过程是这样的:首先,不能显示得克萨斯州斗牛,因为它不是国际流行的故事。与此同时,新闻频道也无法展示宗教虐待,因为它可能会直接伤害观众,也可能影响组织政策。最终,国际恐怖问题和联合国的讨论是普遍常见的新闻,不会影响频道的公共政策声誉。因此,N1 和 N4 被排除,而 N2 和 N3 得以入选新闻频道。

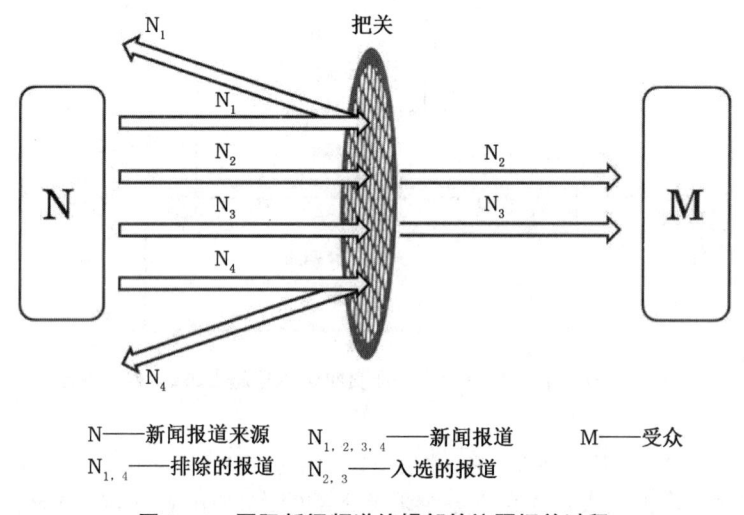

N——新闻报道来源　　$N_{1,2,3,4}$——新闻报道　　M——受众
$N_{1,4}$——排除的报道　　$N_{2,3}$——入选的报道

图8-2　国际新闻频道编辑部的议题把关过程

二、把关人理论的发展

勒温所言的"把关人"是基于食物选择问题构建的一个普遍性理论模型,并非针对某一领域。1950年,勒温的学生戴维·曼宁·怀特(David Manning White)首次将该理论运用于大众传播领域,这为接下来的把关人研究定下了基调,"把关人"逐渐成为传播学领域的一个重要派别,其理论变迁围绕着新闻真实的建构过程展开。[①]

---

① 胡泳、周凌宇:《把关理论与现代社会的重构》,《新闻与写作》2021年第8期。

(一)怀特的"简单把关模式"

1949年,波士顿大学新闻学院教授、传播学者戴维·曼宁·怀特通过对新闻编辑的个案调查,提出新闻筛选过程的简单把关模式。怀特通过对美国某小报的某电讯编辑(telegraph wire editor)的工作进行了为期一周的个案调查。怀特发现该编辑从接收到的11 910份电讯稿中选择了1 297份,通过率不足11%。该电讯编辑接收到的通讯社(美联社、合众社、国际社)一周的稿件选用情况大抵有如下特点:(1)只有10%的要闻被选用;(2)电讯稿在内容上比例失衡,国际性政治新闻、全国性政治新闻和人情味、趣味性新闻占到了总量的三分之二;(3)收到电讯稿的比率与实际采用比率大致相近。那么电讯稿中90%的稿件被淘汰的原因是什么呢?值班编辑只有两个理由:(1)不值得发表(约占被淘汰稿件的40%左右),具体包括没有趣味、写得枯燥含糊、内容低级等;(2)已选登其他稿件(占被淘汰稿件的60%左右)。对某一特定稿件而言,完全可能因为编辑个人趣味不同而会有不同的命运,选择新闻的标准是个人的喜好和情绪。

1950年,他发表了这次调查报告《把关人:一个新闻选择的个案研究》,正式把"把关人"的概念引入新闻研究领域。他指出,社会上存在大量新闻素材,大众传媒的新闻报道不是也不可能是"有闻必录",而是对众多新闻素材进行取舍和加工的过程。在这个过程中,媒介组织形成了一道"关口",通过这个"关口"传达到受众那里的新闻只是众多新闻素材中的少数。新闻把关是高度主观的东西,依赖于把关人的实际经验、态度、价值判断等。

(二)麦克内利的"新闻流动模式"

1959年,约翰·T.麦克内利(John T. McNelly)发表《新闻的国际流动中的中间传播者》一文[①],对怀特的单一把关模式进行了修正与发展,展示了信息流通网络中一系列的把关环节。麦克内利的把关模式在理论上纠正了怀特把关模式的单一化缺陷,揭示了在整个信息流通过程中存在着一条由许多关口组成的把关链:动态、连续、多环节。中间人经常改变那些在运转过程中保留下来的新闻报道的形式和内容;把关行为并不随着新闻媒介而结束,因为最初的接收人经常为其他人当把关人。信源与信宿、新闻事件与最终接受者间存在着一系列的把关环节,绝非怀特所谓的孤零零"门区"。但是,该模式把每个把关人及其作用都平等化,不分主次,忽视了各把关环节重要性的差异,且没有注意到媒介组织受到社会的制约。

(三)盖尔顿与鲁奇的"选择性把关模式"

1965年,约翰·盖尔顿(Johan Galtung)和玛丽·鲁格(Mary H. Ruge)在《国外新闻的结构》[②]一文中提出了"选择性把关模式",提出了一系列决定媒介选择国际新闻的因素,并将研究的核心问题"事件如何成为新闻"置于一个系统的新闻传播链条模型中。在他们看来,

---

① McNelly J T, "Intermediary communicators in the international flow of news", *Journalism Quarterly*, 1959, no. 1, pp. 23—26.

② Galtung J, Ruge M H, "The structure of foreign news: The presentation of the Congo, Cuba and Cyprus crises in four Norwegian newspapers", *Journal of Peace Research*, 1965, no. 1, pp. 64—90.

选择和扭曲(distortion)发生于该链条中的每个环节,制约国际新闻选择的12个因素是相互作用而非独立产生结果的。两位研究者总结的影响因素有:(1)频率(frequency);(2)门槛(threshold);(3)明晰性(unambiguity);(4)富有意味(meaningfulness);(5)一致性(consonance);(6)不可预测性(unexpectedness);(7)连续性(continuity);(8)构成(composition);(9)涉及精英国家(reference to elite nations);(10)涉及精英人物(reference to elite persons);(11)人格化(personification);(12)负面性(negativity)。其中,前八个因素是"超文化的"(culture-free),后四个因素则是"文化限定的"(culture-bound)。[1] 据此提出的假设是:上述新闻因素越多,这一事件就越有可能成为新闻;某一因素偏低,而其他因素偏高,也可以成为新闻;一个在所有因素上都偏低的事件,将不能成为新闻。盖尔顿和鲁奇的视点虽是从把关行为切入,但讨论的是新闻价值问题,同样也适用于非把关人的新闻采集者。

(四)巴斯的"双重行动模式"

1969年,亚伯拉罕·巴斯(Abraham Z. Bass)在《新闻学季刊》上发表了一篇文章[2],批评怀特所谓的"把关人"与卢因的原意不符。因为卢因所指的"把关人"是小群体中的一员,直接握有某一物件是否允许被自己这一群体所使用的决定权,而电讯稿编辑是在现成的新闻稿中挑选,充其量只是个"二道贩子",称不上是一个真正的"把关人"。[3] 巴斯提出,最重要的把关行为出现在新闻组织内部,把关的过程分为"新闻采集"和"新闻加工"两个阶段,第一阶段是新闻采集,把关人主要是记者。第二个把关阶段是新闻加工,主要把关人是编辑。巴斯对把关理论的修正和完善在于,认为把关者的地位有主次之分,从事新闻采集的人或组织是主要把关人。

(五)休梅克和里茨的五层把关模式

20世纪90年代初,媒介社会学家帕梅拉·休梅克(Pamela Shoemaker)在《大众传媒把关》中提出了五层把关模式,分别是个人层次、媒介工作常规层次、组织层次、媒介外社会团体层次和社会系统层次。[4] 休梅克对五层把关模式提供了一个金字塔式的图解:影响传媒内容的诸多因素,按照重要性排序搭成一个正金字塔,最底层也是最重要的一层是社会制度(即社会系统层次),倒数第二层是社会机构(即媒介外社会团体层次),第三层是新闻机构(组织层次),第四层是新闻工作惯例(媒介工作常规层次),最顶层的塔尖是新闻工作者本身的各种素质对内容的影响(个人层次)。

(1)社会制度。大众媒介根植于社会制度的土壤中,社会制度对大众传播的内容影响是最根本的。社会制度层次的因素包括文化、社会兴趣、社会结构、主体意识形态等。

---

[1] 周翔:《盖尔顿和鲁格国际新闻因素论及其理论发展和相关研究方法的再思考》,《新闻学论集》(第20辑),经济日报出版社2008年版,第18页。
[2] Bass A Z, "Refining the 'gatekeeper' concept: A UN radio case study", *Journalism Quarterly*, 1969, no.1, pp. 69—72.
[3] 黄旦:《"把关人"研究及其演变》,《国际新闻界》1996年第4期,第27—31页。
[4] 休梅克:《大众传媒把关》,张咏华译,上海交通大学出版社2007年版,第2页。

(2) 媒介外社会团体层次。新闻源或信息源、受众、市场、广告、政府、利益群体、公共关系、其他媒介等。

(3) 组织层次。过滤和预选系统、组织特性、组织文化、组织的边界角色、组织的社会化等。

(4) 媒介工作常规层次。模式化的、常规化的重复进行的实践形式，传媒工作者运用这些形式开展工作，具体包括截稿时间及其他时间限制、出版物的版面要求、新闻报道的倒金字塔写作结构、新闻价值、客观原则、记者对官方信源的依赖等。电视把关人相比于他们在报社工作的同行更偏好拥有良好视图资料的新闻条目。

(5) 个人层次。思维模式、事后评论、认知策略、指定决策、价值观、把关人的个人特性、角色定位、工作类型等。

【前沿领域】

社会化媒体时代的把关

国际著名传播学者、媒介社会学主要代表人帕梅拉·休梅克在中国人民大学新闻学院作主题讲座"社会化媒体时代的把关"。[①]

休梅克指出，从大众传媒到社会化媒体，"把关"也在不断演化。在传统大众媒体时代，信息以原始、直线型的方式流动着：有关被报道事件的信息在记者处被生产为消息，然后被编辑与添加图片，最后呈现在大众眼前。而在社会化媒体时代，信息突破了这一模式，以非直线型的方式流动：每个人都可以利用他所知道的信息生产消息，每个人都是"把关人"，信息通过各种各样的渠道传递到人们眼前。在新信息世界里，信息同时从大众媒体和社会化媒体流出、在二者内部和二者之间流动，这就形成了一个网络式的信息传播系统。为了解释这种交互网络中的把关层次，休梅克提出了"超级把关人"（supra gatekeeper）的概念。相比于传统媒体和自媒体，社交媒体显然具有一种把关的优势地位，可以从大众媒体和用户生产的内容中进行更高层次的挑选。脸书（Facebook）就是目前一个典型的超级把关人，围绕脸书就形成了一个超级把关的系统，来自其他系统的信息经过筛选后汇入其中。休梅克认为，虽然这种系统的形成最初只是出于盈利的目的，但无意间拓宽了传播的渠道，形成了更加复杂的交互网络。

当被问及"在社交媒体时代，每个人都是新闻生产者，您认为在这种情况下媒体的把关功能是否会消失？"这个问题，休梅克认为，把关归根结底是一个决策过程（decision making）。决策是一项基本的人类活动，它与传播密切相关，人们在发起行动之前会通过不断地搜集信息来获得对世界的理解，并在此基础上做出选择。因此她认为，即使未来公众掌握了内容生产的主动权，把关功能仍然不会消失，只不过是把关的主体发生了变化，人人都可能是信息把关人。

[①] 中国人民大学新闻学院：《休梅克与新闻学院对话"社会化媒体时代的把关"》，2019－4－11，http://jcr.ruc.edu.cn/zw/xwgg/xwdt/0cdfaba9ad0543a484006f2c206bfaaf.htm。

第二节 深层控制

在信息流动的过程中,各"把关人"所处的位置不同,其把关作用也有所差异,如果把一系列的"把关人"视为互相联系的系统,而不是各自为政的组织或个人,情况又将如何?沿此思路,把关人研究向社会控制模式的讨论迈进。社会控制,是指社会组织体系运用社会规范以及与之相应的手段和方式对社会成员的社会行为及其价值观念进行指导和约束,对各类社会关系进行调节和制约的过程。[1]

一、新闻编辑部里的社会控制

沃伦·布里德(Warren Breed)在《新闻编辑部中的社会控制》一文中指出[2],新闻从业人员在生产过程中受到双重制约,一是要服从专业规则、专业协会的制约;二是作为组织成员要受到组织的制约。布里德对新闻制作过程研究具有开创性意义。

布里德曾是一名记者,后来成为社会学家,他谈到出版商(报纸的首席执行官)如何让记者遵循"政策"的问题,根据自己作为记者的经验和观察,布里德知道新闻制作过程不是在真空中进行的。记者们不是被派到世界上去做一些超然的观察,然后回来报道新闻。因此,布里德打算解决的问题是:出版商是如何实施政策的?换言之,出版商如何让无所畏惧的真相调查者听从报社的政策?布里德认为,在理想情况下,除了著名的"所有适合印刷的新闻"之外,不应该有"政策"。记者是专业人士,他们报道新闻的发生。成为新闻的是所发生的事情的功能,而不是政策的功能。但是,发生的新闻与大众媒介上的新闻报道之间显然存在差异。新闻政策确实存在,并且在大多数时候,记者也确实遵守了这些政策。在这项研究中,布里德首先展示了如何通过新闻编辑室的"社会化"来学习政策。新记者永远不会被告知政策是什么,或者故事的倾向是什么。记者在学习工作时学习政策,并发现新闻编辑室如何运作及其价值观。具体来说,他们通过以下多个渠道学习政策:(1)通过阅读他们自己的文章;(2)来自自己的编辑;(3)来自训斥和赞美;(4)来自其他员工和编辑的八卦;(5)来自非正式新闻"会议";(6)观察机构的高管,听取他们的意见,等等。在解释了记者如何学习这些政策之后,布里德探讨的下一个问题是他们如何遵守这些政策。他发现了以下原因:(1)机构权威和制裁,以及对制裁的恐惧。(2)对上级的义务感和尊重感。例如,新记者对被雇用感到感激,并倾向于与直接上级建立良好的工作关系,他们继续从中学习并给他们分配任务。(3)雄心壮志。例如以报道登上头版作为诱惑。(4)缺乏相互冲突的群体忠诚。(5)工作的愉快性质。记者感到他们是团队的一部分,或者觉得工作很有趣,获得新闻本身就成为一种价值和奖励。布里德在他的研究中发现,这六个因素中有五个存在于他研究的所有新闻编

---

[1] 郑杭生:《社会学概论新修》,中国人民大学出版社 2003 年版,第 401 页。
[2] Breed W, "Social control in the newsroom: A functional analysis", *Social Forces*, 1955(4):4.

辑室中,而第一点对上级的尊重则并未能总是被观测到。他发现,在士气高涨的新闻编辑室中,几乎没有政策问题,而在士气低落的编辑部中,记者们只想离开并反对政策。

关于新闻生产过程中的控制研究,不乏后来者的深入探讨。我国学者黄旦基于西方学者的研究成果,将新闻生产过程中的多种控制归纳为三个方面:一是新闻编辑部里的社会控制;二是组织中的传播仪式,指新闻选择所依赖的模式化、常规化和反复进行的媒介工作形式;三是新闻生产中的外在社会压力,包括信源压力、商业压力、政治压力、同伴压力(媒体竞争)。[1]

21世纪初期,国内新闻传播学者陆晔在有关中国媒介改革与社会转型的研究中发现,在中国社会转型的特殊语境下,新闻生产的权力实践行为主要在三个场域中展开:一是宣传管理的控制机制,宣传主管的权力通过新闻生产主体实践来表达和行使;二是媒介组织即编辑部内部,在这里缺乏"新闻判断"的共识导致权力实践的矛盾凸显;三是新闻生产从业人员与消息来源的关系,体现出利益和资源的冲突、协商和互换。[2] 同时,在个体层面,新闻从业者在建构自身专业名望的过程中会因为与其所在的媒介组织无法建立起有效的理想的互动而导致对组织的忠诚度降低。[3]

张志安立足中国语境,采用深度访谈、实地观察等人类学研究方法,以南都深度报道为考察对象,分析总结其生产实践中新闻生产与社会力量之间的张力关系。研究发现,《南方都市报》的新闻生产主要处于三个层次的因素控制中:(1)从业者自身的专业意识和职业理想,属于个体/群体层面;(2)编辑部内部常规的生产机制、报社的市场定位和利益诉求,属于组织层面;(3)来自权力部门和宣传部门的政治控制、商业机构的经济控制和新闻环境的行业控制等,属于组织外部的社会层面。

近十余年来,随着互联网正在深刻重构新闻业的产业结构、受众结构、权力结构,新闻场域的社会控制力量也随之发生变化。由此,有学者归纳了行政、市场、组织、受众四个层面的社会控制力量。[4]

(1)行政控制。对于中国新闻业而言,最为显著的控制力量是党和政府的行政管理。我国在长期的社会主义革命及苏联新闻宣传模式的影响下确立了党的新闻事业原则和规范,包括新闻媒介是党的喉舌、新闻采写必须遵守党的宣传纪律等。尽管改革开放和互联网传播技术对新闻业产生了颠覆式变革,但党管媒体的新闻宣传体制从未发生根本改变,历任党和国家领导人都非常重视党对新闻媒体的领导权。例如,江泽民在多次重要讲话中指出新闻工作是党的整个事业的重要组成部分,必须坚持党性原则;胡锦涛在考察人民日报社时指出,舆论引导正确,利党利国利民;舆论引导错误,误党误国误民;习近平多次对新闻舆论工

---

[1] 黄旦:《传者图像:新闻专业主义的建构与消解》,复旦大学出版社2005年版,第189—208页。
[2] 陆晔:《新闻生产过程中的权力实践形态研究》,《信息化进程中的传媒教育与传媒研究——第二届中国传播学论坛论文汇编(上册)》2002年。
[3] 陆晔、潘忠党:《成名的想象:中国社会转型过程中新闻从业者的专业主义话语建构》,《新闻学研究》2002年第4期,第17—59页。
[4] 张志安、曹艳辉:《新闻从业者的社会控制感知及影响因素研究》,《当代传播》2017年第3期。

作作出重要部署,强调党的新闻舆论工作必须坚持党性原则,最根本的是坚持党对新闻舆论工作的领导。①

(2)市场盈利。媒体的市场化改革意味着新闻业从非经济活动转向经济活动,不仅要服务于宣传,也要服务于市场。在市场化驱动下,中国媒体渐进式拓展了在经营、采编运作等方面的自主权。尽管市场化力量的最初引入具有解放行政控制的作用,但市场的进一步发展又产生新的自我审查形式。媒体和新闻从业者在追寻市场经济利益过程中的短视行为和伦理失范现象已经引起广泛关注,一些学者痛批有偿新闻。近年来,传统新闻业陷入广告下滑、盈利亏损等经营困境,新闻从业者利用手中的报道权、监督权进行受贿敲诈,如记者在山西矿难采访中收受贿赂、2014年连续曝光的数起新闻贪腐丑闻等,凸显新闻业为商业主义所操控的危机。

(3)组织控制。组织作为结构性力量对从属于它的新闻从业者具有直接的规范性和约束力。布里德发现,媒体中的管理层(如报纸发行人、编辑等)通过政策制定来指导规范一般员工的职业行为。潘忠党、陆晔等人在对2002—2003年新闻从业者的调查中发现,对新闻生产影响最大的是组织内部的业务主管,紧邻其后的是宣传政策主管。

(4)受众赋权。已有研究聚焦于政治、市场以及组织内部对新闻生产的控制研究,尚未深刻意识到互联网时代的受众参与悄然成为新的社会控制力量。互联网犹如权力的平衡杆,打破了原有的传播权力结构,受众不再是新闻信息的被动接受者,而是更加积极的新闻生产参与者。新闻生产正从组织化生产转向社会化生产相结合的新场域中,受众的爆料与反馈对新闻题材、报道视角、报道话语等新闻生产过程产生深刻影响。新闻传播中的公众参与挑战了新闻从业者的合法性,记者不再能够决定人们应该知道什么。在一些舆论热点事件中,常常出现公众为媒体设置议程或媒体和受众共设议程的新传播态势。

二、社交媒体时代的深层控制

随着社交媒体作为信息传播尤其是新闻的重要渠道日益流行,大量相互依赖的把关人组成的复杂网络正在出现。举个例子,现在新闻机构可以在社交媒体平台的官方账号上发布新闻报道或相关链接,机构账号的关注者浏览到这篇新闻报道,可以通过社交媒体平台提供的可供性设计与该内容进行互动(例如:点赞、评论、分享等),与关注者有关的更广泛用户有机会看到这些互动,新闻报道由此进一步在网络中扩散。从把关人理论的本质上说,每个接触到信息的参与者都是潜在的把关人。在网络中处于中心位置的行动者,例如拥有众多关注者的新闻机构,可以同时触达许多人,这类似于传统的大众传播活动中的把关过程。在网络中处于较次要位置的关键节点,甚至是更加边缘的受众,也有机会扮演新媒体环境下的"二级"把关人角色。此外,技术作为一种行动者也参与到这个复杂网络中,以个性化推荐等形式出现的算法把关也成为一种"非人的"把关人。

---

① 张志安、曹艳辉:《新闻从业者的社会控制感知及影响因素研究》,《当代传播》2017年第3期。

新闻工作者对社交媒体的使用导致其职业身份和私人身份的界线日趋模糊,社交媒体不经编辑过滤的特点也使得利用它进行新闻活动产生一定风险。为解决上述问题,国外传统新闻机构开始增加社交媒体编辑,通过制定内部规范,试图将旧的新闻职业伦理运用到社交媒体中,并界定员工职业表达与个人表达的范围。[①] 一项针对30家国外新闻机构的社交媒体规范英文文本的实证研究发现[②],新闻机构对旗下新闻工作者在社交媒体上的行为以多种方式进行控制,它既包括以员工身份的控制,也包括以私人身份的控制。新闻机构对员工以个人身份使用社交媒体的控制主要有三种方式:(1)要求员工以私人身份使用社交媒体时与机构划清界限,如使用独立账号、发表声明等。(2)对员工注册账号或发布内容进行控制,如规定私人账号注册需要获得批准或私人发布的内容也必须适用编辑规范,这实质上是以职业准则来管理员工的非职业行为。(3)规定新闻工作者在社交媒体中发布的内容不得与机构的业务范围重合。前两种控制方式是为了降低传播风险或保证社交媒体使用的专业性,但第三种控制方式说明部分新闻机构认为员工的个人品牌会与机构形成竞争,故通过规范予以限制。新闻机构对新闻工作者不区分身份使用社交媒体的控制主要有三个方面:首先是规定新闻工作者不得表达对各种事务的观点;其次是维护公司声誉和作为雇主的利益,如保守机构秘密、不得批评机构等;最后是要求员工维护机构和新闻工作者的专业形象。后两类限制与非新闻组织的做法基本相同,存在较大争议的是对新闻工作者关于公共事务方面言论的限制。

2011年,我国新闻主管部门在《关于进一步规范新闻采编工作的意见》中指出,媒体官方微博要按照本媒体的业务标准,建立严格的稿件审核签发制度。各级各类媒体都要制定和完善内部管理规定,加强对本媒体工作人员使用微博的管理。新闻从业人员以职务身份开设微博,须经所在单位批准,发布微博信息不得违反法律法规、违反新闻宣传纪律、违反所在媒体的管理规定。媒体从业人员开设个人微博以及博客、播客等,未经批准不得发布本媒体未刊播的新闻报道,不得传播利用职务行为获得的各种信息。依据上述意见,国内很多媒体制定了员工微博使用规范。国内学者白净归纳出国内媒体员工的微博使用规范主要分为两大类:一类是官方微博规范,另一类是记者个人微博的规范。对于官方微博规范,主要体现在两个方面:一是只发布、转发或评论与自身定位相关的内容,不超范围发布与本微博定位不符合的内容,不得违反上级有关部门以及本单位相关规定。二是严格审核把关微博内容,确保安全,运营人员承担保密责任。对记者个人微博的规范,主要体现在以下七个方面:(1)个人微博属于个人权利,媒体不做干涉,但个人微博应公私分明。(2)个人微博应采用真实姓名或固定昵称。注册账号不应出现单位名称。任职单位可以出现在个人信息中。应注明微博属个人行为,与单位无关。(3)不得在个人微博上发布因工作而获取的任何新闻

---

① Newman N,"The rise of social media and its impact on mainstream journalism" (Publisher's version, Reuters Institute for the Study of Journalism: Working Papers), Reuters Institute for the Study of Journalism, Department of Politics and International Relations, University of Oxford, 2009.

② 张小强:《传统新闻机构对社交媒体的控制及其影响:基于对国外30家机构内部规范的分析》,《国际新闻界》2014年第36期。

线索。(4)采编人员在稿件见报前,不得擅自在个人微博上发布,如确有发布必要,须主管批准。(5)已完成采访稿件因各种原因不能见报、上网或其他方式公开的,不得擅自在微博上全部或部分发布。(6)不得擅自公开因工作关系所接触到的内部资料、人事信息。(7)员工违反要求造成责任事故,损害机构利益,根据具体情节及后果,根据机构相关规定予以处罚。①

【调查数据】

2019年美国皮尤研究中心开展的一项针对5 107名美国成年人的调查显示②,社交媒体成为越来越多美国成年人获取信息的主要渠道,超过一半(55%)的美国成年人"经常"或"有时"从社交媒体获取新闻。但不少美国民众担心社交媒体在传播新闻的过程中会造成新闻质量下降。绝大多数被调查者表示,社交媒体对其网站上的新闻有太多控制权。社交媒体公司在网站上发布新闻时所扮演的角色,会导致用户在接受网站推送的新闻组合时"被操作"。大约90%的被调查者认为,社交媒体对人们看到的新闻组合"有一定的控制权";约60%的被调查者认为,社交媒体"有太多的控制权";只有21%的被调查者表示,社交媒体公司对人们看到的新闻"有适当的控制权"。

报告显示,社交媒体平台使用算法来控制订阅源中的内容,并根据每位用户的兴趣,对推送的信息和相关内容进行排序。虽然很多美国人表示,他们并不清楚自己在"脸书"(Facebook)等社交媒体上是否设置过个人信息倾向,但多数社交媒体网站一般允许用户对感兴趣内容进行"自定义设置",或者通过其他方式进行"默认"设置。

皮尤研究中心助理研究员艾丽萨·希尔(Elisa Shearer)表示,虽然社交媒体声称,关于信息推送的设置是为了让人们体验更优质的新闻服务,但调研显示,绝大多数美国人并不喜欢"被设置"。55%的被调查者认为,社交媒体的推送会导致新闻多样性变差;只有15%的人认为,通过社交媒体的筛选和排序,自己能收到更好的新闻组合;而约28%的人认为,这些个性化的推送缺乏实际意义。皮尤研究中心新闻中心高级编辑伊丽莎白·格里科(Elizabeth Grieco)认为,对于社交媒体可能通过"隐藏帖子"或禁止特定用户接触特定新闻的做法,许多美国人表示不认同。

绝大多数美国人认为,社交媒体公司更青睐一些与其利益关系更大的新闻机构。希尔表示,社交媒体在涉及合作出版商时确实制定了相关政策,包括优先考虑某些新闻来源、禁止或限制其他新闻来源等行为。总体来说,社交媒体倾向于与三种类型的新闻机构进行合作:一是擅长发表吸引眼球文章的新闻机构;二是社交媒体关注率高的新闻机构;三是报道方式与社交媒体具有相类似政治立场的新闻机构。

报告显示,美国人最担心的是在社交媒体上看到带有明显偏见或事实不准确的虚假新

---

① 白净:《新闻记者使用社交媒体规范探讨——中国大陆媒体、路透社、美联社规范比较研究》,《新闻记者》2013年第3期。

② 侯丽:《社交媒体对新闻的控制权过大》,《中国社会科学报》2019年10月14日,http://cssn.cn/hqxx/bwych/201910/t20191014_5013710.shtml。

闻。同时，一些美国人也比较关注社交媒体的政治立场。不过，尽管公众对社交媒体的"审查制度"表示关心，但美国人更担心社交媒体网站上的新闻整体质量。约有一半的受访者认为，社交媒体上的片面新闻和不准确新闻是非常严重的问题。但是，很少有人认识到，社交媒体网站上的新闻审查或新闻机构/个人被禁等问题，也同样会造成严重后果。

第三节 传播制度与媒介规范理论

1956年，美国伊利诺伊大学出版社推出了三位新闻传播学者撰写的《报刊的四种理论》(*Four Theories of the Press*)一书。该书论述了新闻媒介的四种理论模式，即威权主义理论、自由主义理论、社会责任论和苏联共产主义理论。它不仅开启了媒介体制研究的规范研究和比较研究两个重要传统，更成为接下来几十年间研究媒介体制的扛鼎之作。

一、报刊的四种理论

（一）威权主义媒介规范理论

威权主义（authoritarianism）也称权威主义，极权主义，集权主义。顾名思义，这是一种在对社会事物进行评价和判断时，不从事物本身的内在价值，而是从与外部权力或权威的关系上考虑问题的认知态度和思维方式。极权主义者主张社会事物必须以权力或权威为转移，强调社会等级秩序和上下之间的绝对支配与服从关系。例如，柏拉图试图在《理想国》中证明社会制度必须以三个等级的存在为基础；第一等级即最高等级负责管理国家；第二等级负责维持国家秩序；第三等级从事生产劳动。柏拉图认为这种等级支配制度是自然的和不变的，完全否认民众具有参与国家政治事务的能力和权利。

极权主义媒介制度的主要内容包括：(1)报刊必须对当权者负责，维护国王和专制国家的利益；(2)报刊必须绝对服从于权力或权威，不得批判占统治地位的道德和政治价值；(3)政府有权对出版物进行事先检查，这种检查是合法的；(4)对当权者或当局制度的批判属于犯罪行为，要给予严厉的法律制裁。

在极权主义媒介制度下，报刊和出版受到的管制是严厉的，甚至是残酷的。例如，英国的"星法庭"规定，对违反条例的出版者不仅要处以罚金，而且可以判处徒刑和肉刑，包括戴枷示众、笞刑、烙印、截去手足等；对反对封建统治的"思想犯"或"政治犯"，甚至可以进行秘密审判，不经辩护程序即可做出判决。

（二）自由主义媒介规范理论

自由主义媒介规范理论也称报刊的自由主义理论，反映了资产阶级自由主义的观点，认为报刊应该是"观点的自由市场"，是实行自律的自由企业。自由主义理论的主要原理包括：(1)任何人都拥有出版自由而不必经过政府当局的特别许可；(2)除人身攻击以外，报刊有权

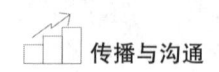

批评政府和官吏,这种批评是正当合法的;(3)新闻出版不应接受第三者的事先检查,出版内容不能受到任何强制;(4)在涉及观点、意见和信念的问题上,真理和"谬误"的传播必须同样得到保证。

自由主义媒介规范理论是在17、18世纪资产阶级革命时期,在同极权主义制度及其规范理论的斗争中形成的。英国诗人、政治家约翰·弥尔顿于1644年出版的政治小册子《论出版自由》产生过重要的影响。在这部小册子中,他根据"主权在民"和"天赋人权"的思想,犀利地揭露和批判了封建专制制度对人民的自由民主权利的压制,提出出版自由是人的与生俱来的权利。弥尔顿认为,限制人民的言论出版自由就等于压制真理,因为真理只有在"自由而公开的斗争"中,才能战胜谬误,证明自己的真理性。因此,实行许可制和查禁制,实际上等于伤害真理本身。弥尔顿的这个思想,为自由主义媒介规范理论奠定了重要理论基础。

(三)社会责任媒介规范理论

社会责任理论是由美国新闻自由委员会在20世纪40年代提出,代表性著作是1947年出版的《一个自由而负责的新闻界》一书。社会责任理论强调大众传播媒介对社会和公众应该承担一定责任和义务,它是对自由主义理论的一种修正。现代社会责任理论大体包括了以下几个原理原则:(1)大众传播具有很强的公共性,因而媒介机构必须对社会和公众承担和履行一定的责任和义务;(2)媒介的新闻报道和信息传播应该符合真实性、正确性、客观性、公正性等专业标准;(3)媒介必须在现存法律和制度范围内进行自我约束,不能煽动社会犯罪,不能传播宗教或种族歧视的内容;(4)受众有权要求媒介从事高品位的传播活动,这种干预是正当的。

(四)苏联社会主义媒介规范理论

概括起来说,以苏联为代表的社会主义国家的传播制度具有以下几方面的原则和规范:(1)传播媒介和传播资源是国家的公有财产,不允许私人占有;(2)传播媒介必须为工人阶级服务,必须接受工人阶级先锋队——共产党的思想和组织上的领导;(3)媒介必须按照马列主义原理、社会主义的意识形态和价值体系来传播信息、宣传、动员、组织和教育群众;(4)在服务于社会总体目标的同时,媒介应该满足广大群众的愿望与需求;(5)国家有权监督和管理出版物,取缔反社会的传播内容。

二、四种理论的修改与延伸

由于《报刊的四种理论》是在冷战时期出版的,当时美苏双方都在中立国家的意识形态上展开争夺,媒介自由就变成了核心问题,因此四种媒介规范理论也被视为一种冷战产物,在学术界引起了争议甚至攻击,后来也有多位学者试图改写或延伸这四种理论。根据国内学者的总结,列出以下一些具有代表性的媒介规范理论。[1][2]

20 世纪 70 年代,美国学者拉尔夫·洛温斯坦(Ralph Lowenstein)和约翰·梅里尔(John Merrill)在《媒介、讯息与人》一书中对"四种理论"作了修正,提出了"五种理论",即威权主义理论、社会—权威主义理论、自由主义理论、社会—自由主义理论、社会—集权主义理论。依次来看,威权主义理论对应的内容是政府许可、审查制度、压制批评,以巩固统治主体。社会—威权主义理论对应的内容是政府和执政党所有,为国家经济和思想目的而控制新闻媒介。自由至上主义理论对应的内容是不受政府控制(除去一些遏止诽谤猥亵的法律),保障观点的自由市场,实行新闻自律。社会—自由至上主义理论对应的内容是政府实行最低限度的控制,保证传播途径的畅通,保障自由至上主义思想和精神。社会—集权主义理论对应的内容是政府或公共所有者掌握有限的传播渠道,以保证自由至上主义思想的体现。

1981 年,美国学者威廉·哈希顿(William Hachten)在《世界新闻面面观》一书中提出的"五种理论"对"四种理论"作出了较大改进,增加了关于第三世界的媒介理论。该模式保留了集权主义和共产主义两种理论,而将自由主义和社会责任理论合并为"西方理论"(western concept),并增加了两种新的理论:革命(revolutionary)理论和发展(develepment)理论。不过,哈希顿的观点并没有超越前人,他所持的立场、观点和方法与西伯特、彼得森、施拉姆,以及洛温斯坦、梅里尔都是一致的。

1983 年,英国学者丹尼斯·麦奎尔认为有多少种政治体制就有多少种媒介体制,甚至每个国家的媒介体制都应该是独一无二的。在他的首版《大众传播理论》中,提出了基于报刊四种理论的六种理论,分别是权威主义理论、自由报刊(新闻自由)理论、社会责任理论、苏联理论、发展中国家理论、民主参与理论。而后,又在最新版的《麦奎尔大众传播理论》一书中提出"自由多元或市场模式""社会责任或公共利益模式""专业主义模式和替代性模式"三大媒介规范模式。

美国传播学者阿特休尔(Altschull)指出,《报刊的四种理论》是冷战思维的产物,在冷战后已经过时。他批判社会责任理论是一个"含义不清的模式"。阿特休尔强调媒介与权力的密切关系,一切媒介不是独立的、自卫的,而是受到某种权力控制的工具。基于这种视角,他将全球媒介制度划分为马克思主义计划经济的模式、资本主义市场经济的模式和第三世界国家的模式三大部分,对各自的运行情况及相关理论进行了全面研究,并于 1984 年出版其著作《权利的媒介》(*Agents of Power*)一书。

1985 年,罗伯特·皮卡德(Robert Picard)在《报刊与民主的衰落》(*The Press and the Decline of Democracy*)一书中,从以往被忽略的斯堪的纳维亚半岛媒介制度出发,提出了一个带综合性质的模式。该模式保留并综合了"四种理论"及上述的几种理论,增加了"民主社会主义"(democratic socialism)理论,形成了"七种理论",即权威主义理论、共产主义理论、

---

[1] 刘兢:《西方媒介规范理论的新动向》,《当代传播》2013 年第 1 期,第 30—31,35 页。
[2] 方振武、韦路:《比较媒介体制研究:历史、现状与未来》,《国际新闻界》2021 年第 6 期,第 130—146 页。

革命理论、发展理论、民主社会主义理论、社会责任理论、自由主义理论。皮卡德提出的民主社会主义理论认为,媒介是人民的工具,是公用事业(public utilities),应该摆脱私人控制、免于经济竞争,从过度的限制与压力当中被解放出来,还应该为公众观点的交流与表达提供平台,积极引导公众参与必要的政治与社会辩论。此外,国家有责任为观点的多元化创造条件、为多元化观点的自由传播提供保障,还应该保证公众能够接近和使用媒介、维持和促进媒介的多元化,更应通过媒介所有权制度等传媒经济制度的创新引导媒介健康发展。再者,传播方式应该舍弃自上而下的单向传播模式,遵循"公众—传播者"和"公众—接收者—传播者"的双向传播模式。值得注意的是,民主社会主义者承认精英对媒介的控制权。

总体而言,围绕媒介规范的应然问题所提出的种种理论模式仍属于最初"报刊的四种理论模式"的修正或延伸,并未摆脱其思想窠臼,由此可见《报刊的四种理论》对世界新闻传播界的影响是广泛而深远的。

(一)民主参与媒介规范理论

民主参与理论也称受众参与理论,是在20世纪70年代以后随着社会信息化的发展和媒介集中垄断达到新的高度,在美国、日本和欧洲等一些发达国家出现的一种新的媒介规范理论。民主参与理论要求大众传播媒介向一般民众开放,允许民众个人和群体的自主参与。它的主要观点有:(1)任何个人和弱小社会群体都拥有知晓权、传播权、对媒介的接近和使用权、接受媒介服务的权利;(2)媒介应主要为受众而存在,而不应为媒介组织、职业宣传家或广告赞助人而存在;(3)社会各群体、组织、社区都应该拥有自己的媒介;(4)与大规模的、单向的、垄断性的巨大媒介相比,小规模的、双向的、参与性的媒介更合乎社会理想。

民主参与媒介理论意在打破政党政治和议会民主的幻象,反对私营媒介的商业化和垄断化,反对公共广播电视的官僚化和中央集体制,推崇横向传播而非自上而下的传播,强调媒介不是媒介机构、专业人员或媒介客户的媒介而是所有人和族群的媒介。媒介应该服务于所有人和族群,所有人和族群都拥有传播自由,任何族群、组织和地方社区都应该有自己的媒介,小型的、互动的和参与式的媒介要优于大型的、单向的和专业化的媒介。

(二)发展中国家媒介规范理论

媒介发展理论所要解决的是四种传媒理论无法有效解释的发展中国家媒介体制问题,该理论虽然赋予媒介从业人员一定的自由权,但也强调国家以发展之名有权干预媒介,媒介应该以服务国家发展为主要目标。媒介内容的呈现在以本国的文化和语言为主的同时,也应积极传播同样处于发展中国家的新闻和信息。

发展中国家传播制度和媒介规范理论大致包含了以下几个方面:(1)大众传播活动必须与国家政策保持同一轨道,以推动国家发展为基本任务;(2)媒介的自由伴随着相应的责任,这种自由必须在经济优先的原则和满足社会需求的原则下接受一定限制;(3)在传播内容上,要优先传播本国文化,优先使用本民族语言;(4)在新闻和信息交流合作领域,应优先发展与地理、政治和文化比较接近的其他发展中国家的合作关系;(5)在事关国家发展和社会稳定的利害问题上，国家有权对传播媒介进行检查、干预、限制乃至实行直接管制。

三、对四种理论的反思与批判

施拉姆对"报刊的苏联共产主义理论"的论述后来成为传播业者和学者们批判的重点。对这一部分的批判，焦点集中在意识形态上，传播学者认为，韦尔伯·施拉姆执笔的这部分内容带有浓厚的意识形态偏见。例如，施拉姆写道："马克思几乎从来没有谈过公众通信工具问题。"而《马克思选集》24卷第65页里的一句话完全否定了这个观点，"交往工业，它或是真正的货客运输业，或者只是消息、书信、电报等的传递"。可见马克思在著作中已经明确谈到了公共通信工具问题。另据史料记载，施拉姆在写作此理论之前，对苏联的传媒体系是通过间接手段了解的，他没有亲自去苏联考察过。由此我们可以认为：意识形态的敌意阻止了科学研究苏联媒介制度的可能性，施拉姆可能根本就没有认真读过马克思的著作，对苏联社会主义媒介规范理论的论述可能只是在看了一系列的也许是失之偏颇的报道和资料后的主观臆断呢？1980年，苏联莫斯科大学新闻系主任扎苏尔斯基教授在其主编的《资产阶级的新闻理论》一书中就指出，《报刊的四种理论》作为美国新闻学理论的代表作，竭力美化资本主义国家的报刊、通讯社、广播、电影和电视，鼓吹这些国家实行的是自由主义传播制度；同时它又对社会主义新闻传播制度进行了歪曲和攻击，认为这种制度是集权主义的。

我国学者郭镇之援引美国伊利诺伊大学威廉·伯里（William E. Berry）等人撰写的《最后的权利：重访报刊的四种理论》（*Last Rights: Revisiting Four Theories of the Press*）一书观点，对"四种理论"进行了反思与批评。指出了《报刊的四种理论》的自由主义本质，"《四种理论》提供的不是四种理论，而是一种理论的四个例子"，它从一个理论（经典自由主义理论）的框架中定义这四个理论。具体而言，《四种理论》的问题包括：（1）历史具体性的不一致：体现在对不同历史时期非常不同现象的叙述详略差异明显，如极权主义详细而自由主义简略，有的是一个国家的情况（如苏联），有的则包罗万象（如极权主义）。（2）理论概念的不一致。"四种理论"中的威权主义理论是一系列实践方法，自由主义则是一些思想家的观点，社会责任理论是自由主义思想在新形势下的补充原则，而苏联共产主义理论是媒介作为国家机器的原则。严格来说，实践方法、思想观点、原则并不是等同的理论概念。（3）营造了"一种制度可以套用一种理论"的错误印象，但实际情况是在每一种制度下都可以并常常应用多种理论或原则。（4）每一种理论过于简单化，特别是极权主义理论和自由主义。（5）对资本主义私人所有制的权力集中所论太少，有意无意地遮盖了"自由主义理论"的实质。这一点也是"四种理论"的要害所在。

第九章
媒介分析

从传播学的孕育和诞生之日起,媒介技术的发展与更新,和这门学科的成长,始终有着不解之缘。本章媒介分析主要包括对如下内容的介绍:媒介技术的产生和发展,各种媒介技术的特征及作用,媒介技术及其发展史同人类社会变迁、文明发展史的关系等。

第一节 作为技术的媒介

在传播学发展史上,传播技术与媒介作为信息传递和接收的手段、载体,并非总是研究的重点。在西方传播学兴起初期,传播学者的注意力,主要集中在大众传播媒介所传递的讯息内容及其所产生的效果上。与学者们反复挖掘、成果极为丰富的传媒效果研究,或占据重要位置的传媒内容分析一样,以媒介技术本身为焦点的媒介分析是传播学研究的重要内容。

一、媒介环境学派

媒介环境学派是传播学三大学派之一,产生于20世纪60年代,媒介环境学由尼尔·波兹曼创建,是继经验学派和批判学派之后形成的重要传播学派。该学派由一系列关系密切的学者及其研究者组成,以对文化、技术和传播的理解为特征。该理论学派从麦克卢汉的"媒介即讯息"出发,研究媒介在社会中的作用。媒介环境学将研究重点放在传播技术本质或内在的符号和物质结构如何对文化产生深远的微观及宏观的影响。媒介环境学理论学派主要分为加拿大多伦多学派和纽约学派。

媒介环境学(media ecology)一词最早由马歇尔·麦克卢汉提出,由尼尔·波兹曼正式使用,波兹曼对媒介环境学的定义为"把媒介当作环境的研究",媒介环境学强调"人在媒介研究中的重要角色,其重点关怀是如何研究人与传播媒介的关系"[①],关注媒介和技术对文化和社会在形式上和根本问题上的冲击。该学派关注媒介如何影响人的传统,可以追溯到20世纪的生态思想家、英国学者帕特里克·格迪斯所研究的自然环境和人造环境以及人类文化的相互关系。

从学术发展脉络来看,媒介环境学派的先驱人物有社会学芝加哥学派的主帅罗伯特·帕克(Robert Park)、百科全书式人物帕特里克·格迪斯(Patrick Geddes)、城市生态学的创始人刘易斯·芒福德(Lewis Mumford)、语言相对论创始人本杰明·李·沃尔夫(Benjamin L. Whorf)、符号论美学代表人物苏珊·K·朗格(Susanne K. Langer)等人。整体而言,经过三代学者的努力,媒介环境学派已成为与经验学派和批判学派鼎力的传播学第三学派。[②]

20世纪50年代,媒介环境学派第一代代表人物有加拿大多伦多学派的伊尼斯和麦克卢汉,他们是该学派的奠基人和旗手。哈罗德·伊尼斯(Harold Innis)关于媒介环境的研究主要集中在媒介与经济的生态关系史和媒介与时空生态关系形态的研究中。他着重将媒介作

[①] 林文刚:《媒介环境学:思想沿革与多维视野》,何道宽译,北京大学出版社2007年版,第4页。
[②] 何道宽:《媒介环境学:从边缘到庙堂》,《新闻与传播研究》2015年第3期。

为一切历史运转的轴心来探讨,这方面的著述有《帝国与传播》《传播的偏向》,论述了媒介的时间与空间偏向性问题。①伊尼斯发现,媒介可以分为两大类:一类是有利于空间上延伸的媒介,比如轻巧便于运输的莎草纸;另一类是有利于时间上延续的媒介,比如石版文字和泥版文字。伊尼斯认为"一种新媒介的长处,将导致一种新文明的诞生",因此,偏向时间的媒介因其耐久性而催生了"固守传统的文化,它强调连续性,突出社会的黏合力,紧守神圣的信仰和道德传统";偏向空间的媒介因其轻便性而催生了"强调地域扩张、中心对边缘控制的文化,其中世俗制度发达、宗教体制薄弱"。②马歇尔·麦克卢汉(Marshall McLuhan)作为伊尼斯的学生,继承并超越了伊尼斯的"媒介偏向论",将其思想推向全球。麦克卢汉作为公众偶像式的学者,理论观点独到且具有洞察力,主要包括媒介的延伸论、讯息论、冷热论,以及媒介四定律(即媒介提升律、媒介过时律、媒介复活律和媒介逆转律)等,无一不展现出强烈的生态学思维。

20世纪70年代,尼尔·波兹曼(Neil Postman)、沃尔特·翁(Walter Ong)和詹姆斯·凯利(James Carey)等第二代代表人物登场。其中,尼尔·波兹曼是纽约学派的代表性人物,对媒介环境学的理论研究和学科建设做出了重要贡献。《教学作为一种保存性的活动》《童年的消逝》和《娱乐至死》是尼尔·波兹曼关于电视媒介分析的三本著作。在《娱乐至死》一书中,波兹曼提出"媒介即隐喻",指出"媒介用一种隐蔽但有利的按时来定义世界"。这一观点是对麦克卢汉"媒介即信息"的发展,认为媒介并非单纯的信息载体,特定形式的媒介会偏好某种特殊的内容,最终会塑造整个文化的特征,人们就身处在媒介所制造的巨大隐喻世界之中。在《技术垄断》一书中,尼尔·波兹曼逐渐将他的关注点从电视媒介扩展到了信息技术,提出了"技术垄断"的概念,并把人类文化按照技术发展的不同阶段分为工具使用文化、技术统治文化和技术垄断文化三种类型,以此讨论技术对文化的影响。在波兹曼看来,技术垄断是一种文化状态,也是一种心态。技术垄断是对技术的神化,文化到技术垄断里去谋求自己的权威,到技术里去得到满足,并接受技术的指令。③

20世纪90年代,媒介环境学派第三代的代表人物有保罗·莱文森(Paul Levinson)、约书亚·梅罗维茨(Joshua Meyrowitz)等人。保罗·莱文森是媒介环境学派一位多产的研究者,持有技术乐观主义论,自称"人类沙文主义者",被称为"数字时代的麦克卢汉"。他的学术成就主要表现在两方面:一方面是对麦克卢汉思想的捍卫和阐释,另一方面是自创的媒介理论,代表作《新新媒介》《数字麦克卢汉:信息化新纪元指南》。莱文森从生物进化论的角度探析了技术和认识论之间的关系,将媒介研究推向了哲学的层面。他考察了历史上出现了多种传播媒介,分析了其特性,提出了媒介进化的"人性化趋势理论"和"补偿性媒介理论",将媒介环境学派的研究向前推进了一步。约书亚·梅罗维茨是当代美国传播学家,在

---

① 邵培仁、廖卫民:《思想·理论·趋势:对北美媒介生态学研究的一种历史考察》,《浙江大学学报(人文社会科学版)》2008年第3期。
② [加拿大]哈罗德·伊尼斯:《帝国与传播》(第三版),何道宽译,中国大百科全书出版社2021年版,第18—21页。
③ [美]尼尔·波兹曼:《技术垄断:文化向技术投降》,何道宽译,中信出版社2019年版,第79—80页。

《空间感的失落:电子传播媒介对与社会行为的影响》(1985)一书中,提出了以"情境"为视角考察媒介社会影响的一系列观点。他的学术思想受到麦克卢汉、伊尼斯、戈夫曼等人的影响,将媒介理论和社会交往理论糅合在一起,提出了媒介情境论,认为新的媒介会产生新的情境,影响情境中人物的角色,从而进一步影响人们的行为。他分析了印刷情境和电子媒介情境中交往行为的差异及印刷文化和书面文化的差异,将媒介环境学派的研究推进到了微观的生活层面。

二、媒介环境学派的技术思想

媒介环境学开创了以研究媒介/技术为视角的生态学研究范式,将媒介视为环境,研究生存在其中的人与环境的互动共生关系。媒介环境学吸收了生态学和系统论的理念,追求媒介/技术、人、环境三者之间的生态平衡,有着浓厚的人文主义关怀。技术是媒介环境学的核心关键词之一,媒介环境学派的技术思想主要体现在以下四个方面:[1]

(1)泛技术观。泛技术观是媒介环境学的一大特征。媒介环境学者大多持有泛技术观,但是对技术所包含的内容不尽一致。例如,伊尼斯、麦克卢汉、莱文森等人将口语视为技术,但是沃尔特·翁却持相反的意见。

(2)非技术决定论。媒介环境学并非严格意义上的技术决定论,媒介环境学者强调技术都可归因于其独特的研究视角。媒介环境学是研究媒介形式的学科,为了与媒介内容研究相区别,弥补其对媒介形式的忽视,媒介环境学将媒介形式置于研究的首位,关注媒介的性质、媒介对人、社会、文化的影响等。他们认为技术并非影响社会变革的完全的决定性因素,实际上还存在着政治、经济等其他因素的影响。

(3)技术的影响。媒介环境学派是从生态学的视角关照技术的影响。人性、和谐是媒介环境学者评判技术影响的考量标准。媒介环境学派考察了技术对人的心理和价值观等微观方面的影响,也考察了技术对社会、文化等宏观层面的影响。他们将技术是否有利于人性的发展视为评判技术好坏的道德标准,这样的考量无不显示出他们强烈的现实关照和人文关怀。

(4)技术与人的关系。这一主题是媒介环境学最富人文关怀的议题。这一议题涉及技术中性论、技术悲观主义、技术乐观主义等一系列论点。同时,这一主题还隐含着"技术即权力"这一命题。芒福德、艾吕尔、麦克卢汉等都论述了技术对人性的压抑和限制,并对技术的非人性给予了猛烈的批判。同时,他们也从技术的强大力量中看到了人的主动性,他们或多或少都表示了人主导技术的观点。其中,莱文森甚至公开声称自己是人类沙文主义者,能够绝对控制技术。

---

[1] 商娜红、刘婷:《北美媒介环境学派:范式、理论及反思》,《新闻大学》2013年第1期。

第二节　麦克卢汉的媒介理论

马歇尔·麦克卢汉和他在多伦多大学的同事哈罗德·伊尼斯一样，是一位技术决定论者，也是媒介环境学派的先驱。施拉姆评价麦克卢汉为一位"闪亮的人物"[①]，他指出在20世纪60年代，麦克卢汉是美国知识分子和学生心目中的偶像，随着《古登堡星汉璀璨：印刷文明的诞生》(Gutenberg Galaxy: The Making of Typographic Man)、《理解媒介：论人的延伸》(Understanding Media: The Extension of Man)、《媒介即讯息》(The Medium Is the Message)等作品问世，麦克卢汉在美国大学校园、大众媒介、脱口秀节目甚至政治竞选团队中都大受欢迎。然而这种名气并不长久，到了20世纪70年代中期，麦克卢汉的影响力就从流行文化的名家退回传播学术圈子内的讨论了。麦克卢汉的观点形成在一个电子媒介还相对年轻的时代，当时电视是刚刚流行不久的大众媒介，互联网还未出现，麦克卢汉因其先锋而缺乏实证的观点而备受批评和质疑，被认为有盲目崇拜技术、不切实际之嫌，甚至称为"媒介的形而上巫师"。实际上，麦克卢汉走在了时代的前面，被视为继牛顿、达尔文、弗洛伊德、爱因斯坦和巴甫洛夫之后最重要的思想家，在学科中扮演着带有范式转变性质的颠覆者角色。本质上，麦克卢汉关注的是他那个年代的新媒介——电力媒介(electric media)。此处的"电力"泛指以"电能、电子"技术而产生的各种传输、动力、通信、传播媒介，包括依次出现的电报、电话、广播、电影、电视。麦克卢汉在《理解媒介》的最后一章"自动化：学会生存"中略微触及了计算机技术。当互联网兴起，这位加拿大学者又重新回到大众媒介文化讨论的前沿。对互联网技术持乐观态度的人们相信这种新的媒介能够实现麦克卢汉的构想——一个彼此联系和融合的"地球村"(global village)，例如专注互联网技术发展的《连线》杂志就视其为守护神。麦克卢汉作为电子时代的预言家，提出了许多引人瞩目又令人炫目的概念，放在今日仍不过时，例如"地球村""媒介是人的延伸""媒介即讯息""冷媒介""热媒介"等。

一、媒介是人的延伸

关于媒介与文化如何互动这个问题，麦克卢汉认为，媒介不是将世界带给我们，而是让我们更广阔、更深入地认识世界，所以各种媒介工具是我们身体的延伸。衣服是皮肤的延伸，使人能够从温暖的家中走进冰冷的世界。车轮是双脚的延伸，使人能够去往更遥远的地方。电视是视觉和听觉的延伸，向世界各处、向历史纵深、向未来幻想前行。电脑是中枢神经的拓展，更快、更强、更复杂地处理、分类、重组和分析。从这个意义上说，麦克卢汉的观点与詹姆斯·凯瑞的大众传播仪式观不谋而合。传播技术的重点不在于传递的信息，传播技术本身从根本上改变了人与世界的关系，鼓励人们赋予自己借助媒介工具看到的事物的新

[①] [美]威尔伯·施拉姆、威廉·波特：《传播学概论》（第二版），何道宽译，中国人民大学出版社2010年版，第114页。

意义和文化价值。

随着技术发展,人类的身体、神经中枢系统、意识在媒介工具的帮助下,先后实现了或正在实现"延伸"。麦克卢汉指出,凭借分解切割的、机械的技术,西方世界的科技取得了三千年的爆炸性增长,现在它正在经历内爆(implosion)。在机械时代,我们完成了身体的"空间延伸"。今天,经过一个世纪的电力技术发展以后,我们的中枢神经系统又得到了"延伸",以至于能拥抱全球。就我们这颗"行星"而言,时间差异和空间差异已不复存在。我们正在迅速逼近人类"延伸"的最后一个阶段——从技术上模拟意识的阶段。在这个阶段,创造性的认识过程将会在群体和总体上得到"延伸",并进入人类社会的一切领域,正像我们的感觉器官和神经系统凭借各种媒介而得以"延伸"一样。刊登广告推销产品的客户长期以来所谋求的,正是人的意识的"延伸"。人的任何一种"延伸",无论是肌肤还是手脚的"延伸",对整个心理的和社会的复合体都将产生影响。

【前沿领域】

赛博格(Cyborg)彼得 2.0

赛博格(Cyborg)一词起源于20世纪60年代,是cybernetics(控制论的)和organism(有机体)两个单词的结合体。赛博格被定义为人的身体性能经由机械拓展而超越人体的限制的新身体,也有人将其简称为电子人。美国学者堂娜·哈拉维(Donna Haraway)称之为"一个控制生物体,一种机器和生物体的混合,一种社会现实的生物,也是一种科幻小说的人物"。[①]

据媒体报道[②],2022年6月15日,在与疾病抗争五年后,世界上第一位真正的赛博格——彼得·斯科特—摩根(Peter Scott—Morgan)去世了,享年64岁。时间回到2017年,彼得刚被诊断为萎缩侧索硬化症(俗称"渐冻症"),这种病症会让身体各部分一点点僵硬"死去",甚至包括那些支持呼吸和吞咽的肌肉,最终全身僵死。为了应对疾病,身为一名机器人科学家的彼得做了一个大胆的决定——把自己所有的器官替换为机械,从此以"赛博格"电子人的身份继续活下去。这一决定意味着彼得与世界的所有互动都将由机器实现,他的所有感官都将电子化,包括大脑的一部分也会用上机械神经。2018年7月,彼得接受了一系列身体改造手术,赛博格彼得2.0诞生了。2019年10月10日,彼得在社交媒体发文称,"这是我作为彼得1.0的最后一篇文章。我即将变成彼得2.0——我指的是'电子人'。我指的并不是任何传统的电子人,而是自138亿年(宇宙大爆炸)以来创造的最先进的人类控制有机体。我将成为世界上第一个完全的电子人。"

二、媒介即讯息

麦克卢汉所谓的媒介即讯息,是指"任何媒介(即人的任何延伸)对个人和社会的任何影

[①] 彭兰:《智能时代人的数字化生存——可分离的"虚拟实体"、"数字化元件"与不会消失的"具身性"》,《新闻记者》2019年第12期,第4—12页。

[②] 邵文:《人类首个"赛博格"与渐冻症斗争5年后去世,享年64岁》,《澎湃新闻·科学派》,2022—6—20。

响,都是由于新的尺度产生的;我们的任何一种延伸(或曰任何一种新的技术),都要在我们的事务中引进一种新的尺度"。比如,由于自动化这一媒介的诞生,人类协作新模式往往要淘汰一些职业。这是消极后果。从积极因素来说,自动化为人们创造了新的角色,它使人深深卷入自己的工作和人类协作之中,而以前的机械技术却把这种卷入摧毁殆尽。机器的意义或者讯息不是机器本身,而是人们用机器所做的事情。但是,如果从机器如何改变人际关系和人与自身的关系来看,无论机器生产的是玉米片还是凯迪拉克高级轿车,那都是无关紧要的。人类工作和协作的结构改革,是由切割肢解的技术塑造的,这种技术正是机械技术的实质。自动化技术的实质与之截然相反。机器在塑造人际关系中的作用是分割肢解的、集中制的、肤浅的,自动化的实质是整体化的、非集中制的、有深度的。

任何媒介或技术的"讯息",就是由它引入人类事务的尺度变化、速度变化和模式变化。媒介对人的协作与活动的尺度和形态发挥着塑造和控制的作用。媒介的内容或用途五花八门,却对塑造人类协作的形态不起作用。实际上,任何媒介的"内容"都使我们对媒介的性质熟视无睹。以交通工具为例,铁路的作用并不是把运动、运输、轮子或道路引入人类社会,而是加速并扩大人们过去的功能,创造新型城市、新型工作和新型闲暇。无论铁路是在热带还是在北方寒冷的环境中运转,都发生了这样的变化。这样的变化与铁路媒介所运输的货物或内容是毫无关系的。同时,由于飞机加快了运输速度,它使铁路所塑造的城市、政治和社团的形态趋于瓦解,这个功能与飞机所运载的东西是毫无关系的。

麦克卢汉还认为,任何媒介的"内容"都是另一种媒介。文字的内容是言语,正如文字是印刷的内容,印刷又是电报的内容一样。如果要问"言语的内容是什么",那就需要这样回答:"是实际的思维过程,而这一过程本身却又是非言语(nonverbal)现象。"

三、冷热媒介说

麦克卢汉关于冷媒介和热媒介的区分和描述新颖有趣,但又颇具迷惑性。简言之,"冷媒介"是信息清晰度低,需要受众较高参与度的媒介,冷媒介传达的信息含量少而模糊,在理解时需要动员多种感官的配合和丰富的想象力,如漫画、拼音文字、有声电影、手写稿、电话、电视、口语等。"热媒介"则是信息清晰度高,需要受众参与度低的媒介。热媒介传递的信息比较清晰明确,接受者不需要动员更多的感官和联想活动就能够理解,如象形文字、印刷品、照片、报刊、广播、无声电影等。这里的"清晰度"并不是指图像的可视感觉,而是指这种媒介传载信息的准确度和可把握的较多的含义。

麦克卢汉在媒介分类上前后并不完全一致。印刷媒介和广播因为只使用一种感官,而且无须受众发挥多少想象力,被归为"热媒介"。与此相对地,有声电影在某种程度上是"冷媒介",电视则是"冷媒介",这是因为这两种媒介要求观众最大限度地发挥想象力。麦克卢汉所谓"冷媒介"需要想象力的观点,是从感知的角度立论的,在他看来,电视屏幕发出大量的细小光点,感觉器官和神经中枢不得不将其整合成现实的图像。

如何区分冷媒介和热媒介?麦克卢汉指出了这样一条基本原则:热媒介只延伸一种感

觉,具有"高清晰度",高清晰度是充满数据的状态。从视觉上看,照片具有高清晰度,卡通画却只有"低清晰度"。原因很简单,它提供的信息非常之少。电话是一种冷媒介,或者称低清晰度的媒介,它为耳朵提供的信息相当匮乏。言语是一种低清晰度的冷媒介,它提供的信息少得可怜,大量的信息还得由听话人自己去填补。与此相反,热媒介并不留下那么多空白让接受者去填补或完成。因此,热媒介要求参与度低;冷媒介要求参与度高,要求接受者完成的信息多。像收音机这种热媒介对使用者的影响,与电话这种冷媒介对使用者的影响,是大不相同的。象形文字或会意文字之类的冷媒介,与拼音文字之类的热烈而爆炸性的媒介,也具有大不一样的影响。清晰度的不同导致了热媒介容许的参与度比冷媒介容许的参与度都要少,热媒介有排斥性,冷媒介有包容性。

表9—1　　　　　　　　麦克卢汉的冷媒介与热媒介特征及举例

冷媒介	热媒介
低清晰度,参与度高,包容性	高清晰度,参与度低,排斥性
卡通画	照片
电话	收音机
有声电影	电视
象形文字/会意文字	拼音文字/印刷文字
研讨会	讲座
对谈	书本

第十章
受众分析

受众研究一直是大众传播研究的重要领域。早期大众传播的线性模式中,受众是位于线性传播过程终端的信息接收者,他们通常是新闻或娱乐资讯的付费公众,或是广告宣传的目标对象。随着大众传媒的迅速发展,针对读者、听众和观众的理论研究和市场分析不断深入,如何从历史、社会、经济等维度全面描绘受众的各种面向和角色是受众研究的重要内容。在以互联网为代表的新媒介兴起后,受众的本质发生了变化,由单纯的信息接收者转变为一定程度上的信息生产者,大众受众"分化"(fragmentation)趋势也进一步加深。英国传播学者丹尼斯·麦奎尔坦言,受众这一概念在很多方面已经过时,它在传播理论、传播模式和传播研究中所具有的传统作用已经受到人们的质疑。[①] 本章结合大众传播媒介发展带来的变化,对受众的概念变迁、经典理论和研究方向展开讨论。

第一节　大众传播的受众

一、受众的概念

受众作为大众传播领域的重要概念,其历史可追溯至古希腊罗马时期,那时体育比赛、公共戏剧、音乐表演的观众,具有一些与今天我们所讨论的受众相似的特征,包括:[②]

(1)与表演本身一样,观看或收听是有计划、有组织的;
(2)事件具有公共的、大众的特征;
(3)表演内容是世俗的而非宗教的,如娱乐、教育和替代性情感体验;
(4)对事物的选择和关注是志愿的个人行为;
(5)作者、表演者和观看者是专门化的;
(6)现场表演,观看者亲临现场观看。

在大众传播研究中,受众(audience)指的是大众传媒的信息接受者(receiver),例如书籍、报刊的读者,广播的听众,电影、电视的观众,互联网用户等。受众是一个集合的概念,也可以按照不同维度进一步拆分界定,例如按地点(place)分为全国的受众和地方的受众,按人口特征(demographic characteristics)可划分出不同性别、年龄、受教育程度、收入水平的受众,按媒介渠道(medium or channel)可分为书籍读者、广播听众、电视观众、电影观众等各种不同技术特征和组织形式的媒介受众,按信息内容(content)可分为新闻信息受众、娱乐信息受众等不同类别、主题和风格内容的受众,按时间(time)分为日间时段、夜间时段或黄金时段的受众。

---

① [英]丹尼斯·麦奎尔:《受众分析》,刘燕南、李颖、杨振荣译,中国人民大学出版社2006年版,第142页。
② [英]丹尼斯·麦奎尔:《受众分析》,刘燕南、李颖、杨振荣译,中国人民大学出版社2006年版,第3页。

二、几种主要的受众观

(一)作为大众的受众

大众泛指大多数社会成员,是社会中各类公众的总和。大众的人数众多,构成复杂,分布广泛,不是有组织的团体或自组织的群体,往往在地理空间或虚拟网络空间分散存在,是性格、兴趣爱好、使用大众传播媒介的动机都存在差异的个体集合。在大众传播研究领域,大众的概念往往等同于作为传播客体的受众。受众泛指接受和使用大众传播媒介的公众,如报刊读者、广播听众、电视、电影观众等。作为大众的受众具有众多性、广泛性、多样性、分散性、无组织性、使用媒介不固定、不确定等特点。①

(二)作为群体的受众

作为社会群体成员的受众观是与大众社会论相对立的一种受众观,认为受众并不是孤立的个人的集合,而是分属于不同的社会集团或群体。这些集团或群体接触和利用传播媒介,但它们的存在并不以大众传播为前提。受众对媒介的接触和利用虽然属于个人行为,但这种活动通常受到他的群体归属关系、群体利益和群体规范的制约。受众在作为社会集团或群体成员行动之际具有能动性:一是"能动的选择",即有选择地接触那些与自己的群体利益、规范或文化背景相合的传播内容;二是"能动的解释",即按照自己的政治、经济利益或意识形态来理解或解释大众传播的信息。这种观点认为大众传播不可能随心所欲地左右受众。受众分属于不同的社会集团或群体,有着不同的社会背景,受众对大众传媒的接触受到他的群体归属关系、群体利益以及群体规范的制约。受众的群体背景可以分成两个方面:一是人口统计学意义的群体;二是社会关系意义上的群体。受众的群体背景或社会背景是决定他们对事物的态度和行动的重要因素,这种影响有时甚至超过大众传播的影响。

"伊里调查"是传播学奠基人之一拉扎斯菲尔德等人在1940年为考察大众传播的竞选宣传对选举结果的影响而进行的一次实证调查,这次调查在俄亥俄州的伊里县进行,因此史称"伊里调查"。伊里调查的结果表明,受众的群体背景或社会背景是决定他们对事物的态度行动的重要因素,这种影响有时甚至超过大众传播的影响。

(1)IPP指数(Index of Political Pre-dispositions),即"既有政治倾向指数",是一个从社会经济地位、居住区域和宗教信仰三个方面来显示受众在接触媒介宣传前已有的政治立场和态度的综合指数。

(2)"政治既有倾向假说"。拉扎斯菲尔德等人在伊里调查中,通过分析人们的既有政治倾向指数提出的假说,内容是:人们就选举或其他政治问题做出决策之际,这种决定并不取决于一时的政治宣传和大众传播,而是基本上取决于他们迄今所持的政治倾向。

(3)"选择性接触假说"(Hypothesis of Selective Exposure)。拉扎斯菲尔德等通过1940年的"伊里调查"所得出的结论。该结论认为,受众在接触大众传播的信息时并不是不加选

---

① 刘建明:《宣传舆论学大辞典》(第一版),经济日报出版社1993年版,第315页。

择的,而是更愿意选择那些与自己的既有立场和态度一致或接近的内容加以接触,而对与此对立或冲突的内容有一种回避的倾向。

选择性接触机制的存在说明,受众在大众传媒面前并不是完全被动的,而是具有某种能动性,大众传媒并没有随心所欲的支配和左右受众的力量。

(三)作为市场的受众

这种受众观把受众看作是信息产品的消费者和大众传媒的市场。丹尼斯·麦奎尔从市场的角度考虑,将受众定义为"特定的媒体或讯息所指向的、具有特定的社会经济侧面像的,潜在的消费者的集合体。"基本观点包括:(1)大众传媒是一种经营组织(经营性),必须把自己的信息产品或服务以商品交换的形式在市场上销售出去。(2)使自己的产品或服务能够满足消费者的各种需求(商品性)。(3)各传媒机构之间必然存在着激烈的竞争关系(竞争性)。这种商业气息浓厚的受众观也存在以下问题:(1)容易把传媒与受众的关系固定为"卖方"和"买方"的关系。复杂的社会传播关系被简化成了单纯的买卖关系。(2)这种观点更多地着眼于受众的购买能力与消费特点相关的人口统计学属性,不能反映受众内部更深层次的社会关系和意识形态。(3)容易把"商品销售量"——收视率或发行量作为判断传媒成功与否的唯一标准,而把公益性和社会效益标准放在次要的位置上。(4)不是从受众的立场出发考虑问题。受众不是单纯的消费者,还是社会公共事务的参与者,是拥有传播权利的主体。

【业界观点】

用户画像

用户画像(Persona)是美国的软件设计师、"交互设计之父"艾伦·库伯(Alan Cooper)在1983年首次提出,并于1998年出版的软件设计著作《软件创新之路——冲破高技术营造的牢笼》一书中提出的一个概念。

哔哩哔哩(www.bilibili.com)是创立于2009年的弹幕视频社区,以年轻用户群体为特征。在哔哩哔哩网站的官方简介中,称其已成为"Z+世代"(在1985—2009年出生的中国人)创作和消费的视频首选平台。根据官方披露的数据,哔哩哔哩网站的用户群是中国互联网用户群里最年轻的群体,90%是25岁以下、以"90后"和"00后"为主的用户群体。据推算,超过50%的城市年轻网民以及超过80%的一线城市的中学生和大学生是B站用户。有市场机构的调查显示,从用户分布上,哔哩哔哩网站的用户平均年龄22.8岁,大学生浓度最高的内容社区,是中国未来消费的主力人群。B站用户男女比例为57∶43,18—35岁用户占78%,本科及以上比例高出全网10个百分点。华东地区用户最多(34%),其次是华南用户(21%),华北用户(17%),华中用户(15%),西南用户(13%)。

(四)作为权利主体的受众

受众不仅仅是传媒信息的使用者和消费者,他们还作为社会共同体的成员或公众拥有各种各样的正当权利。受众在大众传播过程中的基本权利包括:(1)传播权。传播权是构成社会的每一个成员所享有的基本权利之一,在传统上称为表现自由或言论自由的权利。(2)知晓权。知晓权在广义上看,是指社会成员获得有关自身所处的环境及其变化的信息、保障社会生活所需的各种有用信息的权利,从这个意义上看,它也是人的生存权的基本内容之一。从狭义上看,知晓权是指公民对国家的立法、司法和行政等公共权力机构的活动所拥有的知情或知察的权利,这是公民的一项基本政治权利,也意味着公共权力机构对公民负有信息公开的责任和义务。(3)传媒接近权。传媒接近权(the right of access to mass media)是指一般社会成员利用大众传媒阐述主张、发表言论以及开展各种社会和文化活动的权利,同时这项权利也意味着公共权力机构对公民负有信息公开的责任和义务。核心内容是要求传媒必须向受众开放。传媒接近权概念提出后,在三个方面已经产生普遍影响。[1] 第一,反论权,即社会成员或群体在受到传媒攻击或歪曲性报道之际,有权要求传媒刊登或播出反驳声明。第二,意见广告,这是指一些印刷媒体为了迎合受众,在不同程度上一收费的形式接受其要求刊登的广告。第三,受众自主参与的"开放频道",是指一些国家在颁发有线电视经营许可证时,规定有线电视台必须开设允许受众自主参与的"开放频道"作为附加条件。

三、受众研究的类型

丹尼斯·麦奎尔在《受众分析》一书中采用更为简约的方式,将受众研究分为三大类,分别冠以结构性(structural)、行为性(behavioral)、社会文化性(sociocultural)受众研究之名。

(一)结构性受众研究

此类研究源于媒介工业的需要,是代表传媒组织而进行的研究,目的是获得有关受众规模、媒介接触、到达率、流动情况等方面的量化信息,通过这些经营性的反馈资料,可以产生与媒介广告经营、媒介市场研究密切相关的庞大产业;受众的类型学也可以揭示媒介系统与受众媒介使用之间的关系,有助于探讨社会背景、大众传媒系统与个人媒介使用之间的关系。

具体来说,结构性能够了解下面几方面的内容:(1)受众的多少;(2)受众个体的构成要素,如年龄、性别、收入等;(3)受众群体的构成及其与社会结构的关系;(4)受众的形态,如根据媒介的观点,将其分为"潜在的受众""付费的受众""能够覆盖的受众"等;(5)受众构成与形态的变化。上述这些内容对于媒介管理和研究受众行为都是必要的,对它们的研究已经不仅是广告商和媒介管理者的需要,也是大众文化研究者以及其他社会科学研究人员的需要。

结构研究采用的方法主要是抽样调查等统计学方法。但是在有些情况下,它也采纳其他的数据收集方法,如受众日记、记录媒介使用活动及反应等表格作为补充。

(二)行为性受众研究

行为主义特别强调"外在的"或环境的影响作用,反对和排斥"内在的"或主观的作用,认

---

[1] 石磊:《从公民新闻看传媒接近权的实现路径》,《西南民族大学》(人文社科版)2009年,第3期。

为只有这样才能保证研究的客观性。行为主义对受众研究的影响巨大而深远,以至于在受众研究中形成了行为传统。

行为性受众研究通过考察受众外在表现,如受众的媒介选择、使用、意见和态度等,采用源于社会心理学的媒介效果与媒介使用途径,证实传媒对个人行为、意见和态度、价值观的影响来解释媒介的影响,预测受众行为,为传播决策提供参考,目的在于改进和强化媒介传播效果。

"行为性"受众研究从许多方面看都是对直接效果模式的一种反驳。在早期大众传播研究中,受众被认为是"暴露"(exposed)在大众传媒的影响和冲击之下,无论这种影响和冲击是劝服性的、认知上的还是行为方面的。最典型的效果模式是一个单向模式,受众被认为是一个毫无自主能力的靶子,只能被动地接受媒介的刺激。在行为性受众研究中,媒介使用(use)成为中心,受众被视为多少具有一定主动性和能动性的媒介使用者或消费者,他们"掌控"(in charge)自己的媒介行为,并不是消极的"受害者"(victims)。研究的焦点,主要集中在受众产生选择媒介及媒介内容的动机起因、性质和程度等问题上。受众同样可以对自己的行为进行解释。

行为性受众研究在方法上多采用实验或准实验方法。与结构性传统相比,它们在测试、测量和统计数据以及为媒介工业服务、为媒介所有者服务、为了公共道德的改善等方面有很多相似的地方,但也有很多区别,例如对实验方法的接受、在理论的定位方面等,而且行为性受众研究更具有心理学特点,特别注重运用心理测试手段。

(三)社会文化性受众研究

这种研究源于文学批评与文化研究的批判传统,关注大众文化。广义上包括批判研究、文学批评、文化研究和接受分析在内,狭义上主要指接受分析。在研究中,把传媒视为日常生活的一个重要组成部分,接受研究则把阐释的共同体当作一批具有独特经验的人研究,借用民族志的方法对特殊的受众和内容进行细致的人类学描述。此种观点认为受众具有主动性和选择性,受众的媒介使用是特定社会文化环境的一种反映,也是赋予文化产品和文化经验以意义的过程。接受分析特别强调受众在对媒介文本进行解码时的能动作用,认为受众对于大众媒介所提供的支配性意义具有抵抗和颠覆的力量。

受众文化性研究主要特点可以归纳如下:(1)受众按照自己的理解对媒介文本进行"解读"(read),并从中建构意义,获取愉悦(而这些从来都是不确定的或不可预测的)。(2)受众感兴趣的正是媒介使用过程及其在特定语境中的展现方式。(3)媒介使用是典型的特定环境的产物,以社会任务为取向,这是由参与"解释团体"而逐渐形成的。(4)不同媒介内容的受众通常由不同的"解释团体"构成,"解释团体"中的成员大体分享相同的话语形式和理解媒介意义的框架。(5)受众从来就不是被动的,受众中的成员也各不相同,其中一些人比其他人更有经验,也更积极主动。(6)研究方法通常是"定性的"(qualitative)、深入的,一般采用民族志的方法,并且将内容、接受行为与语境结合起来进行考察。这一研究传统与前文所述的两种传统最大的区别,或者说对其超越主要体现在:抛弃了"文本的权力";抛弃了从属

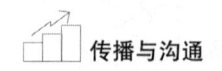

阶级不可避免要屈服于资本或国家控制的媒介权力的观念。

第二节　乌合之众与群体智慧

　　群体与个体相比,是更聪明还是更愚蠢?当大量的个体聚集在一起,是变成"乌合之众",还是发挥出群体智慧?对此,悲观派如古斯塔夫·勒庞、韩炳哲等学者认为当个体进入群体会变得低智、非理性和狂热情绪化;乐观派如詹姆斯·索罗维基、凯文·凯利等学者则从自然界中的社会化动物受到启发,认为群体智慧优于群体中的个体智慧,群体成为一种新型的系统或生命共同体。当然,关于一个群体是成为乌合之众还是形成群体智慧并不是绝对的,个体的判断力、群体的组织规则都可能产生影响。本节的目的不在于给出一个明确的答案,而是展示双方观点交锋,最终交由读者自己判断和思考。

一、乌合之众

(一)群体心理学

　　法国著名社会心理学家古斯塔夫·勒庞(Gustave Le Bon)在《乌合之众:大众心理研究》一书中对群体心理展开了详尽的研究。无论在中文还是英文语境下,都存在若干与"一大群人""数量众多的人"这个概念相关的近义词汇,比如中文的"群氓""群众"或"大众",以及英文的"crowd""public""mass"等。针对勒庞所著的《群氓心理学》(又常被译为《乌合之众》)一书中的核心概念——"群体"(即"乌合之众",对应英文为"crowd",对应法文为"Foule")进行界定时,社会学家周晓虹指出在今天的中文语境下,勒庞书中的"crowd"更适合译为"群氓"。

　　从心理学的角度看,"群体"(crowd)一词不仅指聚集在一起的个人,而是关注聚集成群的人所表现出的新特点,即他们的感情和思想全都转到同一个方向,他们自觉的个性消失了,形成了一种集体心理。尽管它是暂时的,但这些聚集成群的人暂时形成了一个独特的存在,一个组织化的群体或称为"心理群体",受到群体精神统一律的支配。

　　在《乌合之众》一书中,勒庞详细阐述了他在大多数群体中观察到的特点[①]:

1. 群体的冲动、易变和急躁

　　群体的基本特点是它几乎完全受着无意识动机的支配。它的行为主要不是受大脑,而是受脊椎神经的影响。在这个方面,群体与原始人非常相似。就表现而言,他们的行动可以十分完美,然而这些行为并不受大脑的支配,个人是按照他所受到的刺激因素决定自己行动的。所有刺激因素都对群体有控制作用,并且它的反应会不停地发生变化。群体是刺激因素的奴隶。孤立的个人就像群体中的个人一样,也会受刺激因素的影响,但是他的大脑会向

[①] [法]古斯塔夫·勒庞:《乌合之众:大众心理研究》,何正云译,中央编译出版社2005年版,第20页。

他表明,受冲动的摆布是不足取的,因此他会约束自己不受摆布。这个道理可以用心理学语言表述如下:孤立的个人具有主宰自己的反应行为的能力,群体则缺乏这种能力。

2. 群体易受暗示和轻信

群体的一个普遍特征是极易受人暗示,这种暗示具有传染性,因此群体感情能够向某一方向迅速转变。最初的提示,通过相互传染的过程,会很快进入群体中所有人的头脑,群体感情的一致倾向会立刻变成一个既定事实。头脑中的一致念头在群体中很容易变成行动。无论这种行动是高尚的或低劣的,甚至是可怕的罪行,群体都会在所不辞。于是,群体永远漫游在无意识的领地,会随时听命于一切暗示,表现出生物本能状态的激情而对理性无动于衷,失去了一切批判能力而转向极端轻信的状态。在心理学领域,"从众效应"在某种程度上符合勒庞所描绘的群体易受暗示和轻信的特征,当独立的个体融入一个群体后,常识、理性思维能力和批判意识会受到群体行为的影响而消退,让位于对群体普遍行为的模仿与跟随。著名的阿希三垂线实验、电梯从众实验等都揭示了个体的意见同群体的意见发生冲突时,个体的评价、意见和行为是如何服从于群体意见的。

3. 群体情绪的夸张与单纯

群体表现出来的感情不论好坏,其突出特点就是极为简单而夸张。在这方面群体中的个体如同原始人一般,把事物视为一个整体而无法区分其中的过渡状态。夸张而单纯的群体情绪造成的后果是容易引起极化,当一种感情在群体中表现出来,通过暗示和传染迅速传播开来,最初的情绪力量就这样被放大了。缺乏质疑和批判的能力也是群体情绪进一步走向极端的原因之一。此外,群体情绪的狂暴,尤其是在异质性群体中,又会因为责任感的消失而强化。群体中的个体由于人多势众而自认为拥有的力量感,会导致群体出现一些独立个体不可能出现的情绪和行动。群体情绪的夸张倾向可能是负面的、恶劣的,也可能是英雄的、高尚的,但相比之下前者更容易出现。

4. 群体的偏执、专横和保守

群体对待各种意见、思想和信念,不是全盘地接受就是一概否决;不是视其为绝对真理,就是视其为绝对谬误。一方面,群体不知道何为真理、何为谬误;另一方面,由于他们意识到了本身力量的强大,于是让自己的突发奇想变得偏执而专横。个体能够接受矛盾并展开讨论,而群体绝对不可能。专横和偏执是一切种类的群体的共性,但是强度各有不同。专横和偏执是群体有着准确认识的情感,他们很容更易产生这种情绪,而且只要有人煽动起这种情绪,他们随时都会将其付诸实际行动。

5. 群体的道德

群体的道德呈现两面性。一方面,由于群体冲动多变,因此难以持久地尊重一定的社会习俗,不断抑制私心的冲动,从这个层面上来说群体是不道德的。另一方面,群体可以做出个人难以做到的极崇高行为,例如舍己为人、自我牺牲、不计名利、献身精神和对平等的渴望等,在这个层面上群体经常表现出很高的道德境界。社会学家埃里克·霍弗在《狂热分子:

群众运动圣经》一书中所讨论的群众运动很清晰地体现了以上特征。[1] 他发现,不管是宗教运动、社会运动,还是民族主义运动。所有群众运动都会激发其追随者赴死的决心和团结行动的意愿;不管它们宣扬的主张或制定的纲领为何,所有群众运动都会助长狂热、激情、热望、仇恨和不宽容;所有群众运动都能够从生活的某些部门释放出强大的动能;它们全都要求信徒盲从和一心一意效忠。

【经典案例】

火星人入侵:广播剧造成的群体性恐慌

1938年10月30日,哥伦比亚广播公司(CBS)的"空中水银剧场"(Mercury Theatre on the Air)栏目播出的广播剧《世界之战》(War of the world),由于采用了新闻播报的风格,导致许多听众信以为真,误以为火星人真的在入侵地球,掀起了一场全国范围内的大恐慌。

根据美国舆论研究所在事后的民意调查数据,大约有900万成年人收听了这个节目,加上儿童约有1 200万。大约有170万听众把它当成了新闻报道,有120万人受到了惊吓或情绪失常。这部广播剧给美国民众带来的恐慌出乎意料,这种群体性的恐慌情绪蔓延到现实世界,各地区都有惊慌失措的人们试图从火星人的魔爪下逃生。以下是豪斯曼(1948)[2]所描绘的混乱情形:

纽约:数百人逃出他们的家。公共汽车站挤满了人。一个妇女给南部汽车公司打电话询问信息,不耐烦地说:"快一些好吗,世界末日就要来临了,我还有一大堆事要做呢!"

罗德岛:歇斯底里的人们打电话到《天意》杂志(Providence Journal),询问火星人入侵的详细情况。供电公司报告说,他们接到很多电话,要求他们赶快把点灯关掉,这样他们的城市就可以免受敌人攻击。

波士顿:《波士顿环球报》(Boston Globe)接到无数的受惊者的电话。一个妇女说,她看见火星人入侵产生的烟火。

匹兹堡:一个男子在广播播放的中途回到家,发现妻子正拿着一瓶毒药在浴室尖叫:"我宁可就这么死了算了。"

堪萨斯:一个男子打电话说,他把孩子们都装上了汽车,并加满了汽油,想找个地方躲躲。美联社堪萨斯市分社接到许多人询问在多地看到的"流星"是怎么回事。

冈格利特:就在广播剧中火星人破坏了全国的通信设施并切断全国的电力时,该城市恰好停电了。这引起了大众的歇斯底里,因为这看起来正好证明了广播中说的一切。

(二)数字群

延续勒庞关于"乌合之众"的观点,德国哲学家韩炳哲(Byung-Chul Han)对群氓的态度更为悲观。[3] 他在《在群中:数字媒体时代的大众心理学》一书中指出,我们正处于一个由数字革命带来的过渡时期,群体的结构再一次取代了现有的权力关系和统治关系,诞生了不同

---

[1] [美]埃里克·霍弗:《狂热分子:群众运动圣经》,梁永安译,广西师范大学出版社2011年版,第20页。
[2] Houseman J. "The Men from Mars", *Harper's Magazine*, 1948, pp. 10—11.
[3] [德]韩炳哲:《在群中:数字媒体时代的大众心理学》,程巍译,中国出版集团2019年版,第15—20页。

于"大众"(masse)的"数字群"(der digitale Schwarm)。数字群由单独的个人组成,没有群体性的灵魂或群体性的思想,也没有聚合性和凝聚力。与大众不同,数字群缺乏"聚集的内向性"(innerlichkeit der versammlung),网络上的数字居民(例如那些独自坐在电脑屏幕前的、与世隔绝的、分散的"蛰居族")在物理世界并不聚集,构成了一个"没有内向性的群体"(mengeohne innerlichkeit)。不难看出,韩炳哲对数字媒体时代的群体——"数字群"的态度充满批判性,他认为这样的群体无法像传统的大众群体那样形成一种声音,无法团结一致地采取共同行动,无法发展出政治能力和质疑现有的权力关系,因此个人往往容易成为数字群的攻击目标,网络暴力因而发生。

【调查数据】

超七成受访大学生自认受到网络暴力影响[①]

网络暴力作为不同于现实暴力的"软暴力",是指在互联网上发表具有攻击性、侮辱性的言论、图片、视频,通过人肉搜索揭露当事者的隐私,对未经证实的信息进行先入为主的道德评判,甚至介入现实,侵犯当事者人格权益的网络失范行为。

作为互联网的原住民,大学生在网暴漩涡中受到的影响更为直接且深刻。为了了解青年对于网络暴力的态度与看法,《中国青年报·中青校媒》面向全国高校大学生展开问卷调查,共回收来自107所高校的2 397份有效问卷。

(1)如何看待网络暴力

结果显示,88.44%受访者认为,网络暴力是一群人凑热闹所产生的非理性行为,50.02%受访者表示这是群体宣泄愤怒情绪的出口,14.27%受访者则认为网络暴力是网民为了伸张正义所作的努力。

(2)网络暴力的影响

在谈及网暴行为的影响时,混淆是非(76.3%)、损伤网民的道德价值观(71.13%)、导致网络环境戾气愈发严重(69.55%)是受访者认为其最主要的影响。

85.48%受访大学生认为网络暴力会对当事人造成精神和情感损伤,79.22%受访者认为网络暴力对当事人构成侵权。

关于网络暴力对自己的影响,20.82%受访者认为自己很大程度上会受到网络暴力事件的影响,包括情绪、说话方式等。56.70%受访者认为自己会受到部分影响,例如影响对事件的判断。此外22.48%受访者认为自己基本不会受到网络暴力事件影响。

(3)网络暴力的成因

78.56%受访大学生认为网民媒介素养不足、对事情认识不清晰就草率评论促使了网络暴力的滋生,缺乏道德和法律约束(76.43%)、宣泄私愤(73.09%)、网络监管不力(59.66%)也是网暴背后的重要成因。

(4)如何降低网络暴力带来的伤害

---

① 中国青年报:《超七成受访大学生自认受到网络暴力影响》,中国青年网—中青校园频道,2021-10-11,http://txs.youth.cn/xw/202110/t20211011_13255107.htm.

86.07%受访大学生希望对青少年从小开展媒介素养教育,增强独立思考和理性表达能力;83.44%希望出台相应的法规及制度,对网络暴力行为制定明确的判定和处罚标准;73.8%期待网络平台进行一定规范并对网暴行为予以处理。

二、群体智慧

勒庞的《乌合之众》所描绘的群体特征,例如冲动、急躁、缺乏理性、没有判断力和批判精神、夸大情绪等,很容易让读者对群体的概念留下负面印象,但群体心理对于个人行为所造成的结果远比上述"罪恶"复杂得多,如勒庞所说"它可以让一个守财奴变得挥霍无度,把怀疑论者改造成信徒,把老实人变成罪犯,把懦夫变成豪杰。"[①]关于群体的复杂性和无限可能,在蜜蜂、蚂蚁等社会性动物身上有着明显表现,由动物延伸到人,越来越多的学者、作家和媒体人们提出了诸如群氓智慧、认知盈余累积、群体协作等反映群体力量的积极观点。

(一)群氓的集体智慧

1990年,《连线》杂志创始主编凯文·凯利(Kevin Kelly)在《失控:全人类的最终命运和结局》一书中提出了"群氓的集体智慧"概念,这一概念是从蜜蜂、蚂蚁等社会性昆虫如同有机体一般的群体组织形式中获得灵感,进一步延伸到观察数千名共同参与网络视频游戏的玩家如何成功地打乒乓球以及模拟驾驶飞机。凯利十分认同克雷格·雷诺兹(Craig Reynolds)发现的群体规律,雷诺兹是一位仿真生命与电脑图形图像专家,他对蝙蝠、麻雀或鱼类的群体行为进行算法模拟,获得了仿真度极高的结果。基于雷诺兹的算法,群体被看作是一种自适应的技巧,适用于任何分布式的活系统,无论是有机的还是人造的。[②]

凯利进一步区分了两种截然不同的群体系统。一种系统是按照顺序操作的思路构建的,例如工厂装配流水线、钟表的内部装置以及大多数机械系统。另一种系统则是将并行运作的部件拼接在一起,这类系统的动作是从一大堆乱糟糟且又彼此关联的事件中产生的,从群体中涌现出来的不再是一系列起关键作用的个体行为,而是众多的同步动作,这些同步动作所表现出的群体模式要重要得多。这被凯利称为"群集模型"。在自然界和人类社会中,这种并行运作的群集模型比比皆是,例如蜂群、电脑网络、大脑神经元网络、动物的食物链,以及代理群集等。在凯利看来,这种"活的"分布式系统具有四个突出特点:第一,没有强制性的中心控制;第二,次级单位具有自治的特质;第三,次级单位之间彼此高度连接;第四,点对点间的影响通过网络形成了非线性因果关系。这种分布式群系统当然是有利有弊的,它的优势在于可适应性、可进化性、弹性、无限性和新颖性,同时这种系统也具有一些缺陷,包括非最优、不可控、不可预测、不可知、非即可。[③]

在互联网普及和Web2.0技术流行之前,凯利就前瞻性地指出网络是群体的象征:"由此产生的群组织——分布式系统,将自我散布在整个网络,以至于没有一部分能够代表自

[①] [法]古斯塔夫·勒庞:《乌合之众:大众心理研究》,何正云译,中国编译出版社2004年版,第14页。
[②] [美]凯文·凯利:《失控:全人类的最终命运和结局》,东西文库译,新星出版社2010年版,第14—18页。
[③] [美]凯文·凯利:《失控:全人类的最终命运和结局》,东西文库译,新星出版社2010年版,第33—35页。

我。无数的个体思维聚在一起,形成了不可逆转的社会性。它所表达的既包含了计算机的逻辑,又包含了大自然的逻辑,进而展现出一种超越理解能力的力量。"[1]这样一个分布式、去中性化的网络将迅速影响生活在网络世界中的人类文化。从繁忙的通信网络中,从并行计算的网络中,从分布式装置和分布式存在的网络中,将诞生群氓的智慧和网络文化。

(二)更多学科的证据

凯利关于群体智慧的观点不乏后来者支持,学科领域和论证角度各异,但都对群体智慧的存在和巨大作用持肯定态度。

2004年,美国专栏作家詹姆斯·索罗维基在畅销书《群体的智慧:如何做出最聪明的决策》中,通过从动物世界到人类社会中的大量案例和实验来论证群体智慧是存在的,在满足一些条件的情况下优于个体智慧。在他看来,群体是一种不依赖于任何组织的有机体,它不但有身份,还有自己的意志。在适当的环境下,群体的智力和决策的质量在很多时候超过群体中的单个个体的决策质量,即使这些个体是权威或专家。良好的群体决策能够发挥作用的必要条件主要有四个:第一,观点的多样性。每个人都有私下掌握的信息,即使是对于已知的事实做出的反常解释,群体决策的可靠性是随着群体人数和差异化的增加而上升的。第二,独立性。人们的观点不受周围的人的意见所左右,这能够保证部分人做出的错误决策不会影响他人,并且互不干扰的个体更容易获得新信息,而不是固守成规。第三,分散化。人们能进行专门研究并依照局部认知来判断。第四,集中化。群体决策若想有效、明智,需要一种使得个体判断转变为集体决策的整合机制。[2]

2009年,哈佛大学医学博士尼古拉斯·克里斯塔基斯(Nicholas A. Christakis)和哲学博士詹姆斯·富勒(James H. Fowler)在《大连接:社会网络是如何形成的,以及对人类现实行为的影响》(以下简称《大连接》)一书开篇即提出"人们都连接在一个巨大的社会网络上"。两位学者的跨界合作源于一位共同同事的引见,因此格外关注人与人之间的连接关系,他们将社会网络看做一种"人类超个体",即"一个由许多个体组成的有机体,它拥有个体身上并不具有的特性,而这种特性源于个体之间的互动与合作"[3]。他们认为,类似与蚁群或鸟群,人类的社会网络可以表现出一种智慧,它可以让个体更有智慧,或者成为对个体智慧的补充。社会网络可以捕捉和容纳人人相传的、不同时间的信息,还可以通过计算将成千上万的决策汇总。整个社会网络就如同覆盖全球的神经系统,几乎可以通过社会网络向地球上任何一个人发送信息,或接收对方的信息。随着人与人之间的超连接能力不断提升,信息的流通将更加有效,互动也更为便利。所有这些变化,让一个个"网络人"在行为上更像一个目标一致的超个体。现在经由人际关系而传播的任何东西,在未来都将传播得更远、更快。随着互动范围的扩大,新的特性还将不断涌现。值得注意的是,《大连接》所描绘的社会网络是基

---

[1] [美]凯文·凯利:《失控:全人类的最终命运和结局》,东西文库译,新星出版社2010年版,第39页。
[2] [美]詹姆斯·索罗维基:《群体的智慧:如何做出最聪明的决策》,王宝泉译,中信出版社2010年版,第11页。
[3] [美]尼古拉斯·克里斯塔基斯、詹姆斯·富勒:《大连接:社会网络是如何形成的以及对人类现实行为的影响》,简学译,中国人民大学出版社2013年版,引言。

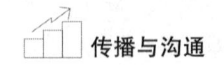

于线下世界中人与人的连接关系生成的,而不局限于互联网上的社交网络,这是对"六度分隔理论"(six degrees of separation)的一次延伸和跨越。

(三)互联网与认知盈余

随着互联网尤其是 Web2.0 技术的普及,更多关于群体智慧的讨论对象转向虚拟网络世界以及其中的用户。2010 年,美国作家克莱·舍基(Clay Shirky)提出"认知盈余"(cognitive surplus)的概念,他通过以下的简单计算,将全世界受教育公民的自由时间集合起来形成的巨大价值呈现在众人面前。①

如果我们将全世界受教育公民的自由时间看成一个集合体,一种认知盈余,那么这种盈余会有多大?为了算清这笔账,需要一个计量单位,那么就让我们从维基百科开始吧。设想将所有人花在维基百科上的时间总数作为一种计量单位——将对每一篇文章的每一处编辑,对每一次编辑的讨论,包括用维基百科上现有的任何一种语言完成的,时间统统加起来,截至我跟电视制片人说话的那一刻,大概代表了一亿个小时的人类思考。

美国人一年花在看电视上的时间大约是 2 000 亿个小时。这几乎是 2 000 个维基百科项目每年所需要的时间,甚至这个时间的一个零头都无比庞大:每周末我们都会花大约 1 亿小时仅仅用来看电视。这是很大一部分盈余。那些提出"人们哪儿来的时间"花在维基百科上的人没有意识到,相比我们全部所拥有的自由时间的总和而言,维基百科项目所占用的时间是多么微不足道。这是一个不平凡的时代,因为我们现在可以把自由时间当作一种普遍的社会资产,用于大型的共同创造的项目,而不是一组仅供个人消磨的一连串时间。

简言之,克莱·舍基所提出的"认知盈余"指的是"全世界受教育公民的自由时间的集合体",它的形成依赖于互联网时代公民所具备的四个条件——专业领域的知识、自由支配的时间、接入互联网的条件和主动分享的热情。在他看来,互联网的广泛使用使人们摆脱了之前电视时代彼此分割开来的原子社会状态,每个受教育公民的碎片化时间与创造性行为通过网络连接起来,致使人们的行为从单纯对媒介的消费中转变为一场知识分享的盛会。

在这场由平庸走向卓越的知识革命中,认知盈余的规模化价值离不开那些参与式的、可互动的新媒介的兴起。舍基发现,不同于长辈习惯看电视来消磨自由时间,拥有更快捷的互动媒介的年轻一代正在把他们的行为从单纯对媒介的消费中转变过来,即使是观看在线视频这种看似与看电视没什么两样的行为,但由于观众有机会针对视频发表评论、分享、贴上标签、评分或者排名,甚至和世界上其他的观众一起讨论。同样地,媒介消费群体中不断累积的对参与态度的转变,使得维基百科等广泛参与的媒介实践成为可能。

对于群体的力量,舍基持一种乐观的、肯定的态度。不同于《大英百科全书》(*Encyclopedia Britannica*)前主编罗伯特·麦克亨利(Robert McHenry)将维基百科比喻为"公共厕所",以及《网民的狂欢:关于互联网弊端的反思》(*The Cult of the Amateur*)一书的作者安德鲁·基恩(Andrew Keen)将博客主们比做"猴群",舍基认为人类既是单独的个体,也是社

---

① [美]克莱·舍基:《认知盈余:自由时间的力量》,胡泳、哈丽丝译,中国人民大学出版社 2011 年版,第 13—14 页。

会性动物。每个人都是理性的,可以对事物做出个人的评估和决断;但同时也受情绪影响,能够与超越个人智力的人形成牢固的纽带。对于群体的非理性情绪,舍基也持更加积极的观点。他认为,所有的群体内都存在情绪化因素,但也正是这些情绪使群体得以聚集在一起而不致分崩离析。一个追求共同目标的群体必须在其自身的效率和个体成员的满足感之间寻求平衡。无论是在组织严密的群体还是业余性的松散群体,群体成员的情绪、满足感或士气都是重要的。[①]

第三节 使用与满足理论

20世纪二三十年代,大众传播效果"魔弹论"盛行一时,强调大众媒介对受众的强大效果。人们对受众如何以及为何接触各种媒介内容关注不足。在20世纪30年代末出现的使用与满足(Use and Gratification)研究提供了一个新的视角,研究的问题包括:受众如何从大众媒介选择内容,如何使用哪些信息和从中获得何种满足,受众心理有什么特点,这些特点在受众从众多媒介内容中选择某一特定讯息时起到了什么作用,等等。总体而言,使用与满足研究关注的是受众对媒介做了什么,而此前研究关注的是媒介对受众做了什么。使用与满足研究向旧的魔弹论提出了挑战,开启了一个大众传播过程与影响的新方向,受众主动性开始受到肯定和重视。

一、产生与发展

(一)对广播的研究

1937年,美国洛克菲勒基金会资助下的广播研究室(Office of Radio Research)在哥伦比亚大学成立。这个小组的任务是研究广播对听众的生活来说意味着什么,由著名政治学者拉扎斯菲尔德领导。该研究小组开展了一系列研究,由拉扎斯菲尔德的学生赫塔·赫佐格(Herta Herzog)领导的项目集中研究广播日间连续剧的特点及其影响,形成了一篇具有历史意义的论文[②]。该研究项目的意义在于,首次从广播的受众行为视角对大众传播展开研究。

赫佐格先后进行了四个独立的调查研究,将被研究者分为收听日间连续剧的定期听众(regular listeners)、有时会听的人以及非听众(nonlisteners,指那些既不经常收听又不把日间连续剧列入她们最喜爱广播节目的人)。其中,定期听众在受访者中超过半数,非听众占47%。在调查中,研究者关注两组问题,一是经常收听日间连续剧的定期听众有什么特征;二是他们怎样使用所听到的日间连续剧,以及这些日间连续剧为他们提供了什么样的满足。赫佐格最终发现,与不收听的人相比,经常收听者具有以下五个心理特征:(1)性格比较孤

---

① [美]克莱·舍基:《认知盈余:自由时间的力量》,胡泳、哈丽丝译,中国人民大学出版社2011年版,第181—183页。
② Herzog H,"What do we really know about daytime serial listeners",*Radio Research*,1943,pp. 3—33.

僻;(2)知性方面的兴趣(intellectual interests)较少;(3)不太关心公共事务;(4)可能会在人格方面比较特殊,比如自信心不足,而且可能更加焦虑;(5)明显偏爱收听广播节目。

为了深入地了解听众从广播日间连续剧中获得了哪些满足,以及听众如何使用剧中信息这些问题,赫佐格又展开了三项小型的定性研究,发现广播日间连续剧的听众有三种主要的使用与满足形式:

(1)感情释放。听众被连续剧的内容打动,将其作为情绪宣泄的渠道,有了"挥洒眼泪的机会"。在收听节目过程中表现出共情、同理心以及情绪舒缓。有些听众表示"这些节目使自己知道,别人也有烦恼,自己就会感到好受一些。"

(2)愿望的想象。一部分听众把广播日间连续剧作为满足自己"白日梦"的机会,有些用肥皂剧情节来逃避烦恼与压力,有些用欢乐的情节作为现实生活中失败的代偿。赫佐格这样描述:"一位听众的女儿私奔,丈夫晚上十有八九不回家,所以她最爱听的两个日间连续剧都在描写欢乐的家庭、成功的妻子和母亲。"

(3)解决生活问题的指导建议。有些听众将连续剧作为她们处理现实生活问题、待人接物的指导建议。她们认为日间连续剧有助于"解释人生的道理",当自己遇到连续剧中类似的事情时,可以更加得心应手地处理。例如,如何与丈夫、男友或孩子相处,如何在社交窘境中更好地措辞,等等。

(二)对报纸的研究

在赫佐格之后,其他早期大众传播研究者也开始采用"使用与满足"理论来研究受众的特征和行为。1949年,社会学家伯纳德·贝雷尔森(Bernard Berelson)对1945年7月30日开始的一场纽约8家主要报纸罢工运动进行了调查,发表题为《没有报纸意味着什么》("What 'Missing the Newspaper' Means?")的论文。[①] 在这次罢工期间,纽约人有整整两周无报可看。贝雷尔森发现,不同的人从报纸的不同特征中获得了不同的满足。他总结人们对报纸的各种使用与满足形式:

(1)获取外部信息的来源;
(2)日常生活的工具;
(3)休憩的手段;
(4)获得社会威信的手段;
(5)社交手段;
(6)对读报行为本身的习惯。

当人们无法获得报纸媒介时,也会转向杂志、广播等其他媒介来填补空白。

(三)对电视的研究

20世纪60年代以后,"使用与满足"研究价值重新受到肯定,再次复兴起来,有代表性的就是丹尼斯·麦奎尔等人于1969年开始的对于电视节目的调查。与早期研究不同,这项研

---

① Berelson B,"What 'missing the newspaper' means?"*Communications Research*,1948—1949,pp.111—120.

究对概念操作、受众样本抽选和数据分析,都采用了一套严格的程序。调查范围包括新闻、知识竞赛、家庭连续剧、青年冒险电视剧等6种节目,这次调查抽出了它们之间共通的四种基本类型:

(1)心绪转换效用。电视节目可以提供消遣和娱乐,能够帮助人们"逃避"日常生活的压力和负担,带来情绪上的解放感。

(2)人际关系效用。包括"拟态"人际关系和现实人际关系。

(3)自我确认效用。通过比较引起对自身行为的反省,并在此基础上协调自己的观念和行为。

(4)环境监测效用。获得与自己的生活直接或间接相关信息,及时把握环境的变化。

总之,通过对三种媒介的研究发现,人们接触媒介都是基于一些基本需求进行的,包括信息需求、娱乐需求、社会关系需求以及精神和信息需求等。

(四)对互联网及新媒体的研究

自从互联网迅速发展以来,21世纪初期即有不少研究者采用使用-满足框架去理解互联网使用动机与行为。例如,2000年,兹兹·帕帕克瑞斯(Zizi Papacharissi)等人在一项对279名大学生的调查中,测量和探究人们为什么会使用互联网。他们发现用户使用互联网的目的依次是:人际效用(interpersonal utility)、消遣时间(passing time)、信息获取(seeking information)、娱乐(entertainment)以及便捷(convenience)。[1] 2004年,托马斯·F.斯塔福德(Thomas F. Stafford)等人在研究中提到互联网给人带来了三个维度的满足:媒介使用过程中带来的满足、媒体内容带来的满足以及社会性满足。他们认为,在互联网环境下,社会性满足是更为重要的。[2] 2003年,国内学者胡翼青在《论网际空间的"使用—满足理论"》一文中通过实证研究提出受众使用网络主要有四个目的:一是获取有用的信息,二是宣泄自己的情绪,三是进行情感的交流,四是参与娱乐或打发时间。他认为,网络进一步验证了"使用—满足理论",更加深刻地揭示了媒介使用效果。[3]

在Web2.0新媒体环境下,个体既是信息的接受者,又是信息的创作者和发布者,具有双重身份。"把关人"的权利在这里分解出了无数传播主体。有了网络技术的支持,普通大众的话语权正在回归,标志着以个人为中心的媒体时代已经到来,受众对使用媒介产生了新的需求和满足类型。例如,国内学者针对社交媒体的研究发现,微博使用的潜在媒介需求包括获取信息、自我表达与社会认同、人际关系的维护与拓展、娱乐消遣、情绪释放、习惯性依赖。[4] 还有学者在对新媒体的使用动机进行总结后认为:(1)使用新媒体发布信息以满足受众自我表达和自我实现的需求;(2)使用新媒体构建公共空间以满足受众参政议政的需求;

---

[1] Papacharissi Z, Rubin A M, "Predictors of Internet use", *Journal of Broadcasting & Electronic Media*, 2000, no. 2, pp. 175-196.
[2] Stafford T F, Stafford M R, Schkade L L, "Determining uses and gratifications for the Internet", *Decision Sciences*, 2004, no. 2, pp. 259-288.
[3] 胡翼青:《论网际空间的"使用-满足理论"》,《江苏社会科学》2003年第6期,第204—208页。
[4] 刘振声:《社交媒体依赖与媒介需求研究——以大学生微博依赖为例》,《新闻大学》2013年第1期。

(3)使用新媒体本身使受众娱乐和参与互动需求的满足得到延伸。[①]

二、使用与满足过程的基本模式

1962年,伊莱休·卡茨(Elihu Katz)提出了使用与满足的基本假设:个体和群体的社会及心理属性决定了他们以何种方式使用大众媒体。具体而言,主要是指受众基于社会与心理的原动力产生了对于某一信息的需求,这一需求激发他们通过媒体及其他渠道获得信息的期望,使其不断接触各种媒介,最终实现原始需求的满足与其他预料之外的结果。卡茨强调,核心问题并非大众媒体对人们产生了什么影响,而是人们如何使用大众媒体。具体来讲,使用与满足的含义是:个体和群体(基于社会和心理根源而生发)的需求,催生了他们对大众媒体或其他来源的期待,进而引发不同模式的媒介接触(或其他活动参与),最终带来需求的满足和其他意想不到的后果。"使用与满足"研究实际上凸显了受众本位,是传播学研究从"传者导向"向"受者导向"视角转折的重要标志。

1977年,日本学者竹内郁郎在卡茨的理论概括基础上提出了"使用与满足"过程的基本模式。他将媒介接触行为概括为一个"社会因素+心理因素—媒介期待—媒介接触—需求满足"的因果连锁过程,同时提出了"使用与满足"过程的基本线性逻辑。后来,竹内郁郎进一步丰富线性思考模式,提出了更为完善的"使用与满足"的因果连锁模式:人们接触传媒的目的是满足他们的特定需求,这些需求具有一定的社会和个人心理起源。实际接触行为的发生需要两个条件:一是媒介接触的可能性,即身边有电视机或报纸一类媒介,如果不具备这些条件,人们就会转向其他代替性的满足手段;二是媒介印象,即媒介能否满足自己现实需要的评价,这是在以往媒介接触经验基础上形成的。根据媒介印象,人们选择特定的媒介或内容进行具体的接触行为。接触行为的结果可能有两种,即需求得到满足或者没有得到满足。无论满足与否,结果都将影响到以后的媒介接触行为,人们会根据满足的结果来修正既有媒介印象,不同程度地改变对媒介的期待。

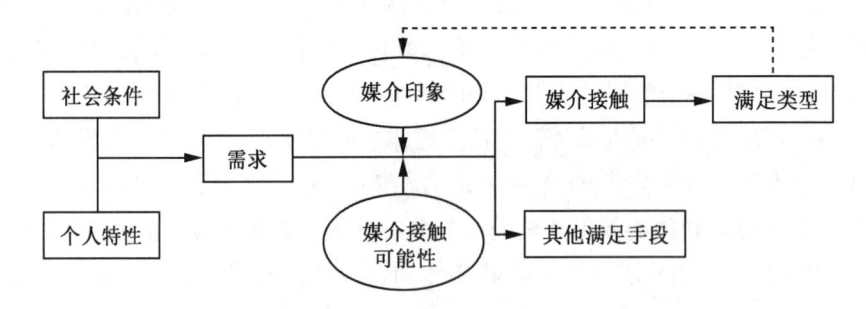

图10—1 竹内郁郎提出的"使用与满足"过程的基本模式

[①] 帅静:《新媒体语境下"使用与满足"理论的发展》,《视听》2017年第9期,第129—130页。

三、对使用与满足理论的评价

使用与满足理论从受众角度出发,把能否满足受众的需求作为衡量传播效果的基本标准,开创了从受众角度出发考察大众传播过程的先河。该理论具有重要意义。第一,认为受众的媒介接触是基于自己的需求对媒介内容进行选择的活动,这种"主动"选择有助于纠正大众社会论中的"受众绝对被动"的观点。第二,揭示了受众媒介使用形态的多样性,强调了受众需求对传播效果的制约作用,对否定早期强大效果论发挥了重要作用。第三,指出大众传播对受众具有一些基本效用,对20世纪20年代到30年代的"强大效果论"、20世纪40年代到60年代的"有限效果论"是一种有益的矫正。

该理论也有局限性。第一,使用与满足理论过于强调个人和心理因素,行为主义和功能主义色彩较浓。第二,理论脱离传播内容的生产和提供过程,单纯考察受众的媒介接触行为,不能全面揭示受众与传媒的社会关系。第三,理论指出了受众的某种能动性,但这种能动性是有限的,仅限于对媒介提供的"有选择的接触"内容范围之内,不能反映受众作为社会实践的主体有传播需求和传播权利的能动性。

2017年,使用与满足理论的提出者伊莱休·卡茨等人曾发文指出六个应当"退休"的传播学经典理论,分别是两级传播(two-step flow)、意见领袖(opinion leader)、选择性接触(selective exposure)、交叉压力(cross-pressure)、沉默的螺旋(spiral of silence)和培养理论(cultivation theory)。卡茨在文中给出了多个理由解释为何认为这些理论应当退休,包括:(1)理论命名不当或存在多个名称;(2)与理论相关的假设很少被实证研究证实;(3)理论过于模糊或太有野心,以至于很少被真正使用过;(4)这些理论的概念化薄弱;(5)这些理论的操作性很薄弱;(6)在当今的新媒体世界已经过时。但同时,卡茨也承认,经典理论仍在一直在为我们服务,并且仍在激发思想和灵感方面发挥着作用。这说明经典理论在信息传播技术和媒介生态环境已发生巨大变化的今天仍具有生命力,并可能会进行自我修复。[①]

[①] Katz E, Fialkoff Y, "Six concepts in search of retirement", *Annals of the International Communication Association*, 2017, no. 1, pp. 86—91.

第十一章
效果分析

传播效果分析是传播学研究的重要领域之一,许多传播学经典理论都是围绕传播效果问题构建起来的。从20世纪20年代出现的以"魔弹论"为代表的强效果论,到40年代拉扎斯菲尔德、卡茨、罗杰斯等知名学者主导的有限效果论,再到70年代左右诞生的一系列关注大众传播宏观效果理论,传播效果研究始终追随信息技术与媒介环境的变化而不断革新。本章介绍在网络化、数字化时代仍表现出蓬勃生命力的若干宏观传播效果理论,讨论其理论缘起、发展过程及现实应用。

第一节 培养理论

一、培养理论起源

培养理论,又被称为"培养分析"(cultivation analysis)理论、教化分析理论、涵化理论等。该理论起源于20世纪60年代后期,最初由美国传播学者乔治·格伯纳(George Gerbner)及其同事于1967年在美国"暴力原因及预防委员会"(National Commission on Causes and Prevention of Violence)的支持和资助下展开研究,该成果属于"文化指标项目"(cultural indicators project)的一部分。当时美国社会,电视媒介所发挥的社会影响力尤其是负面作用越来越大,美国暴力和犯罪问题十分严重,因此关于电视暴力问题成为研究热点。

培养分析理论探讨的是大众传播媒介对人们现实感知过程的潜移默化影响。格伯纳认为,随着电视的普及,它已经成为人们日常生活中最流行的大众传播媒介,家家户户几乎都有电视,有的家庭还拥有多台电视。回家后,人们自然地打开电视,不一定会专注收看电视节目而仅仅是让它陪伴自己做其他事情。在闲暇时间,人们从众多电视频道中随机挑选感兴趣的节目,打发时间。在格伯纳看来,人们不是观看特定的"电视节目",而是"电视"。这种观看行为如此普遍,以至于人们不会留意到电视的影响。

格伯纳的培养分析在设计和实施上采用量化分析方法,在控制其他变量的基础上,用抽样调查的方法,对比看电视时间不同的人群对于不同问题的看法。研究发现,在特定群体中,看电视越多的人,对显示的感知就越容易与电视中最普遍的和反复出现的讯息保持一致。电视往往不重视另一些现实问题,长期培养将导致重度观众与轻度观众之间的现实感知出现差异。这种差异被称为"培养差异"(cultivation differential),即特定群体中不同电视接触程度的观众(一般分为重度、中度和轻度三类)对现实感知的差异。一个典型的培养差异是关于美国警察在总人口中所占比例的现实感知。在美国人口中,警察和警探的实际比例约占1%,但他们在电视里出现的频率远远高于此。格伯纳的研究团队就此问题为受调查者提供了两个选项,分别是1%("现实答案")和5%("电视答案"),结果发现,59%的重度观众认为警察在人口中所占比例是5%,而有50%的轻度观众持同样看法,这说明更多的重度观众选择了"电视答案",由此证明电视产生了培养差异。这种差异具有统计学上的显著性,但从绝对数值上看差异程度并不大,对此格伯纳认为有两个理由可以解释。第一,重度和轻度观众的区分度并不高,完全不受电视影响的人几乎不存在,这是由于电视的普及程度在美国社会很高,即使不看电视的人也会在人际传播中受到身边其他电视观众的影响。第二,受众对现实的感知还受到其他变量的影响,电视的培养作用就像"冰川效应"一样,短期的微小变化将累积成沧海桑田的变化。另一个培养差异的例子是不同观众对电视暴力的感知差异。格伯纳等人通过对美国三大电视网[①]黄金时间和日间电视剧进行内容分析发现,64.4%的角色每周会卷入暴力,而现实中美国联邦调查局和警察局的数据表明现实这种可能性不足1%。当问及电视观众认为自己在现实生活中卷入暴力的可能性时,52%的重度观众和39%的轻度观众认为这种可能性接近10%。由此可见,电视观众随着观看时间的增加,对暴力和社会治安的认识越接近于电视中的媒介现实而非现实社会中的现实。

关于格伯纳培养分析理论的特征,国内传播学者刘海龙归纳了七个方面:(1)培养理论主要关注商业体制下电视对观众的影响,有别于此前对所有大众媒介的研究。(2)培养理论的重点放在电视的虚构性内容(如电视剧),而不限于对新闻的研究,培养理论本质上是关于叙事(故事)的理论。(3)培养理论并不关注单挑信息的影响,而是考察整个讯息系统中重复出现的、稳定的内容模式的宏观影响。在美国商业电视体制下,这种固定模式表现为过多的暴力、保守的性别角色和政治立场,以及对老年人或少数群体的关注不足。(4)培养理论主要关注的是电视造成的长期的、相对稳定的、一致的、广泛共享的后果,这一点有别于其他传播效果研究追求的"变化"。培养理论认为电视最大的效果不是使人们的态度和行为发生变化,而是使它们保持不变。(5)培养理论是一个宏观理论,关注的是整个讯息系统对于文化形象、实践、生活方式和信仰结构的潜移默化的、长期的、积累的影响,而不是受众的使用过程和意义解释过程等微观问题。(6)培养理论考察的是电视对受众现实感知的影响。(7)培养理论本质上是一个关于社会控制的理论,格伯纳对于社会中居于主导地位的群体通过商业体制("没有宣传家的宣传")培养观众以实现其整体利益持批判态度。[②]

二、培养理论的发展

早期的培养分析关注电视暴力的现实影响,到了20世纪八九十年代,培养分析所关注的问题更加广泛,涉及主题更加多元,围绕大众媒介对刻板印象、性别角色、老龄化、政治取向、家庭、环境、科学、健康、宗教信仰、少数族裔、职业等多个方面所产生的影响展开探讨,由此可窥见文化指标研究项目之雄心。文化指标项目由机构流程分析(institution process analysis)、信息系统分析(message system analysis)和培养分析(cultivation analysis)三个部分构成。其中,机构流程分析主要是研究影响传媒机构在讯息选择、制作和发送过程中受到的社会压力和制约;信息系统分析主要是确定电视内容中最为普遍和反复出现的形象数量

[①] 美国三大电视网通常指的是美国广播公司(ABC)、国家广播公司(NBC)和哥伦比亚广播公司(CBS)这三家最资深的商业无线电视联播网。

[②] 刘海龙:《大众传播理论:范式与流派》,中国人民大学出版社2008年版,第246—247页。

并对之进行记录,研究对象是美国主要电视网黄金时段的节目和周末日间节目,包括电视连续剧、其他电视剧、电视喜剧、电影和卡通片;培养分析主要是研究电视如何影响观众对于社会现实的看法,研究观众的社会现实观念是否同电视世界最常见的特点相关联。

格伯纳和他的合作者们根据来自各方面的批评意见又修订了培养理论,增加了两个有关培养效果产生过程的概念。(1)主流化过程。收看电视多的人,尽管他们彼此的人口统计指标(如年龄、性别和受教育程度等)不尽相同,但通常会共享某种观念,即该假说认为多看电视使得人们对"真实"世界的看法趋于一致。这是因为大量看电视的人有更多的机会接触主流的、同一的、标准化的意识形态及世界观,因此这些人之间的相似性应该大于那些同他们类似但收看电视较少的人。在这种情况下,由其他社会因素所造成的人与人之间的不同之处在电视热衷者中间被大大削弱,甚至不复存在了。(2)共振过程。"人们在电视中看到的情景同其日常生活中的所见所闻(甚至是对现实的信念)不谋而合时,两者的叠加会加倍强化电视信息的作用,并显著提升培养效果"。也就是说,电视中的世界与真实世界的重合引发了"共振"这大大丰富了培养的形式,从本质上来说,共振过程属于一种互动效果。

培养理论自提出以来,一直面临来自各方的批评。这些批评中有些指出了培养理论的问题,有些试图对其进行修正,客观上说这些批评与修正促进了培养理论的不断发展和完善。早期培养理论的大量批评意见可归为以下几类:[1]

(1)是否存在因果关系。关于这一点最早及最严厉的批评来自保罗·赫希(Paul Hirsch)。在重新分析过格伯纳和他的合作者们经常使用的美国全国舆论研究中心(National Opinion Research Center)的总体社会调查(general social survey)的有关资料之后,赫希几乎没有发现什么足以支持培养假说的证据。在将被访者按看电视的多少又加以细分:把"不看电视者"(一天零小时)和"电视迷"(一天八小时以上)分离出来,赫希发现不看电视者比少量看电视的人更有恐惧感,而"电视迷"受电视暴力的影响还不如一般收看电视较多的人。[2]不过,格伯纳等反驳说,全国舆论研究中心调查中的"不看电视者"和"电视迷"的人数都太少,不具有普遍意义。[3][4] 此外,批评者指出,收看电视和对社会现实的观念之间的因果关系是虚设的,因为在更复杂的模式中,如果将许多潜在的社会结构变量控制之后,这个关系就减弱至不显著了。格伯纳等承认批评者所言不虚,同时回应说,这些第三变量(如受教育程度、性别等)不应该被同时控制。如果把它们分别放入模式中,这些变量中的分组之间(如受教育程度高、低组别等)会有显著的、有意义的、非虚假的关系存在。此外,这些分组之间的差别可以由主流化和共振化来解释。

---

[1] 郭中实:《涵化理论:电视世界真的影响深远吗?》,《新闻与传播研究》1997年第2期。
[2] Hirsch P M,"On not learning from one's own mistakes: A reanalysis of Gerbner ally's findings on cultivation analysis part II", *Communication Research*, 1981, 8(1), pp. 3—37.
[3] Gerbner G, Gross L, Morgan M, et al, "A curious journey into the scary world of Paul Hirsch", *Communication Research*, 1981, no. 1, pp. 39—72.
[4] Gerbner G, Gross L, Morgan M, et al, "Final reply to Hirsch", *Communication Research*, 1981, no. 3, pp. 259—280.

(2)因果关系的指向。由于很多培养分析仅指出相关关系,所以因果影响的指向并不清楚。在这一点上,存在三个可能的指向关系:第一,收看电视影响受众的观念现实的形成;第二,受众对社会现实的观念影响其电视收看行为;第三,收看电视与观念现实之间有双向因果关系。例如,有研究者提出反向因果关系的可能性,由于传统的关于电视内容的培养分析忽视了电视剧总是强调正义永胜。因此他们提出电视世界并非"丑恶与危险"的,而是"正义与安全"的,这可能促使那些焦虑不安的市民比那些恐惧较少的市民去看更多的暴力节目。[1] 格伯纳等对此的回应是,这个批评毫无来由,因为原版的培养理论已经提示了存在两种相反因果关系的可能性。

(3)电视内容同一性问题。培养理论也许因媒介"内容"而异。某些节目类型与培养效果的关系,比收看时间的长短与培养效果的关系更为密切。这种关于不同风格的电视节目内容产生不同培养效果的研究发现被称为"延伸的培养理论"。而培养理论支持者对此反应很简单:收看电视多的人看什么节目都多。因此,收看时长总量这一概念仍应作为重要的理论构成部分和实证量度指标。正如一些研究所表明,人们在使用传媒时习惯于不去区分电视节目中资讯性内容与娱乐性内容的差异。

(4)没有明确或充分阐述培养效果形成的内在心理活动过程。关于培养假说的研究主要集中在观看电视和社会现实信念之间的关系是真实存在的还是人为的,此前很少有证据表明,是怎样的认知过程让观众构建了"带有电视偏见的信念"(television-biased beliefs)。霍金斯(Hawkins)和平格理(Pingree)曾试图用社会认知理论予以解释,他们使用的模式包括两个过程:首先,受众对电视世界的感知是他们碎片化地通过电视得到偶然性信息和他们对现实世界的信念之间的中间步骤,这是认知(learning)过程;其次,与电视内容密切相关的信念是暗示更普遍的价值观和信念的中间步骤,这是建构(construction)过程。[2] 这个说法后来被以多种方式扩展成更复杂的模式。这个心理过程模式尽管在概念上有些死板,但它仍然值得作进一步的实证研究。

(5)关于观众如何理解电视内容。有的研究者认为,通过内容分析得出的"电视世界"与观众实际上从电视信息中得到的印象可能有差距。英国学者索尼娅·利文斯通(Sonia Livingstone)通过分析电视观众对某个英国肥皂剧的理解,提出了观众是否会对同一内容有不同理解的问题,由此提出"受众主动性"(active viewer)的概念,并反驳了内容含义固定化或是含义存在于内容之中的说法。她指出"如果同一个情节可以有两种不同的理解,那么收看的效果也应该不相同"[3]。根据这个观点,观众对于电视情节的不同理解在电视影响社会"观念现实"的过程中扮演了中介角色。在许多传统的传媒研究中,受众总是直接地或间接地被视为处于被动地位,而文化研究学者提出另一种关于受众和媒介信息的观点:内容的含

---

[1] Zillmann D, Wakshlag J, *Fear of victimization and the appeal of crime drama*, *Selective exposure to communication*. Routledge, 2013, pp. 141—154.

[2] Hawkins R P, Pingree S, Adler I, "Searching for cognitive processes in the cultivation effect: Adult and adolescent samples in the United States and Australia", *Human Communication Research*, 1987, no. 4, pp. 553—577.

[3] Livingstone S, *Making sense of television: The psychology of audience interpretation*, Routledge, 2009, pp. 18.

义以及对内容的理解会因受众的社会背景而异,社会背景包括社会阶层、性别或所属文化分支。英国文化研究领头人之一的斯图尔特·霍尔(Stuart Hall)认为,当受众的社会境况与主流意识形态一致时,他们就会倾向于从内容中演绎出主流信息(或正面信息);另一方面,如果受众的境况与主流意识形态相反,他们就会倾向于演绎出反面信息。大部分人基本接受主流意识形态,不过又会根据自己的特定社会境况将其稍作调整,从而演绎出一种中间类的信息。然而,这种模式似乎有局限性,因为它过于强调阶层与其他社会因素的关系,并且它暗示这三种演绎信息基本相似。其实在实践中很少有绝对主流或纯粹反面的信息,看电视一般总是电视内容与扮演不同社会角色的观众之间的一种交流过程。

(6)以"使用与满足"观念去挖掘观众看电视的动机。艾兰·鲁宾(Alan M. Rubin)提出使用动机对电视的培养效果有所影响。[①] 鲁宾指出,观众对电视的"仪式化收看"和"利用型收看"是两种不同的使用动机。仪式化电视观众的收视往往是"习惯性的、经常性的,并将电视奉若上宾"。与此相反,使用型观众对电视"似乎是有意识、有选择、有目的地使用,他们收看电视既非经常性的,也非不可或缺"。鲁宾认为培养理论的创始人假定看电视是一种仪式化的无选择性行为,而这种仪式化的收看形式又同经常性的收看习惯形影不离,两者相加就使媒介信息产生更为强烈的、深远的影响。

(7)关于培养理论另一项基本假设,即观众认为电视的剧情是真实的而忽视其虚构和功能性取舍的特质。有学者引入了"观念现实"(perceived reality)这个条件变量,提出了观念培养理论:观众越是相信电视准确地反映了社会现实,他们就越容易受电视内容的影响。[②] "观念现实"作为一个重要的伴随性变量,有助于修订原版培养理论。然而,实证研究还未发现预期的"观念现实"指标越高,培养效果越强的结果。

关于以上关于培养理论成立与否及其适用性的普遍质疑,统计学或许可以提供解决方法。元分析(meta-analysis)是一种特殊的统计分析方法,它不是对原始数据的统计,而是对统计分析结果的再统计分析,最终目的是从前人的研究结果中寻求一个综合的结论。相比于其他的统计分析方法,元分析的优势在于提供了一个综合评估,即纵观那些研究成果,究竟有多少变化只是反映了样本上的失误。也就是说,元分析可以使我们看到,在样本误差被解释之后,已经发表的培养理论研究成果中有多少不同是真实存在的。一旦有"真实的"变量被流传下来,那么就可以借助元分析方法判定这一结果是否可以跨越不同类型的样本、不同的地区、不同的分析策略。詹姆斯·尚翰(James Shanahan)和麦克·摩根(Michael Morgan)两位学者在 1997 年展开的一项元分析研究纳入了 52 个前人的研究[③],在这些研究输出的电视收视量与被认为提供了"电视答案"的因变量(例如常用的"丑恶指数")之间的关

[①] Rubin A M, "Television uses and gratifications: The interactions of viewing patterns and motivations", *Journal of Broadcasting*, 1983, no. 27, pp. 37—51.

[②] Hawkins R P, Pingree S, "Some processes in the cultivation effect", *Communication Research*, 1980, no. 2, pp. 193—226.

[③] 麦克·摩根、詹姆斯·尚翰、龙耘:《涵化研究的两个十年(下):一个总体评估和元分析》,《现代传播》2002 年第 6 期。

联(通常采用gamma系数或皮尔斯相关系数来衡量)基础上,发现所谓培养效果的平均值仅有0.091,这样一个微乎其微的正相关系数说明大多数(并非所有)文献中报道的各种各样的培养结果均可以归因为样本误差。

三、培养理论的跨文化研究

培养分析非常适合跨国和跨文化比较研究。跨国培养分析试图揭示每一个信息系统对社会现实概念的贡献程度和方式,这些概念与最稳定与重复出现的信息和图像是一致的。由于每个国家的信息系统都反映其发展历史、政治、社会、经济和文化背景,培养分析的跨文化研究是对不同国家或地区文化政策的实际意义的最好检验。不同国家或地区的媒体系统都有所不同,这些因素之间复杂的相互作用可能解释了培养理论中大量的跨文化差异。以电视研究为例,培养效果主要由两个要素决定:一是电视媒介在当地生活和文化中有多重要,二是整个电视信息系统有多一致和连贯,越是重要、一致、连贯的电视信息系统,就越能产生显著的培养效果。[1]

不少研究对美国电影和电视节目在其他国家的培养效果进行了研究。在这些国家,美国电影和电视占有重要地位,它们与当地和其他作品结合在一起,构成了特定文化背景下的合成"世界"。例如,平格理和霍金斯发现,澳大利亚学生在有关澳大利亚的"平均世界"和"社会暴力"指数上的得分与接触美国节目(尤其是犯罪和冒险)显著相关,而与观看澳大利亚的节目无关,那些观看更多美国节目的人更有可能认为澳大利亚是危险和卑鄙的。[2] 在韩国,康(Kang)和摩根(Morgan)发现,女性观众对美国电视节目的接触与其对性别角色和家庭价值观更"开明"的看法呈正相关。与此同时,男性学生观众对美国电视节目的接触,与他们对美国更大的敌意和对韩国文化的保护性呈正相关,这表明在政治化程度更高的大学生中,民族主义出现了"反弹"。[3] 类似许多对暴力、性别角色、政治取向、价值观、社会规范等的培养分析在各个国家或地区展开,包括瑞典、阿根廷、菲律宾、墨西哥、日本、韩国、泰国等,这些研究显示了观看本地或进口节目与不同文化背景相互作用的复杂方式。

总之,在电视信息系统不像美国那么重复和一致的国家,培养分析的结果也往往不那么可预测和一致。一个特定国家的培养程度还取决于各种结构性因素,如可用频道的数量、广播时间的总量和观众观看的时间,尤其是可用内容中的多样性。一个拥有多样化和平衡节目结构的频道,可以培养出更加多样化的观众。与之相反的是许多同质化频道争夺一批相同的观众,利用相似的吸引力让观众选择相同的"偏好"内容。

---

[1] Gerbner G,"Cultivation analysis: An overview", *Mass Communication and Society*, 1998, no. 3—4, pp. 175—194.
[2] Pingree S, Hawkins R,"US programs on Australian television: The cultivation effect", *Journal of Communication*, 1981, no. 1, pp. 97—105.
[3] Kang J G, Morgan M,"Culture clash: Impact of US television in Korea", *Journalism Quarterly*, 1988, no. 2, pp. 431—438.

【理论研究】

培养理论在中国成立吗？
——两则实证研究

一、对电视暴力的研究

国内学者龙耘在《电视与暴力——中国媒介涵化效果的实证研究》一书中[①]，采用定量手段检验了培养理论在中国是否成立，研究问题聚焦在电视观众对暴力的现实感知。

首先，研究者描述了中国电视节目在社会暴力问题上塑造的"媒介现实"现状。通过对2001年11月至12月中央电视台和省级卫视黄金时段播放的电视剧进行抽样和分类描述，以及对这段时间内中央台、北京台、上海台和甘肃台黄金时段收视率最高的四部电视剧进行内容分析和文本分析，研究者认为电视"媒介现实"中对于暴力的表现已经超过了"社会现实"中的实际情况。随后，研究者在北京、上海、兰州三地随机发放调查问卷，以城市成年人为对象，获取1 200个样本。与格伯纳等的研究类似，研究者以"平均每天收看电视的小时数"为自变量将受调查者分为轻度、中度和重度观众。在因变量的设计上，包括传统的每千人中警察数量、每千人中保安数量，也纳入了暴力联想、暴力指称、对电视暴力一词的知晓程度、对暴力行为的认同程度、犯罪恐惧成都、社会治安观感等一些新的变量，用于衡量电视观众对于暴力和社会治安的感知。

最终的研究结果并不支持培养理论的基本假设，在每千人中警察数量、保安从业数量、电视暴力名词的知晓程度、个人层面犯罪恐惧感这三个变量上，轻度、中度和重度观众组之间没有显著的差异，因此研究者对于培养理论在中国的适用性提出了质疑，至少在电视暴力的培养效应并不明显。培养理论的更大意义也许在其中蕴含的文化价值和批判性的内核。

二、对网络暴力游戏的研究

王玲宇与张国良在《网络暴力游戏对青少年的"涵化"影响——对上海市中学生的调查》一文中[②]，以上海市12岁至18岁的青少年为研究对象，考察了网络暴力游戏对当代青少年的影响。研究者对网络暴力游戏的定义是"以直接或主要展示'武打'、'警匪'和'战争'等内容的游戏类型"，典型例子包括《反恐精英》《魔兽争霸》《奇迹》等。基于抽样调查数据的研究结果发现青少年对网络暴力游戏的偏好程度与暴力赞成程度呈显著的正相关，而与其人际信任感无相关性。

研究者指出，电子游戏对暴力内容的表现与传统大众媒介如电影、电视的表现有共同之处，都是根植于人类天性中的一对互相矛盾又紧密相伴随的心理情结——对死亡的恐惧和攻击的本能。但是网络游戏不同于电视、电影之处就在于使用它的受众不再是简单的观看，而是参与其中，其暴力表达是通过与使用它的受众一起来完成的。人们玩游戏的过程有反馈和动作，更能体现出一种主动的心理状态。所以，其血腥的暴力内容表现因为加入了人的

---

① 龙耘：《电视与暴力——中国媒介涵化效果的实证研究》，中国广播电视出版社2005年版，第55—58页。
② 王玲宇、张国良：《网络暴力游戏对青少年的"涵化"影响——对上海市中学生的调查》，《当代青年研究》2005年第5期。

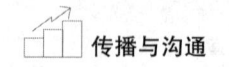

主动性而更加逼近真实性。

第二节 知沟理论

一、知沟理论产生的背景

在知沟假说诞生之前,传播学就已经存在大量对于"知识差距"的研究。1964年,美国发生著名的"伟大社会"(The Great Society)改革。在这次社会改革中,教育不平等问题成为核心议题之一。在这种社会语境之下,1966年,教育学迎来了一项里程碑式的研究成果——《科尔曼报告》(The Coleman Report),指出孩子本人的知识水平主要被其所在家庭的社会经济地位所影响。美国电视教育节目《芝麻街》(Sesame Street)的失败也从侧面印证了科尔曼报告的发现。1970年,纽约儿童电视工作坊和普林斯顿教育测试服务中心联合发表年度回顾报告,得出相对乐观的结论:"《芝麻街》节目的播出使得市中心和边远农村地区低收入家庭的孩子与郊区中产阶级家庭的孩子都受益。收看越频繁的孩子学习的知识越多。"然而,虽然经常收看《芝麻街》的低社会经济地位的儿童和高社会经济地位的儿童学到的东西程度相似,但问题在于,高社会经济地位的儿童更可能经常收看这一节目。在整个社会系统中,《芝麻街》反而为这两个群体的儿童制造了更大的知识鸿沟。

20世纪60年代的教育学研究对后来知沟理论的提出产生了重要的启发。伟大社会改革和相关的教育学研究在很大程度上影响了学术界以"社会经济地位"等指标来考察知识平等这一话题,而非以往研究者更多关注的种族、性别、年龄、政治立场等指标。美国传播学者P. 蒂奇纳(P. Tichenor)、G. 多诺霍(G. Donohue)和C. 奥里恩(C. Olien)组成的明尼苏达小组早期合作展开"农业社区的信息传播"相关研究。和当时很多研究小城镇和农村问题的学者一样,他们关心"具有某个具体社会目的的传播行为——提升居民健康、告知农民新技术和食品生产技术,以及增强他们对于政府政策的理解等"。这种研究兴趣恰恰回应了战后美国农村社会学的一项重要议题:农业创新技术的社会扩散。如果说创新扩散理论探讨了创新的社会流动过程,那么,明尼苏达小组所做的事情,就是向前更进一步,探讨创新的社会流动结果。知沟假说最初的研究设想和部分数据,实际上源于蒂奇诺在斯坦福大学攻读博士学位期间的多项研究。尤其是他的博士论文《美国成年人口中的传播与科学知识》,以及他与威尔伯·施拉姆(Wilbur Schramm)等人一起进行的有关"信息扩散"的研究项目。

知沟假说的建构并不仅仅是理论的推演,也是对科学主流范式和社会运动的回应。明尼苏达大学农业实验站的研究经历让蒂奇纳等人关注知识流动这一议题;伟大社会运动引领他们聚焦于技术流动的后果,也就是社会不平等这一问题。教育学研究成果进一步让他们关注社会经济地位对于知识获取的影响。

二、知沟理论的提出与发展

(一)知沟假设

美国明尼苏达州立大学的研究小组由三位学者组成,分别是蒂奇纳、多诺霍和奥里恩,1970年,他们在《舆论季刊》发表《大众传播流动和知识差别的增长》一文中①,提出了"知沟假设"(knowledge gap hypothesis)。这个假设指出,无论是社会经济地位(Social Economic Status,简称为SES)高或低,每个人所获取的知识会随着时间增加而增加,但由于社会经济地位高者通常能比社会经济地位低者更快地获得信息,因此大众媒介传送的信息越多,两者之间的知识鸿沟也就越有扩大的趋势。图11-1展示了知沟假设的模式,图中的横轴为时间,纵轴为获得的信息和知识量,随着时间的推移,实线所代表的社会经济地位高者更快地获得更多的知识,而虚线所代表的社会经济地位低者获得的知识量较慢且较少,因此两个群体之间的相对知识差距在不断拉大,两者之间的知沟越来越宽。值得注意的是,蒂奇纳的知沟假设主要应用于科学和公共事务主题的新闻,他们认为这类信息和知识的掌握对于社会变革和个体发展来说是至关重要的,知识是社会权力的重要基础,而对知识的控制对于社会权力的发展和维持是必不可少的。而像股票市场行情、社会新闻、体育、草坪及园艺护理等面向特定听众的垂直领域则不一定适用知沟假设。

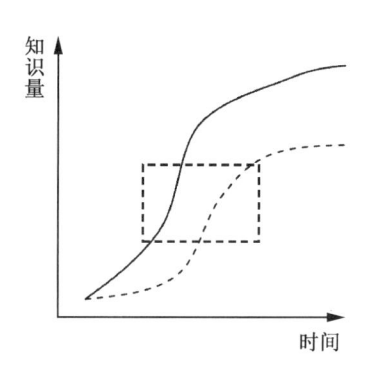

图11-1 知沟假设示意图

蒂奇纳等人归纳了造成社会经济地位不同的群体之间"知沟"不断扩大的原因有以下几个方面:

(1)传播技能上的差异。获得更多正规教育的人一般被认为具有更高的阅读理解能力,这有助于他们获得公共事务和科学知识。

(2)信息存储量的差异。当信息出现在大众媒介上时,对此信息已经有一定了解的人将更快地或更有可能地意识到此信息,并且能够更好地理解信息的含义。

---

① Tichenor P J, Donohue G A, Olien C N,"Mass media flow and differential growth in knowledge", *Public Opinion Quarterly*,1970(34),pp.159-170.

(3)社会交往的差异。受教育程度较高的人,通常身处一个更大的社交群体中,与更多的人交际,这些都提高了他们与他人讨论公共事务话题的可能性。

(4)对相关信息选择性接触、接受和记忆的差异。理解和重构信息与个人的价值观及信仰具有一致性,受教育程度较高的群体由于教育的长期影响对公共事务和科学方面的信息态度更加积极,更倾向于主动接触和接受。

(5)大众传播媒介中印刷媒介的性质。在20世纪70年代,科学和公共事务的信息更多地出现在印刷媒介上,而社会经济地位较高的群体往往会使用更多的印刷媒介。同时,印刷媒介上的科学和公共事务新闻一般即时性较强,不像通俗广告那样不断重复,因此不符合当时社会经济地位较低者的阅读习惯和品味。

以上原因既包括受众的主观原因,例如由于自身兴趣、素养和社会交往等方面原因造成了对科学和公共事务信息的接触和理解差异,也包括一些大众媒介系统的客观原因,例如印刷媒介的选题偏好和目标受众。无论是哪种原因,都造成了受教育程度高、社会经济地位高的人群处于更有利的地位,与受教育程度低、社会经济地位低的人群在对科学和公共事务的知识鸿沟不断扩大。

(二)知沟假设的验证与修正

蒂诺其的学术塞西尔·加齐亚诺(Cecilie Gaziano)回顾了58项基于社会经济地位带来的"知沟"假设研究中,通过比较这些研究的研究日期、地点、总体、样本量、完成率、研究设计、数据收集方法、主题类型(不限于科学或公共事务)、"知识"概念的操作化定义、所研究的媒体类型、教育的衡量以及"知沟"概念的操作化定义后发现,总体而言,在某个时间点进行的大多数调查都证实了知沟假设,而随着时间的推移进行的研究结果则好坏参半。研究还发现,当前人的研究结果相互矛盾时,其中一个主要原因是它们对"知识"概念的操作化定义不同。在某些情况下,一般化的知识(awareness knowledge)差距可能正在缩小,但深度知识(depth knowledge)的差距则在扩大。[1]

从综述性研究可以发现,在知沟假设提出之后,不少实证研究结论并不支持这个假设,例如知沟并不存在、知沟缩小等观点,这些反例对知沟假设的普适性和稳定性提出了挑战。蒂奇纳等人也发现了这一问题,他们在1975年呼吁应该更多地探究知沟假设的各种"制约条件"(contingent condition),并以具体社区的传播与社会情境为基础,对假设进行了补充。[2] 除了此前研究中的大众媒体的报道量、个人知识量、社会经济地位(教育程度)、时间等变量之外,蒂奇纳等人又加入了议题性质、冲突程度、社区结构和媒体报道模式等四个新的变量,结果发现:议题性质和冲突程度对知沟存在影响,当议题引起社区普遍关注,或社区处于激烈的冲突状态时,群体成员会积极地检测环境并相互交流,以减少不确定性,这会抵消

---

[1] Gaziano C,"The knowledge gap:An analytical review of media effects",*Communication Research*,1983(10),pp. 447—486.

[2] Donohue G A,Tichenor P J,Olien C N,"Mass media and the knowledge gap:A hypothesis reconsidered",*Communication Research*,1975(2),pp. 3—23.

社会经济地位带来的知识量差异。此外,社区结构也会影响知沟的差距,在一个同质化的小型社区内,成员之间比较熟悉,人际交流比较多,会抵消大众媒介带来的知识鸿沟;相反,在一个多元化的大型社区内,非正式的人际交流比较少,大众媒体的知沟效果更加明显。据此,蒂奇纳等人对知沟假设进行了如下修正:(1)凡是能引起整个社区普遍关注的议题,相关知识就更可能得到均衡的分配。(2)当议题在社会冲突条件下产生时,相关知识均衡的可能性更大。(3)这种知识均衡,在一个小型、单一的社区内出现的可能性比在一个大型、多元的社区内出现的可能性更大。(4)当公众关注开始减退时,某一议题曾出现的知沟可能趋于减少。[1]

(三)知沟理论的反命题:上限效果假设

1977年,美国学者J. S. 艾蒂玛(J. S. Ettema)和F. G. 克莱因(F. G. Kline)基于一系列已有的知沟假设实证研究结果,提出了"上限效果"(ceiling effect)假说,又可称为"天花板效应"。[2] 该假说的基本观点是:个人上对特定知识的追求并不是无止境的,达到某一"上限"后,知识量的增加就会放缓乃至停止下来,见图11-2。社会经济地位高者获得知识的速度更快,其"上限"到来得也就更早;社会经济地位低者虽然知识增加的速度慢,但"上限"也到来得更晚,随着时间推移最终两个群体获得的知识量趋于一致。"上限效果"假设提出了与知沟假设相反的观点,大众传播的信息传达活动的结果并不会带来知识鸿沟的不断扩大,通过大众传播的"知识平均化"效果,最终会实现知沟的缩小,实现社会平等。

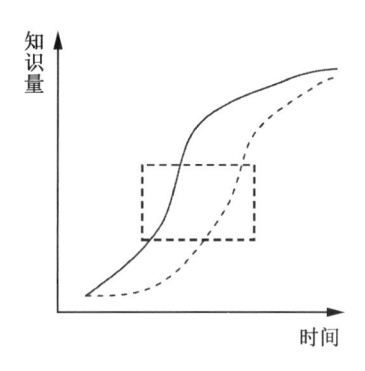

图11-2 上限效果假设示意图

两位研究者区分了三种类型的"上限",分别是"人为造成的上限"(artifacts)、"强加的上限"(imposed ceiling)和"真实的上限"(true ceilings)。第一种"人为造成的上限"是指由于研究测量工具问题而造成的两个群体间差距缩小,因此只具有方法论层面的意义而并不具有理论价值。第二种"强加的上限"又分为"信息强加的上限"和"受众强加给自己的上限",前者是指大众媒介可能只包含有限的相关主题信息,而这些信息已经被受众普遍知晓了;后

---

[1] 刘海龙:《大众传播理论:范式与流派》,中国人民大学出版社2008年版,第160页。
[2] Ettema J S, Kline F G, "Deficits, Differences, and Ceilings: Contingent Conditions for Understanding the Knowledge Gap", *Communication Research*, 1977 (2), pp. 179-202.

者则是指处于信息"领先"地位的受众认为自己已经拥有足够的信息,而没有动力获取更多信息,从而使得信息"落后"地位的受众群体有机会追赶上来。第三种"真实的上限",是指对于一些简单的新闻事件(例如公众人物死亡的新闻),社会经济地位高者和低者之间的认知差异很小。

可以发现,上限效果假设并未完全推翻知沟理论,而是对知沟理论不成立的具体情境和原因进行了更加详细的讨论。社会经济地位高者和低者之间的鸿沟"上限",在某一范围、某种程度的简单化知识上可能出现,个人对特定知识的追求过程中也可能由于心理"饱和"感而出现,但是在更宏观、长期的视角来看,社会经济地位高的人在知识获取方面的优势仍然存在,寄希望于通过大众传播的"知识平均化"效果消弭社会鸿沟无疑是过度理想化的。

三、知沟理论应用研究及其意义

(一)信息沟

1974 年,卡茨曼提出信息沟(information gap)概念,是对知识沟的发展。信息沟关注传播技术所带来的"信息富有者"和"信息贫困者"之间的分化,以及由此带来的社会矛盾。信息沟的视角更加宏观,并非聚焦微观个体或群体,而是在区域或国家层面讨论由于贫富差异和数字化技术带来的信息分配不平等问题。

信息沟的主要观点包括:(1)新传播技术的采用所带来的整个社会信息传输量和接触量的增大,这对每一个社会成员来说都是如此。(2)新技术的采用所带来的利益并非对所有社会成员都是均等的。(3)与人的能力相比,电脑等机器的信息处理和积蓄能力要强大得多;既有信息富裕阶层通过早期采用和熟练使用这些先进技术,能够比其他人拥有更多信息优势。(4)新媒介技术层出不穷,更新换代周期越来越短,其趋势更可能是"老沟"未能填平,而"新沟"又不断出现。

(二)数字鸿沟

1999 年,美国国家远程通信和信息管理局(NTIA)发表的一篇报告《在网络平台落伍:定义数字鸿沟》提出数字鸿沟(digital divide)问题。随着技术发展带来媒介环境变化,数字鸿沟是"知识沟"和"信息沟"问题在新媒体时代的延伸与拓展,它更多体现为以互联网为代表的新数字媒体接触和使用状况的差异。

关于数字鸿沟的维度划分有多种说法。有学者将数字鸿沟分为以下四个维度:(1)A(Access)——指人们在互联网接触和使用方面的基础设施、软硬件设备条件上的差异,经济地位优越者在这个方面有着突出的优势。(2)B(Basic Skills)——指使用互联网处理信息的基本知识和技能的差异,知识和技能的掌握程度和教育有着密切关系。(3)C(Content)——指互联网内容的特点、信息的服务对象、话语体系的取向等更适合于哪些群体使用和受益。(4)D(Desire)——指上网的意愿、动机、目的和信息寻求模式的差异。也有将数字鸿沟分为第一级数字鸿沟——接入沟,第二级数字鸿沟——使用沟,较为清晰地勾勒出了数字技术的分布和应用不平等的社会景象。这种划分方式提醒我们,不应只考虑在信息技术拥有上和接入上的差距,还应该考察不同人群在使用信息技术能力上的差别。单纯提供电脑或上网条件,并不一定能真正消除数字鸿沟,仍然存在信息技术的使用质量和效率差别,即"二级鸿沟"。

"数字鸿沟"问题,是传统的"知沟"和"信息沟"在新的媒介技术环境下的延伸。数字鸿沟的存在,意味着在这个数字化、信息化的时代,参与以信息和知识为基础的新经济的机会存在差异,揭示了"信息富有"与"信息贫困"最终造成的社会阶层分化,以及对这种贫富分化的强化作用,体现出传播学研究对于"人本"的关怀,将社会结构因素纳入传播效果和功能的讨论,从而揭示了大众传播乃至数字技术引起公众信息获取鸿沟、加剧社会不平等的问题。

第三节　议程设置理论

从柏拉图的"洞穴寓言"到李普曼的"拟态环境"再到教堂山上的"议程设置",关于"现实世界"和"人类关于现实世界的认知"之间的差异问题不断被讨论,由此衍生出了丰富的理论成果,议程设置理论就是其中之一。

一、议程设置理论的提出

1968年,美国北卡罗来纳大学传播学者马克斯韦尔·麦库姆斯(Maxwell McCombs)和唐纳德·肖(Donald Shaw)在当年美国大选前夕进行了一项小规模的受众调查,通过调查发现大众媒介议题的显著性程度对公众议程具有重要的影响。由于这项研究是在北卡罗来纳大学所在的小镇进行的,因此也称"教堂山镇研究"(Chapel Hill Study),它被公认为议程设置理论的起源。在此项研究基础上,麦库姆斯和肖于1972年共同发表了论文《大众媒体的议程设置功能》,标志着这个概念和理论框架的正式形成。麦库姆斯和肖发现,选民对当前重要问题的判断与大众传媒反复报道和强调的问题之间,存在着一种高度对应关系。他们认为大众传播具有一种为公众设置"议事日程"的功能,传媒的新闻报道和信息传达活动以赋予各种"议题"不同程度的显著性方式,影响人们对周围世界的"大事"及其重要性的判断。

(一)议程设置理论的研究设计

1968年麦库姆斯和肖在北卡罗来纳州教堂山所做的第一个议程设置研究,发现当地的媒体议程和公众议程之间的相关性指数竟然高达0.97。1972年,这个研究报告以《大众媒体的议程设置功能》为题刊登在《舆论季刊》上。虽然议程设置理论用简洁的方法证明了一个古老的观念,但是从研究数据和结论关系来看,教堂山研究带有简单化倾向,因为相关性不等于因果性,媒体议程与公众议程之间的高度相关并不能说明是媒体议程影响了公众议程,也有可能相反或是二者同时受的第三个变量的影响。

1972年在新一轮的总统竞选宣传中,麦库姆斯和肖在北卡罗来纳州的夏洛特市(Charlotte)进行了一系列研究,其中一项对两个时间点的历时性研究证明了媒体议程与公众议程之间的因果关系。通过确定两个变量出现的时间,进行前后交叉相关比较(cross-lagged correlation comparison),将6月份的选民议程与10月份的报纸议程的相关性进行比较后发现,先出现的6月报纸议程与后出现的10月选民议程之间的相关性更大,从而证明媒体议程设置了公众议程。

(二)议程设置理论的特点

议程设置理论是传播效果研究重要理论,具有如下特点:

第一,议程设置理论是关于认知层面上的传播效果。传播效果分为认知、态度和行动三个层面,议程设置理论着眼于这个过程的最初阶段,即认知层面上的效果,也就是影响"想什么",但是认知阶段的效果并不排除对态度和行为产生联动作用的可能性。

第二,议程设置理论考察中长期的、综合的、宏观的社会效果。"议程设置"理论所考察的不是某家媒体的某次报道所产生的短期效果,而是作为整体的大众传播具有较长时间跨度的一系列报道活动所产生的中长期的、综合的、宏观的社会效果。

第三,议程设置理论将媒介视作从事"环境再构成作业"的机构。"议程设置"理论暗示了这样一种媒介观,即传播媒介是从事"环境再构成作业"的机构。也就是说,传播媒介对外部世界的报道不是"镜子"式的反映,而是一种有目的的取舍选择活动。

议程设置理论提出后引起了许多学者的关注,较为系统的研究包括美国学者韦弗在1976年的调查以及日本学者竹下俊郎在1982年和1986年进行的调查等。随着实证研究和理论探讨的展开,议程设置理论的作用机制也趋于明确化。第一种机制称作"0/1"效果或"知觉模式",也就是说,大众传媒报道或不报道某个"议题"会影响到公众对该"议题"的感知。第二种机制称作"0/1/2"效果或者"显著性模式",即媒介对少数"议题"的突出强调,会引起公众对这些议题的突出重视。第三种机制称作"0/1/2……N"效果或"优先顺序模式",即传媒对一系列"议题"按照一定的优先顺序所给予的不同程度的报道,会影响公众对这些议题的重要性顺序所做的判断。一般认为,大众媒体主要是通过这三种机制来设置议程的。

(三)理论评价

议程设置理论提出的并不是一个新鲜问题,在此之前不少学者都讨论过"现实世界"和"我们关于现实世界的想象"之间的差异问题。1922年,李普曼在《民意》的开篇就提出了外部世界、我们头脑中关于世界的图像与"拟态环境"的关系问题。1948年,拉扎斯菲尔德和默顿提出,大众媒体具有地位赋予功能,这一功能就已经蕴含了议程设置的萌芽。1963年,美国学者科恩在谈到大众传播的影响时形象地说:"新闻媒体远不止是一个信息和意见的提供者。很多时候,它可能并不能成功地告诉人们怎么想(what to think),但是在成功地告诉他的读者想什么(what to think about)方面极为出色。"可见议程设置所提到的思想并不新颖,它之所以能够成为传播研究的里程碑,在于把一个抽象的哲学观念,转换成为一个可以用简单的方式加以验证的操作性命题。李普曼所说的拟态环境和头脑中关于世界的图像,被转化为媒体对不同问题的报道数量的排序,以及受众对国家当前面临的最重要问题的排序这两个定序变量。只要用统计方法证明和计算这两个定序变量的相关度就可以证明李普曼的命题。

议程设置功能理论的积极意义体现在:(1)它说明传媒在认知层面的效果,议程设置是一种长期的、综合的、宏观的社会效果,揭示了大众传播的有利影响,为效果研究摆脱有限效果论起到了重要的作用;(2)暗示传播媒介是从事"环境再构成作业"的机构,提出了大众传播背后的控制问题;(3)议程设置功能理论对我们详细考察传媒的舆论导向的内在机制与过程有积极意义;(4)它改变了从个人态度改变认识传播效果的方法,开始从社会整体效果来认识传播效果;(5)议程设置功能理论提高了新闻责任问题的重要性,媒体和新闻记者该怎样客观地反映现实成为人们关注的问题。

议程设置功能理论的局限性体现在:它只强调了传播媒介设置或形成社会议题的一面,而没有涉及反映社会议题的一面;它只强调了媒介的力量,而忽略了受众对议程的影响。尽管从一般意义上来说,媒介的议程设置功能是强大的,但也不能把它的效果绝对化。

二、议程设置理论的发展

从1968年的"教堂山镇研究"至今,议程设置经历了从传统议程设置(议程设置理论的第一层)到属性议程设置(议程设置理论的第二层)的理论演进,对传播学理论发展产生重要影响。面对媒介融合为主导的传播环境变化,议程设置理论也在发展完善,进一步形成了议程设置理论第三层次——网络议程设置。

(一)属性议程设置

早期议程设置研究,主要关注大众传媒从一系列议题中通过凸显某些议题使其成为公众议题的功能,后来的研究发现,媒介议程设置效果不仅停留在"制约视野"的层面上,还有着更深层次的影响。大众传媒报道的对象事物具有各种各样的属性,简单划分即有正、中、负三种属性。大众传媒对某些特定属性进行凸显和淡化处理,将传播对象的导属性传达给受众,从而影响到受众对其性质的认识、判断和态度,麦库姆斯把这种影响机制称作"属性议程设置"(attribute agenda-setting theory)。自20世纪90年代被提出以来,国外学者以选举政治为切入点,在借鉴传统议程设置理论研究经验和方法的基础上积极开展属性议程设置理论的相关研究,有以下主要发现:(1)在属性议程设置理论发展的早期阶段,学术界对该理论与框架效果关系和各自定位进行了讨论,认为两者可以视作研究相同对象的不同路径;(2)在效果影响因素方面,已有研究主要参考的是传统议程设置理论研究过程中发现的影响因素,包括议题性质、公众个体特质等,检验它们在属性议程设置中的有效性仍是属性议程设置研究的重心;(3)属性议程设置的研究方法主要是内容分析法与舆论调查相结合和实验

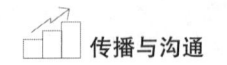

法,前者受到研究者的偏爱。[①]

(二)媒介间议程设置

媒介间议程设置是指某种媒介为其他媒介设置议程的现象,最早可追溯至1989年,由丹尼利恩和瑞斯提出。影响媒介议程的一个重要力量来自其他媒介的内容,特别是精英媒介,它常常能为其他媒介设置议程,当然也存在相反的过程。媒介间议程设置除了发生在同类媒体之间,也可以发生在不同形态的媒体之间。这一理论解释了不同形式、不同种类、不同层级的媒介之间的信息流动和影响。新媒体环境下,媒介间议程设置现象更加凸显。媒介间议程设置理论将研究的重心从"是谁设置了公众议程"转向"是谁设置了媒介议程"。它的含义主要就是具有影响力的媒介或者消息来源常常设置其他媒介的议程,它一方面讨论了媒介议程和消息源的关系,另一方面解释了媒介之间相互影响的关系。媒介间议程设置其实是对信息在不同类别、不同形式、不同层级的媒介间流动的一种安排。在大众传播时代,信息的传播是一种金字塔状的层级传播模式,报纸、期刊、广播、电视这四大传统媒体往往受控于政府、机构或大型集团,普通公众很难获得媒体话语权。随着信息技术的飞速发展,信息在媒介间的流动变得更加迅速。传统媒体与新媒体、特别是自媒体之间的社会性差异使得媒介间的信息流动成为一种客观存在,由于网络自媒体形成的舆论往往与官方、主流的舆论有所不同,这也使得两者之间的议程设置变成一个多元、动态的过程。

(三)关联网络议程设置

关联网络议程设置(The Network Agenda Setting,也称NAS理论)从议题或属性的关联网络切入,研究媒介议程对公众议程的影响。关联网络议程设置认为新闻媒体不仅告诉我们想什么、怎么想,同时还为受众建构议题或属性的关联网络,即决定受众是如何将不同的议题或属性通过关联网络连接起的。从这个角度来看,关联网络议程设置是建立在关联网络记忆模型之上。这一模型认为个人总是在脑海里将不同的元素连接起来,使得具有社会现实意义。因此,关联网络设置关注议题和属性之间的关联网络,而不仅仅是议题和属性本身,它研究新闻媒体如何影响受众脑海中不同议题或属性之间的关联网络。

关联网络议程设置的核心假设是新闻媒体将不同信息、概念和理念连接起来的关联网络方式,同时它也是影响受众将不同信息、概念和理念连接起来的关联网络方式。关联网络议程设置研究新闻媒体在受众认知网络中的作用,它认为新闻媒介具有为受众认知网络建立新的联系,或者加强目前的联系能力。如果在新闻媒体里,两个元素被经常地联在一起提及,那么受众将会认为这两个元素在很大程度上是有关联的。尤其是当一个明示行为被接收者最佳处理时,无论获得多大的效果,该行为对接收者而言都是关联的。例如,根据关联网络议程设置理论,如果中国媒体强调国内的经济问题与外交政策问题之间的关系,那么,受众也会认为这两个问题是相关的。因此,新闻媒体建构了议题之间的关系,并对受众产生影响。在关联网络设置模型中,如果网络的节点属于新闻媒体,就被称为媒体的议程关联网

[①] 陈强:《国外属性议程设置研究进展述评》,《国际新闻界》2013年第6期。

络;如果网络的节点属于公众舆论的,那么就被称为公众的议程关联网络。

(四)议程融合理论

随着新媒体的发展,传统大众媒体设置议程的能力开始下降,单一而普遍的公众议程正在减少,或者说影响议程设置过程的中介因素正在增多,变得更加复杂。其实人际传播与群体传播一直发挥着大众传播效果的过滤和中介作用,新媒体给这一过程提供了更多的便利,比如线上的虚拟社群。因此,仅从传播者的角度孤立地研究议程设置是不够的,还需要从受众的角度,并结合整个社会环境来考察议程设置的中介因素。

麦库姆斯和肖在1999年提出议程融合理论。该理论认为,在现代社会中,个人必须通过加入某个社会群体来降低认知不协调,获得安全感和确定性。人们为了融入某个群体,会接触与该群体相关的媒介,以使自己的议程与该群体的议程保持一致。具体来说,议程融合可以分为以下几个过程:(1)决定群体归属;(2)是否具有该群体所需要的信息;(3)定向需求;(4)媒体接触;(5)议程设置第一层;(6)议程设置第二层。

议程融合理论一方面说明传媒议程设置能力的下降,另一方面通过解释受众接触媒介的动机,在新媒体环境下拯救了"议程设置"理论。也就是说,只要受众愿意接受并寻求大众媒体的引导,大众媒体仍然会产生强大的议程设置效果,议程设置效果本身并没有消失。议程融合理论中引人注目的一点是强调大众传播媒体在受众细分化时代的社会整合功能。

三、网络议程设置

议程设置理论创始人之一的麦库姆斯曾指出,"在媒介系统持续变化的情况下,无论新闻媒介的议程设置基本效果是否会与几十年前基本相同,还是会最终消失,检验议程设置效果都将至少是未来一段时间里重要的研究议程。"2004年,麦库姆斯认为传统的议程设置功能在网络环境下受到的冲击是有限的,其理由有四:第一,从网络的普及率和知识的受教育程度来看,并非所有人都能利用网络媒体;第二,那些能上网的网民,他们还不是网络的忠诚用户;第三,网络媒体信息爆炸,议题多元化,但并未在某一渠道占据主流;第四,大部分网络媒体的内容并未具有独创性,而是传统媒体内容的简单复制粘贴。

虽然麦库姆斯这样认为,但是随着实证研究和理论探讨的展开,有关"议程设置功能"概念也不断趋于细致化和明确化,议程设置理论到底发生了哪些变化,这是广受关注的话题。在新的媒体环境下,议程设置理论主要在以下四方面发生了变化:

(1)受众的地位改变,议题设置主体发生变化。互联网因其网络分布式传播模式,在一定程度上消解了媒体的控制权,能实现传者与受者的互动双向交流,公众和媒体成为议程设置的共同主体。新媒体时代,议程设置主体也表现出一些新的特点:首先,议程设置主体呈现出多元化趋势。其次,议程设置主体地位具有平等性,不同的议程设置主体间呈现互动交叉性。这就是新闻传播领域出现的"二重议程设置"现象,即在传统的主流媒体"议程设置"之外又出现了"网民议程设置",使原先"沉默的大多数"不仅不再沉默,而且积极参与到社会议题的讨论中来。

(2)公众的自我议程设置出现,个人议题更易转化为公共议题。在新媒体时代,公众议题是自我形成,而不是设置形成的。公众议题形成的过程或方式也变得很简单,那就是"互动",公众在互动中选择哪些事情或议题是重要的。网络时代公众自我议程设置功能的实现,是对"议程设置"理论内涵的补充和延伸。

(3)传统媒体的议程设置功能弱化,网络媒体增强了议程设置的时效性。网络媒体改变了网民的思维方式、信息接收方式,实现了从下向上的传播,不仅可以放大一些重要新闻的影响力,也会弱化传统媒体的议程设置功能。另一方面,网络媒体的快捷性等优势,使它可以在突发事件发生时随时随地发布消息,在第一时间为公众设置议题。因此,新闻时效性在很大程度上决定着媒体对公众议程的设置能力。

(4)媒体间的议程设置进一步发展。议程设置不仅存在于媒体与公众、媒体与政府之间,而且不同媒体之间也存在议程设置。在网络媒体出现以前,传统媒体一直是公共议题的设置者,引导着公共舆论。由于互联网的低门槛、信息发布的自主性和互动性强等特点,如今,每一位网民都可以成为议程设置者。

第四节　沉默的螺旋理论

一、沉默的螺旋理论提出与含义

"沉默的螺旋"理论于1972年由德国学者伊丽莎白·诺尔-诺伊曼提出。"沉默的螺旋"(the spiral of silence)最早见于伊丽莎白·诺尔-诺依曼1974年在《传播学刊》上发表的一篇论文,1980年以德文出版的《沉默的螺旋:舆论——我们的社会皮肤(*The Spiral of Silence:Public Opinion-Our Social Skin*)》一书,对这个理论进行了全面的概括。该理论由以下三个命题组成:

(1)个人意见的表达是一个社会心理的过程。为了防止因孤立而受到社会惩罚,个人在表明自己的观点之际首先要对周围的意见环境进行观察:当发现自己属于多数或优势意见时,他们便倾向于积极大胆地表明观点;当发现自己属于少数或劣势意见时,他们便会屈于环境压力而转向沉默或附和。

(2)意见的表达和沉默的扩散是一个螺旋式的社会传播过程。一方的"沉默"造成另一方意见的增势,使优势意见显得更加强大,这种强大反过来又迫使更多的持不同意见者转向"沉默"。如此循环,便形成"一方越来越大声疾呼,另一方越来越沉默下去"的螺旋式过程(见图11—3)。

(3)大众传播通过营造"意见气候"来影响和制约舆论。诺依曼认为,舆论的形成不是社会公众的"理性讨论"的结果,而是"意见领袖"的压力作用于人们惧怕孤立的心理,强制人们对"优势意见"采取趋同行动这一非合理过程的产物。

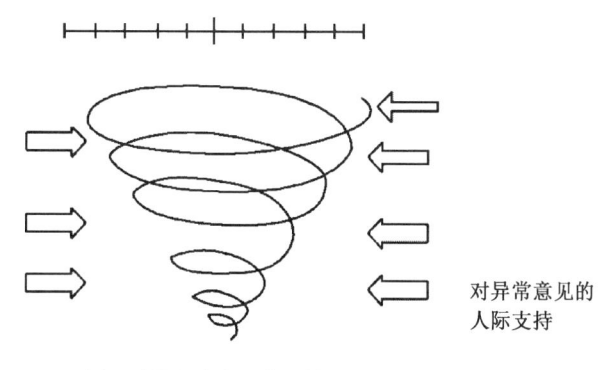

图 11—3

在论述大众舆论的互动机制之前,伊丽莎白·诺尔-诺伊曼首先提出了五个研究假设:

(1)个人形成了他们的社会环境中的观点分布和观点趋势的一幅图画。他们观察哪些观点在增强,哪些在减弱。"这是公众舆论存在或发展的先决条件,因为个人观点和假定的环境观点相互作用。对环境的观察强度不仅根据对某一特定问题的兴趣程度而变化,还根据个人期望在某一特定问题上公开暴露自己的程度而变化。"

(2)公开表达个人观点的意愿根据个人对社会环境中的频率分布和观点趋势的评估而有所不同。如果个人相信自己的观点现在是占主导地位的,并且将来也会是占主导地位的,或者与自己一致的观点正在变得更加广泛(虽然现在还不是),那他将继续坚持自己的观点并公开表达。而如果个人发现自己的观点正在失去优势,则可能转而选择不愿意公开表达。公开表达观点的意愿程度会影响个人对观点分布的评估,从而支持最常公开表达的观点。

(3)由此可以进一步推断,如果对当前意见分布的评估和实际分布明显不同,那么力量被高估的意见将更多地在公众面前展示。

(4)当前评估和未来评估之间存在正相关关系:如果一个观点被认为是主流观点,那么它也可能被认为是未来观点(反之亦然),但程度不同。相关性越弱,公众舆论就越经历一个变化的过程。

(5)如果对某一观点的当前和未来优势的评估存在分歧,那么对未来地位的预期将决定个人愿意暴露自己的程度。这源于一种假设,即不同程度意愿的原因是个人害怕被孤立,如果他自己的观点被大多数人的意见或意见趋势所证实,他的自信心就会受到动摇。如果他确信舆论趋势正在朝他的方向发展,那么被孤立的风险就没有多大意义。

【调查数据】

为了测试这些假设时,伊丽莎白·诺尔-诺伊曼使用了由 Demoskopie Allensbach 研究所进行的多学科调查,主要是在1971年和1972年,涉及1 000到2 000个具有代表性的人口阶层的结构化访谈。这些调查包括四类问题:

(1)关于作者对有争议主题(个人或组织、行为模式、提议)看法的问题;

(2)关于被调查者对大多数人("联邦共和国大多数人")对一个主题看法的问题;

(3)关于未来趋势的问题;

(4)关于被告是否愿意在公共场合暴露自己的问题。

为此,我要求受访者想象一次长途火车旅行中乘客之间的对话,并指出他们是否会就一个有争议的问题进行这样的对话,以及如何进行。迄今为止,已经提出了12个或多或少具有争议性的主题:

(1)堕胎法(1972年4月)

(2)汽车用0.8每毫升血液酒精(1972年4月)

(3)死刑(1972年6月)

(4)未婚同居夫妇(1972年9月)

(5)对儿童的体罚(1972年11月)

(6)联邦共和国的外国工人(1972年5月)

(7)以成就为导向的社会(1972年8月)

(8)莫斯科和华沙条约(1972年5月)

(9)承认民主德国(1971年1月)

(10)禁止共产党(1972年9月)

(11)弗朗茨·约瑟夫·施特劳斯更多的政治影响(1972年10月/11月)

(12)希望维利·勃兰特继续担任总理(1972年10月)

从表11-1中可以看出,在公共场合讨论有争议话题的意愿因性别、年龄、职业、收入和居住地而异。男性、年轻人、中产阶级和上层阶级通常最有可能直言不讳,这些差异也适用于所有其他发现。因此,我将审查调查结果,而不进一步细分这些人口分组。

表11-1　　　　　　　　　　不同群体在公开场合讨论争议性议题的意愿

	愿意讨论(%)	不愿讨论(%)	未决定(%)	合计(%)	样本量 N
总计	36	51	13	100	9 966
男性	45	45	10	100	4 631
女性	29	56	15	100	5 335
年龄组					
16~29岁	42	47	11	100	2 584
30~44岁	39	50	11	100	2 830
45~59岁	35	52	13	100	2 268
60岁及以上	27	56	17	100	2 264
职业					
农民	19	63	18	100	621

续表

	愿意讨论（%）	不愿讨论（%）	未决定（%）	合计（%）	样本量 N
非熟练工人	28	54	18	100	2 289
熟练工人	37	51	12	100	2 430
上班族、中低级公务员	41	49	10	100	2 628

	愿意讨论（%）	不愿讨论（%）	未决定（%）	合计（%）	样本量 N
高管、高级公务员	47	44	9	100	1 051
个体经营者	40	49	11	100	927
家庭每月货币净收入					
800马克以下	26	56	18	100	1 448
[800,1 000)马克	32	53	15	100	1 875
[1 000,1 250)马克	35	52	13	100	2 789
[1 250,2 000)马克	42	48	10	100	2 979
2 000马克及以上	48	43	9	100	866
城乡					
农村	32	52	16	100	1 836
小型城镇	37	52	11	100	3 164
中型城镇	36	51	13	100	1 797
大型城镇、城市	38	49	13	100	3 160

* 受访者被问及是否愿意在火车旅行中与其他旅行者讨论以下话题：社会主义的建立；禁止德国共产党；勃兰特总理；未婚的人是否应该同居。

二、理论特点

沉默的螺旋理论特点体现在两个方面，一是它的舆论观，二是它的效果观。

首先，在舆论观方面，诺依曼的沉默的螺旋理论是从社会心理学视角来把握舆论现象的。诺伊曼认为，只有那些"被认为是多数人共有的、能够在公开场合公开表明"的意见才能成为舆论。这与传统的舆论概念不同，即并不是公众意见或公共意见，而更接近于公开的意见。在这种舆论的定义下，一种意见一旦具备了这种性质，就会产生一种强制力——公开与之唱反调就会陷入孤立状态，就有遭受社会制裁的危险。为了免于这种制裁，人们将在公开的言行中避免与其发生冲突。由此不难看出，沉默的螺旋理论强调的是舆论的社会控制功能。

其次，在效果观方面，从传播效果研究的角度而言，沉默的螺旋理论强调大众传播具有强大的社会效果和影响,可以被视为强大效果论的某种回归。它的一个重要观点是,传播媒介提示的"意见环境"未必是社会上意见分布状况的如实反映,而一般社会成员对这种分布又处于"多元无知"状态。在这种情况下,传媒提示和强调的即便是少数人的意见也会被人们当作"多数意见"来认知,其结果也会引起"沉默的螺旋"过程的始动,在传媒影响所及的范围内引起人们判断和行动上的连锁反应。换句话说,这个理论认为传播媒介具有"创造社会现实"的巨大力量。

三、争议与发展

沉默的螺旋理论提出后,受到许多传播学者和社会心理学者的关注与探讨,其中也不乏质疑的声音。针对该理论的争议主要集中在前提假设上,例如,假说所强调的人对社会孤立的恐惧这一前提是否成立,在何种条件下成立。

(一)反沉默的螺旋

"反沉默的螺旋"是与"沉默的螺旋"相反的模式:公众是具有能动性的主体,能自我思考和自我分析,不会盲目从众和趋同,很少通过被迫保持沉默来最大限度保护自己免受来自多数意见的攻击或意见气候的无形压迫,常常打破沉默。受众可以自由发表或支持"劣势"或"少数"意见,此种"劣势"和"少数"意见被更多的网民接受后,可能发展成为与"优势"或"多数"意见势均力敌甚至超越或改变"优势"意见的情况,即少数人意见向多数人意见演变的机制。另一种关于"反沉默的螺旋"的批判性视角认为,反沉默的螺旋是"沉默的螺旋"发生倒置,民众不再是趋于沉默的大多数;相反,群体为了特定目的,对支撑自己立场的言论肆意传播,甚至不惜添油加醋,而对不同于自己立场的意见,则视而不见,形成局部范围的舆论一律。面对众声喧哗、舆论一律,专业人士、知情人士,他们借助传统媒体传播的不同于"魔咒"的意见和观点被排斥、被指责,变成了少数人而趋于沉默。①

诺依曼在研究"沉默的螺旋"过程中提出了"中坚分子"(the hard one)概念。在沉默的螺旋旋转过程中无视孤立威胁的人,被称为中坚分子。这一群愿意为自己的公开言论付出代价的人,通常与主流意见有所冲突。当某个意见被多数人赞成,以至于成为常识的时候,中坚分子成为最愿意公开发表意见的人,可能会导致沉默的螺旋反转。网络传播中,"反沉默螺旋"的出现往往与中坚分子的据理力争有关联,意见领袖是中坚分子的代表,在争议中,不同意见的双方由于中坚分子的坚持与带领,在讨论后通常会产生群体极化现象。网络社区中的讨论,意见领袖的带领使劣势意见群体统一变成中坚分子,从而减弱"沉默的螺旋"产生的可能。

"反沉默的螺旋"理论是对"沉默的螺旋"理论的延伸和革命,弥补了"沉默的螺旋"理论在新媒体环境中暴露的缺陷和不足。"反沉默的螺旋"理论是对"沉默的螺旋"理论的挑战,

---

① 龙小农:《I-crowd 时代"沉默的螺旋"倒置的成因及影响——以"PX 项目事件"的舆论引导为例》,《新闻与传播研究》2014 年第 2 期。

同时也是对"沉默的螺旋"理论的一种重构。新媒体环境需要两种理论双管齐下,既要防止"沉默的螺旋"引起的万马齐喑,又要警惕"反沉默的螺旋"被非理性舆论控制,产生消极的社会影响。

(二)沉默的螺旋在互联网环境下是否存在?

随着互联网的出现和不断渗透,网络传播的特点以及由此而产生对传统媒介结构的冲击,也对沉默的螺旋理论提出了挑战。关于该理论适用性所发生的变化,可以归纳为以下几点:①

第一,意见气候的复杂化:网络传播集人际传播、组织传播、大众传播的特点于一身,使得过去难以产生全面社会影响的其它传播方式有可能更深刻地作用于更大范围的受众,从而使过去相对明朗的意见气候变得复杂化。

第二,从众心理的消解:沉默的螺旋理论建立在人的社会从众心理和趋同行为的分析基础之上。从心理学的角度来说,从众心理的产生主要是由于认知失调和对孤独的惧怕。群体的压力会让人产生失调,而从众是减少失调的一种有效方法。但在网络中出现了多种机制消解从众心理。(1)多数网络上的群体并不稳定,因此如果人们在某个群体中感到失调,可以通过转换群体的方式而不是从众的方式来平衡失调。(2)人们的交往空间随着网络的延伸而无限拓展,人们可以通过在网络中积极地寻找同盟者来消除孤独感,避免了在有限的生活圈子里一旦在某一意见上孤立就可能全面陷入孤立,从而降低了从众行为发生的动机。(3)网络传播个性化的特点也会使传统的从众心理变弱。(4)由于互联网的平等性、匿名性和不受地域的限制,所以"群体压力"的主客体都变得模糊起来,因为网络上发表意见实际上是匿名的,基本上不存在自己的意见和公开的意见矛盾的问题。

第三,认知偏差:用户对网上意见的认知可能会发生比在现实社会中的认知更大的偏差,因为用户通常同自己意见相同的人结成讨论小组,因而会在较大程度上将自己的意见视为也是他人的意见,出现"镜式知觉"和"假一致"等认知偏差。②

基于以上种种原因,有学者提出:在网络空间中,由于沉默的螺旋的心理机制仍然存在,网际传播与现实传播的相似性,沉默的螺旋现象并没有消失,但表现形式有所变化。③ 对"沉默的螺旋"的研究,必须放在具体的情境中;抽象地从总体上推断它存在或消失、强化或弱化,可能都不能反映网络传播的本质特性。

【理论探讨】

"沉默的螺旋"在社交媒体上仍然存在

尽管希望 Facebook 和 Twitter 等社交媒体可以为讨论政治问题和分享不同意见提供新的场所,但美国皮尤研究中心(Pew Research Center)在 2013 年展开的一项调查研究发

---

① 谢新洲:《"沉默的螺旋"假说在互联网环境下的实证研究》,《现代传播》2003 年第 6 期。
② 陈力丹:《大众传播理论如何面对网络传播》,《国际新闻界》1998 年 Z1 期。
③ 刘海龙:《沉默的螺旋是否会在互联网上消失》,《国际新闻界》2001 年第 5 期。

现[1],相比于面对面交流,人们不太愿意在社交媒体上讨论关于爱德华·斯诺登(Edward Snowden)揭发美国政府监视计划的事情。在接受调查的1 081名美国成年人中,有86%的人愿意就国此展开线下面对面的对话,但只有42%的Facebook和Twitter用户愿意在社交媒体上发布相关信息。

在爱德华·斯诺登首次泄露美国国家安全局(NSA)从电子邮件和电话中收集元数据的详细信息后不久,这项针对1 801名美国成年人的调查发现,社交媒体并没有为那些不愿意面对面讨论这件事的人提供替代的讨论平台。14%的美国人不愿与他人当面讨论斯诺登和NSA的故事,只有0.3%的人愿意在社交媒体上发布相关信息。除了极少数例外,那些不愿意在公开会议上说,以及与家人、朋友或同事聚会时亲自参与讨论这个问题的人也不愿意在网上这样做。

皮尤研究中心的李·莱尼(Lee Rainie)指出,"传统的论点是,沉默的螺旋是由于害怕被他人排斥或批评。对此现象有一种可能的解释是,社交媒体用户更了解他们周围的意见多样性——尤其是在意见分歧的问题上。因为他们使用社交媒体,他们可能更了解在他们广泛接触的各种信息在某个议题上的分歧有多深。这可能会让他们在网上或线下都犹豫不决,因为害怕引起争论、冒犯甚至失去朋友。"

此外,Facebook和Twitter用户相比与非用户群体而言更不愿意在许多面对面的环境中分享他们的观点,并且如果他们认为在社交媒体的朋友和粉丝不同意自己的观点,他们尤其不愿意在面对面的聚会中说出自己的想法。

典型的Facebook用户(每天登录该网站几次的人)愿意在公开会议上讨论斯诺登和NSA问题的可能性,仅是非Facebook用户的一半。

同样,典型的Twitter用户(每天使用该网站几次的人)愿意在工作场所分享他们的意见的可能性,仅是不使用Twitter的互联网用户的四分之一。

该分析还显示,当社交媒体用户觉得他们的观点不受网络支持时,他们不太可能说出自己的想法。这不仅适用于社交媒体空间,也适用于线下空间。

(1)Facebook用户(每天使用该网站几次的人)表示愿意在餐厅与朋友发表意见的可能性仅是非Facebook用户的一半。如果他们觉得自己所在的Facebook网络环境同意他们对这个问题的看法,那么他们在与朋友面对面的讨论中发言的意愿将更高,尽管他们表达意见的可能性仍然只有非Facebook用户的0.74倍。

(2)Twitter用户(每天使用该网站几次)与不使用Twitter的互联网用户相比,在工作中与同事分享意见的可能性仅是后者的0.24倍。当Twitter用户认为他们的Twitter粉丝分享他们的观点时不那么保守时,他们说话的可能性只有非Twitter用户的0.66倍。

在特定条件下,人们表示他们将大声疾呼或保持沉默。

除了探讨线上舆论环境是否赞同自己的观点这一因素对人们是否愿意讨论斯诺登和NSA

---

[1] Hampton K N,Rainie H,Lu W,et al. *Social media and the "spiral of silence"*,Pew Research Center,2014.

事件的影响之外,我们还询问了其他可能影响人们是否会发表意见的因素,即使他们怀疑自己持有少数派观点。这项调查显示了人们分享意见的社会和政治气候如何还取决于其他几个因素:

(1)他们对自己知道多少的信心。那些认为自己对这些问题了解很多的人比其他人更有可能表示自己会加入对话。

(2)他们意见的强度。那些说他们对斯诺登和NSA事件有强烈感情的人比那些感情不那么强烈的人更愿意谈论这个话题。

(3)他们的兴趣水平。那些说他们对斯诺登和NSA事件很感兴趣的人比那些不那么感兴趣的人更有可能表达自己的意见。

本研究的主要作者基思·汉普顿教授指出:"自从互联网出现以来,就有充分的证据表明,当人们认为自己的观点与周围的人相比属于少数时,就会出现'沉默的螺旋'——如果他们认为自己持有不受欢迎的观点,就不想说话。""这种自我审查可能意味着永远不会共享重要信息。一些人曾希望社交媒体可以提供新的渠道,鼓励更多的讨论和更广泛的意见交流。但我们看到了相反的情况——网络上也存在沉默的螺旋。如果人们不认为他们在社交媒体上的朋友和追随者同意他们的观点,他们就不太可能在网上表达观点。此外,如果他们觉得自己的观点在粉丝中属于少数派,他们也不太愿意在面对面的情况下参与讨论,例如朋友或同事的聚会。这增加了沉默的螺旋从线上环境蔓延到线下环境的可能性。"

第五节　第三人效果

一、第三人效果的提出

1983年,美国哥伦比亚大学民意研究专家菲利普·戴维森(W. Phillips Davison)在《公共舆论季刊》上发表《传播中的第三人效果》一文,提出了"第三人效果"概念[①]。戴维森提出,人们在判断大众传播影响时,倾向于认为大众媒介对"我(们)"或"你(们)"不能产生影响,却对"他(们)"产生强大的影响。这种感知偏差(perceptual bias)是普遍存在的,也是大众传播的一种影响和效果,它不是通过大众媒介指向的表面受众(ostensible audience)直接发生的,而是通过与表面受众相关的"第三人"(the third-person)的反应实现的。这种现象就是戴维森所说的"第三人效果"。

这里的"第三人"有两重含义:一是指与我(们)、你(们)相对应的第三人称的他(们);二是指大众媒介信息传播过程中的旁观者。结合戴维森给出的一个历史案例,可以帮助我们更清晰地理解这个概念。据一位历史学家的讲述,在第二次世界大战太平洋战争时期,一支由美国白

---

① Davison W P, "The third-person effect in communication", *Public Opinion Quarterly*, 1983, no. 1, pp. 1—15.

人军官率领的黑人部队将要和日军作战。日军在得知该部队的驻扎地后,派飞机前去撒传单开展心理战。传单上的主要内容是:这是一场和白人的战争,日本人和有色人种没有冲突,呼吁黑人不要为白人效力。传单上的信息产生了效果,白人军官担心黑人士兵会受到传单内容的蛊惑,在开战前主动从该地区撤军。在这起军事行动中,日军传单指向的表面受众是黑人士兵,但白人军官作为"第三人"却有了心理和行动反馈。类似的案例还发生在戴维森与德国报刊记者的交流中,当他向记者提问报刊的社论是否会对读者产生影响时,发现不少记者认为"(社论)对你我这样的人影响不大,但会对一般读者产生较大影响"。

这些来自史料或日常生活中的现象观察使得戴维森关注到这种微妙的效果,因此他从1978年开始先后进行四次实验,展开实证研究。第一次实验是在1978年,戴维森在哥伦比亚大学要求受访者回答纽约州长选举竞选宣传对纽约人以及自己的投票有何影响。第二次实验在1981年,实验内容是要求实验对象评价电视广告对儿童和自己年幼时的影响,研究发现人们会趋向于认为电视广告对儿童的影响比对自身年幼时的影响更大。第三次和第四次实验是针对1980年美国总统大选,研究者分别于1981年秋天和1982年春天对1980年的美国总统大选选举相关新闻报道的第三人效果进行了两次实验,实验的结果都证明第三者效果确实存在,在这个基础上,戴维森于1983年正式提出了第三者效果理论。

表11—2　　　　新罕布什尔州初选对个人投票意向和两位主要候选人命运政治的影响

	影响自己的投票意向	影响里根的政治命运	影响卡特的政治命运
很有影响	0%	52%	32%
有点影响	24%	24%	48%
没有影响	72%	20%	20%
不清楚	4%	4%	0%

二、第三人效果的理论特点

第三人效果指的是一种普遍的感知定势。我们在评价大众传播影响之际,通常会认为最大效果不是发生在自己身上,而是发生在"他人"身上。即人们在判断大众传播影响时存在着双重标准,倾向于"高估"媒介传播对他人的影响而"低估"对自己的影响。

第三人效果是一种宣传说服技巧。追求"第三人效果"的说服性传播,定位的有效人群并不是作为内容对象的"表面受众",而是与他们相关的"第三人"。

第三人效果讨论的是大众传播的现实影响的一种发生机制。对大众传播内容产生实质性反应的,往往不是"表面受众",而是他们的相关者。

三、第三人效果的应用及意义

"第三人效果"的概念提出后迅速成为传播学界的热门话题,许多学者开始对理论进行实证研究。早期的研究主要集中在传统的大众媒体(如报纸、广播、电视等)上,既有研究已显示了第三人效果在多类媒介议题中的存在,包括政治信息、商品广告、色情媒介、暴力信息、新闻、饶舌歌曲等。晚近研究显示,第三人效果在社交媒体上同样广泛存在,用户在个人博客、媒体博客、在线新闻和印刷报纸四种不同的媒介中都显现了较为一致的第三人效果。研究者发现:Facebook 用户倾向于认为使用该平台对他人(含亲密朋友、年轻人、Facebook 好友、一般 Facebook 用户等)的负面影响更大。他们觉得其他用户比自己更容易受到 Facebook 潜在使用风险的影响。生活在中国的外国人在使用微信和探探时,也表现出类似的第三人效果。大学生对总统大选期间社交媒体上出现的政治广告的感知效果亦同样如此,受访者倾向于认为竞选广告对他人的影响大于对自己的影响。社交媒体甚至可能成为极端组织的信息传播手段,人们会认为其他人比自己更容易受到 ISIS 在线招聘的影响。

在解释第三人效果的成因方面,1999 年,美国学者 L. 亨里克森(L. Henriksen)和 J. A. 佛罗拉(J. A. Flora)在研究香烟广告和禁烟广告对儿童感觉的影响时,发现自我强化倾向是产生第三人效果的重要原因。[1] 自我强化倾向是指人们往往觉得自己高人一等,比他人聪明,自己比别人更能抗拒说服性信息,更不易受到负面信息的影响。自我强化可以帮助人们保护自己的形象,维护乐观的期望,并使人们产生具备控制能力的感觉,自尊及自我的价值得到强化。有学者总结了一些常见的自我强化倾向,包括:[2]

(1)盲目乐观。对自己盲目的乐观,觉得与他人相比,自己遭遇不幸事件的概率较低,或者觉得自己不太容易接受负面事件的影响。这就是社会心理学家定义的"不切实际的乐观主义"。这种乐观可能间接影响了人们在评估媒介说服信息对自己影响时所衍生的判断偏差——自己不会受影响,只有他人会受影响。

(2)虚幻的优越感。这是指人们倾向于肯定自己,采用正面的方式评价自己,尤其是在与别人比较时。因此,媒介内容可能造成的负面影响愈大,人们应该会更倾向认为自己的免疫力越高,越不容易受到媒介内容的不良影响。

(3)自我服务式归因。即在好事面前容易夸大自己的作用,在坏事面前容易推诿自身的责任。按照"自我强化"理论,"第三人效果"产生原因也就不难理解了:人都有高估自己的倾向,在大众传播面前认为自己更有主见,对媒体影响更有抵抗力,更不容易接受负面信息的影响。

第三人效果发挥作用的条件会受到一些因素的影响和制约,具体包括:

(1)个人因素。性别、年龄、学历、对相关信息的专业感等。以往研究发现,在关于第三人效果的一般研究中,性别似乎并不重要,但当涉及互联网色情信息或性行为对人影响的评价时,发现性别与第三人效果的关系显著。[3]

(2)信息性质。正面信息和负面信息。由于"自我强化"的作用,人们在评估负面信息的影响之际倾向于认为对别人影响大,容易产生"第三人效果";在评估正面信息的影响之际,第三

---

[1] Henriksen L, Flora J A, "Third-person perception and children: Perceived impact of pro- and anti-smoking ads", *Communication Research*, 1999, no. 6, pp. 643-665.
[2] 郭庆光:《传播学教程》(第二版),中国人民大学出版社 2011 年版,第 222—223 页。
[3] 武楠:《互联网语境下的第三人效果研究综述》,《当代传播》2017 年第 4 期。

人效果则不明显,甚至会出现相反的倾向,即认为信息对自己的影响大,对于这种倾向学者称之为"第一人效果"或者"反转的第三人效果"。[①] 例如,电视暴力、色情内容等讯息,通常被人们视为对自己不利的负面信息,于是更倾向于不承认信息对自己的影响,但却认为它将对他人产生影响。但若是艾滋病防治广告、禁烟广告拍得很好,则被人们视为正面信息,乐于承认自己受到了极大的影响,这时第三人效果就不明显了,甚至出现相反的第一人效果。

(3)信源的性质。一是信源的可信度,对于低可信度信源提供的信息,更容易产生"第三人效果";二是信源的说服动机强弱程度,越是说服或宣传色彩强烈的信息(如广告或竞选宣传),越容易引发"第三人效果"。因为在这两种情况下,人们更倾向于高估自己的判断力和独立性,同时低估其他人会受到信息的影响程度。

(4)社会距离。这是指人们感觉与他人的远近亲疏的社会关系或联系的密切程度。"第三人效果"研究表明:人们倾向于认为媒介信息对与自己社会距离大的人影响较大,而对自己比较熟悉的人或群体影响相对较小。

(5)媒介接触。关于互联网以及社交媒体使用的研究发现,人们对互联网、社交媒体使用的频率或强度往往没有想象中高,并且认为自己落后于别人的感知也与事实不符。[②][③]

---

① 郭庆光:《传播学教程》(第二版),中国人民大学出版社 2011 年版,第 223—224 页。
② White C, Scheb J M, "Impact of media messages about the Internet: Internet anxiety as a factor in the adoption process in the USA", *New Media & Society*, 2000, no. 2, pp. 181—194.
③ Katz S J, Lee T, Byrne S, "Predicting parent-child differences in perceptions of how children use the internet for help with homework, identity development, and health information", *Journal of Broadcasting & Electronic Media*, 2015, no. 4, pp. 574—602.

后　记

　　2021年上海财经大学人文学院交给我一项任务,面向全校本科生开设一门研究"交流与沟通"的通识课,后来课程名定为"传播:交流与沟通"。2022年春季开课,选修同学爆满,课堂气氛热烈。面向非新闻传播专业同学开设"传播:交流与沟通"课程,不同于新闻专业基础课"传播学概论",从课程内容设置到讲授方法都要"因材施教",教学重点、难点和切入点都略有差别。为了配合通识课教学和上海财经大学国家级一流本科经济新闻专业建设,教材编写组编写了本教材《传播与沟通》。

　　本教材由三部分组成:第一部分介绍传播史、传播与科技;第二部分介绍人际传播,将大众传播之外的其他传播方式作为广义的人际传播进行介绍,突出人类交流与沟通的特点;第三部分介绍大众传播,进入大众传播时代后,人类借助大众传播媒介进行交流与沟通。编写过程中借鉴和吸收了国内外相关研究成果,在此谨表感谢。教材编写过程中得到经济新闻系大力支持,王学成主任对编写工作提出了很多指导意见,帮助联系了出版社。感谢人文学院陈忠、范宝舟、刘长喜、林晖等领导及经济新闻系各位老师的指导。上海财经大学出版社为本教材做了很多细致的编务工作,提出了很多宝贵的修改意见,在此一并表示感谢。

　　本教材由我拟定编写提纲,最后统稿。我时间和精力有限,约请了三位年轻老师担任具体编写工作,按照章节顺序分别为:南京财经大学新闻学院李昭熠编写绪论、第一章、第二章;华东政法大学传播学院张梅芳编写第三章(丁欣怡参与)、第四章(李春丽参与)、第五章(蒋泓怡参与)、第六章(李春丽、丁欣怡参与);上海财经大学人文学院乔睿编写第七章、第八章、第九章、第十章、第十一章。编写者对所编写的内容承担学术责任。

学术顾问　林　凌
2023年10月